민법총칙

장병주 지음

준커뮤니케이션즈

머리말

　민법은 국민의 일상생활과 가장 밀접한 법률일 뿐만 아니라 변호사 시험을 비롯한 다양한 자격증 및 국가시험의 시험과목일 만큼 중요한 법률이다. 그에 비례하여 그 분량의 방대함과 다양한 판례의 등장 등으로 인하여 그 내용을 이해하기는 점점 더 어려워지고 있다.
　민법총칙은 법학에 입문하는 자가 배우는 기초과목임에도 불구하고 그 내용을 쉽게 이해하기 어렵다. 그 이유는 판덱텐 방식으로 편찬된 민법전의 순서에 따라 강의를 하고 배우기 때문이다. 법전 편찬의 효율성 면에서는 판덱텐 방식이 효과적이나 입문자의 이해를 어렵게 하고 있다. 또한, 저명한 학자들의 저서는 대부분 이론을 중심으로 서술하면서 다양한 판례를 소개하고 있다. 저자도 이러한 저서를 통하여 배웠고 연구를 하고 있으나 초심자가 이해하기에는 어려운 면이 있다. 평소 저자는 학부 강의에 적합한 기초 입문서의 필요성을 절감하고 있었으나 기존의 선배 학자들의 저서를 고려하여 더 이상의 교재출판은 불필요한 것으로 생각하고 있었다. 그러나 법학전문대학원 제도의 도입으로 법학 교육이 이원화되었음에도 독자의 구분 없이 대부분의 민법총칙 저서는 이론서와 수험서의 역할을 동시에 하고 있다. 그로 인하여 그 저서들은 점점 더 그 분량이 방대해지고 내용이 어려워지게 되어 민법총칙을 처음 접하는 입문자나 수험생이 아닌 자를 위한 강의 교재로는 너무 과분하다. 그 결과 학부생을 위한 강의 교재 선택의 폭은 점점 더 좁아지고 있다. 이에 저자는 최소한의 분량으로 민법총칙을 쉽게 이해할 수 있는 입문서를 출판하게 되었다.
　책의 내용은 법학을 처음 접하는 입문자를 위하여 최대한 간결하고 분량은 최소화할 수 있도록 다음과 같이 서술하였다. 첫째, 복잡한 법률관계보다는 민법 제도의 기본 원리를 이해할 수 있도록 하는 것에 중점을 두었다. 둘째, 교재는 법전의 편찬 순서에 따라 서술하였다. 셋째, 조문을 중심으로 기존 저서들의 내용 중 공통된 부분을 참고하여 최대한 간략하게 서술하였다. 넷째, 판례의 소개는 필요한 경우로 한정하여 최소화하고 최신 판례를 중심으로 하였다. 다섯째, 학설은 제도의 취지를 이해하는 것에 도움이 되는 범위에서 간략하게 소개하고 학설의 대립이 있는 경우에는 판례의 입장에 따라 정리하고 사견의 제시는 최소화하였다. 여섯째, 내용의 이해에 도움을 줄 수 있는 범위에서 한글과 한자를 병기하였다. 본문의 내용 중에는 처음의 계획과 다르게 서술된 부분도 있고 저자의 학문적 부족함으로 보완이 필요한 부분도 많다. 부족한 부분은 앞으로 보완해 나갈 것이며, 그 경우에도 분량의 증가는 최소화할 것이다.

  이 책의 출간에는 많은 분의 도움이 있었다. 먼저 부족한 제자를 학문의 길로 이끌어주신 강태성 교수님(경북대학교 법학전문대학원 명예교수)과 박사학위를 지도해주신 Alexander Trunk 교수님(독일 Kiel대학교 명예교수)께 진심으로 감사드린다. 그리고 이 책을 집필하는 동안 참고 인내해준 가족에게도 고마움을 전한다. 특히 이 책의 교정을 도와준 대구대학교 대학원 박사과정의 최진규 석사와 석사과정의 박유민 학사에게 감사의 마음을 전한다. 두 제자의 앞날에 성공이 있기를 기원한다. 마지막으로 이 책을 출간을 위하여 노력해주신 준커뮤니케이션즈 박준성 사장님과 직원분들에게 깊은 감사의 인사를 드린다.

                  2025. 4. 6.

                                  장 병 주

차례

제1장 서론 ··· 1

제1절 민법의 의의 ··· 1

Ⅰ. 법의 의의 ··· 1

Ⅱ. 민법의 의의 ··· 1
  1. 형식적 민법 ··· 1
  2. 실질적 민법 ··· 1
  3. 형식적 민법과 실질적 민법 ··· 2

제2절 민법의 법원 ··· 3

Ⅰ. 서설 ··· 3

Ⅱ. 성문민법 ··· 3
  1. 법률 ··· 3
  2. 명령 ··· 3
  3. 대법원 규칙 ··· 4
  4. 조약 ··· 4
  5. 자치법 ··· 4

Ⅲ. 불문민법 ··· 4
  1. 관습법 ··· 4
  2. 조리 ··· 5
  3. 판례 ··· 5
  4. 헌법재판소 결정 ··· 5

제3절 민법전의 연혁과 구성 ··· 6

Ⅰ. 민법전의 연혁 ··· 6
1. 민법 전 시행 이전의 상황 ······································ 6
2. 민법전의 편찬과 발전 ·· 6

Ⅱ. 민법전의 구성 ··· 7
1. 구성방식 ·· 7
2. 우리 민법전의 구성 ·· 7

제4절 민법의 기본원리 ··· 8

Ⅰ. 근대민법의 기본원리 ··· 8
1. 근대민법의 3대 원칙 ·· 8
2. 근대민법의 기본원리에 대한 수정 ······························ 9

Ⅱ. 우리민법의 기본원리 ··· 9
1. 재산권존중의 원칙 ·· 9
2. 사적자치의 원칙 ··· 10
3. 과실책임의 원칙 ··· 10

제5절 민법의 해석 ·· 11

Ⅰ. 서설 ·· 11

Ⅱ. 민법의 해석 ··· 11
1. 의의 ·· 11
2. 해석의 방법 ··· 12
3. 해석의 기술 ··· 12
4. 해석의 목표 ··· 14

제6절 민법의 적용범위 ·· 15
1. 내용에 관한 적용범위 ·· 15

2. 때(時)에 관한 적용범위 ··· 15
　　3. 사람(人, 法人)에 관한 적용범위 ······································ 15
　　4. 곳에 관한 적용범위 ··· 15

제2장 권리 ·· 16

제1절 법률관계와 권리·의무 ·· 16

Ⅰ. 법률관계 ·· 16

Ⅱ. 권리와 의무 ·· 16
　　1. 권리 ·· 16
　　2. 의무 ·· 17
　　3. 권리와 의무의 관계 ··· 17

제2절 권리(사권)의 종류 ·· 18

Ⅰ. 내용에 의한 분류 ·· 18
　　1. 인격권 ·· 18
　　2. 가족권 ·· 18
　　3. 재산권 ·· 18
　　4. 사원권 ·· 19

Ⅱ. 효력(작용)에 의한 분류 ·· 19
　　1. 지배권 ·· 19
　　2. 청구권 ·· 19
　　3. 형성권 ·· 19
　　4. 항변권 ·· 20

Ⅲ. 그 밖의 기준에 의한 분류 ·· 20
　　1. 절대권·상대권 ·· 20
　　2. 일신전속권·비일신전속권 ··· 20
　　3. 주(된) 권리·종(된) 권리 ··· 20

    4. 기대권 ··· 21

제3절 권리의 경합과 충돌 ··· 22

 Ⅰ. 권리의 경합 ···22
  1. 의의 및 법률관계 ··· 22
  2. 법조경합 ··· 22

 Ⅱ. 권리의 충돌 ···23
  1. 개념 ··· 23
  2. 권리의 순위 ··· 23

제4절 권리의 행사와 의무의 이행 ·· 24

 Ⅰ. 서설 ··24

 Ⅱ. 신의성실의 원칙 ···24
  1. 의의 ··· 24
  2. 법적 성격 ··· 24
  3. 적용범위 ··· 25
  4. 신의칙이 구체화된 원칙 ··· 25
  5. 신의칙 위반의 효과 ··· 26
  6. 적용상 주의점 ··· 26

 Ⅲ. 권리남용금지의 원칙 ··27
  1. 의의 ··· 27
  2. 성립 요건 ··· 27
  3. 적용범위 ··· 28
  4. 권리남용의 효과 ··· 28
  5. 적용상 주의점과 신의성실의 원칙과의 관계······································· 28

제5절 권리의 보호 ··· 29

 Ⅰ. 국가구제 ··29

1. 재판제도	29
2. 조정제도	29

Ⅱ. 사력구제 ··· 29
   1. 정당방위 ··· 29
   2. 긴급피난 ··· 30
   3. 자력구제 ··· 30

제3장 권리의 주체 ·· 31

제1절 총설 ·· 31

  Ⅰ. 권리주체와 권리능력 ·· 31
  Ⅱ. 권리능력자 ··· 31
  Ⅲ. 권리능력과 행위능력 ·· 31

제2절 자연인 ·· 32

  Ⅰ. 권리능력 ·· 32
     1. 권리능력의 시기(始期) ··· 32
     2. 태아의 권리능력 ·· 32
     3. 외국인의 권리능력 ·· 34
     4. 권리능력의 종기(終期) ··· 34

  Ⅱ. 행위능력 ·· 36
     1. 의사능력·책임능력 ··· 36
     2. 행위능력 ··· 37
     3. 미성년자 ··· 39
     4. 피성년후견인 ·· 41
     5. 피한정후견인 ·· 45
     6. 피특정후견인 ·· 48
     7. 제한능력자의 상대방 보호 ··· 49

Ⅲ. 주소 · 53
   1. 서설 · 53
   2. 주소 · 53
   3. 거소 · 현재지 · 가주소 · 54

Ⅳ. 부재와 실종 · 55
   1. 서설 · 55
   2. 부재자 재산의 관리 · 55
   3. 실종선고 · 57

제3절 법인 · 62

Ⅰ. 서설 · 62
   1. 법인의 의의 · 62
   2. 법인의 분류 · 62

Ⅱ. 법인의 설립 · 63
   1. 서설 · 63
   2. 비영리사단법인의 설립 · 63
   3. 재단법인의 설립 · 65

Ⅲ. 법인의 능력 · 66
   1. 개설 · 66
   2. 권리능력 · 66
   3. 행위능력 · 67
   4. 불법행위능력 · 68

Ⅳ. 법인의 기관 · 71
   1. 이사 · 71
   2. 감사(감독기관) · 74
   3. 사원총회(의사결정기관) · 75
   4. 사원권 · 77

Ⅴ. 법인의 주소 · 77

Ⅵ. 정관의 변경 · 78
1. 사단법인의 정관변경 · 78
2. 재단법인의 정관변경 · 78

Ⅶ. 법인의 소멸 · 79
1. 법인의 해산 · 79
2. 법인의 청산 · 80

Ⅷ. 법인의 등기 · 82

Ⅸ. 법인의 감독 · 83
1. 법인의 감독 · 83
2. 벌칙 · 83

Ⅹ. 외국법인 · 83

Ⅺ. 법인 아닌 사단·재단 · 84
1. 서설 · 84
2. 법인 아닌 사단 · 84
3. 법인 아닌 재단 · 87

제4장 권리의 객체 · 89

Ⅰ. 서설 · 89

Ⅱ. 물건 · 89
1. 의의 · 89
2. 요건 · 89
3. 물건의 분류 · 90

Ⅲ. 부동산·동산 · 92
1. 부동산 · 92
2. 동산 · 94

Ⅳ. 주물과 종물 ·· 94

　　Ⅴ. 원물과 과실 ·· 95
　　　　1. 의의 ·· 95
　　　　2. 천연과실 ·· 95
　　　　3. 법정과실 ·· 96

제5장 법률행위 ······································ 97

제1절 권리의 변동 ··································· 97

　　Ⅰ. 법률관계의 변동 ·· 97

　　Ⅱ. 권리변동의 모습 ·· 97
　　　　1. 권리의 발생(취득) ·· 97
　　　　2. 권리의 소멸(상실) ·· 98
　　　　3. 권리의 변경 ·· 98

　　Ⅲ. 권리변동의 원인 ·· 99
　　　　1. 법률요건 ·· 99
　　　　2. 법률사실 ·· 99

제2절 법률행위의 기초 이론 ························· 102

　　Ⅰ. 법률행위의 개념 ··· 102
　　Ⅱ. 법률행위와 의사표시의 관계 ····························· 102
　　Ⅲ. 사적자치와 법률행위자유의 원칙 ························ 102
　　Ⅳ. 법률행위의 요건 ··· 103
　　　　1. 성립요건 ··· 103
　　　　2. 효력요건 ··· 104

제3절 법률행위의 종류 ······························· 105

Ⅰ. 단독행위 · 계약 · 합동행위 ··· 105
1. 단독행위 ··· 105
2. 계약 ·· 105
3. 합동행위 ··· 105

Ⅱ. 요식행위 · 불요식행위 ·· 106

Ⅲ. 재산행위 · 가족법상 행위 ·· 106

Ⅳ. 채권행위 · 물권행위 · 준물권행위 ·· 106

Ⅴ. 출연행위 · 비출연행위 ·· 106
1. 유상행위 · 무상행위 ··· 107
2. 유인행위 · 무인행위 ··· 107

Ⅵ. 생전행위 · 사후행위 ··· 107

제4절 법률행위의 목적(내용) ··· 108

Ⅰ. 의의 ··· 108

Ⅱ. 목적의 확정 ··· 108

Ⅲ. 목적의 실현 가능 ·· 108
1. 의의 ·· 108
2. 불능의 분류 ··· 109

Ⅳ. 목적의 적법성 ·· 109
1. 개설 ·· 109
2. 강행규정 ··· 110

Ⅴ. 목적의 사회적 타당성 ··· 112
1. 개설 ·· 112
2. 사회질서의 의의 ··· 112

3. 사회질서 위반행위의 판단 …………………………………………… 112
4. 사회질서 위반행위 ………………………………………………………… 113

Ⅵ. 불공정한 법률행위 ……………………………………………………………… 116
1. 의의 ……………………………………………………………………………… 116
2. 요건 ……………………………………………………………………………… 116
3. 효과 ……………………………………………………………………………… 118

제5절 법률행위의 해석 ……………………………………………………………… 119

Ⅰ. 의의 ………………………………………………………………………………… 119

Ⅱ. 해석의 방법 ……………………………………………………………………… 119
1. 자연적 해석 ………………………………………………………………… 119
2. 규범적 해석 ………………………………………………………………… 120
3. 보충적 해석 ………………………………………………………………… 120

제6절 의사표시 ………………………………………………………………………… 122

Ⅰ. 서설 ………………………………………………………………………………… 122

Ⅱ. 진의 아닌 의사표시 ………………………………………………………… 123
1. 의의 ……………………………………………………………………………… 123
2. 요건 ……………………………………………………………………………… 123
3. 효과 ……………………………………………………………………………… 124

Ⅲ. 통정한 허위의 의사표시 ………………………………………………… 124
1. 의의 ……………………………………………………………………………… 124
2. 요건 ……………………………………………………………………………… 125
3. 효과 ……………………………………………………………………………… 125

Ⅳ. 착오로 인한 의사표시 ……………………………………………………… 127
1. 의의 ……………………………………………………………………………… 127
2. 요건 ……………………………………………………………………………… 128

    3. 효과 ·· 132
    4. 적용범위 ·· 133
    5. 다른 제도와의 관계 ·· 134

  Ⅴ. 사기·강박에 의한 의사표시 ·· 134
    1. 서설 ··· 134
    2. 사기(詐欺)에 의한 의사표시의 의의 및 요건 ························· 135
    3. 강박에 의한 의사표시의 의의 및 요건 ··································· 136
    4. 사기·강박에 의한 의사표시의 효과 ······································· 137

  Ⅵ. 의사표시의 효력발생 ·· 138
    1. 서설 ··· 138
    2. 의사표시의 효력발생시기 ·· 138
    3. 의사표시의 공시송달 ·· 141
    4. 의사표시의 수령능력 ·· 141

제7절 법률행위의 대리 ··· 142

  Ⅰ. 서설 ·· 142
    1. 의의 ··· 142
    2. 연혁 및 기능 ··· 142
    3. 대리의 본질 ·· 142
    4. 대리가 인정되는 범위 ··· 143
    5. 대리와 구별하여야 할 제도 ··· 143
    6. 대리의 종류 ·· 144
    7. 대리의 삼면관계 ·· 144

  Ⅱ. 대리권 ··· 145
    1. 대리권의 의의 ··· 145
    2. 발생원인 ··· 145
    3. 대리권의 범위 ··· 146
    4. 대리권의 제한 ··· 147
    5. 대리권의 소멸 ··· 149

Ⅲ. 대리행위 ··· 150
1. 대리의사의 표시(현명주의) ··························· 150
2. 대리행위의 하자 ·· 153
3. 대리인의 능력 ·· 153

Ⅳ. 대리행위의 효과 ··· 153
1. 법률효과 본인 귀속 ······································ 153
2. 본인의 능력 ·· 154

Ⅴ. 복대리 ·· 154
1. 복대리의 의의 ·· 154
2. 대리인의 복임권과 책임 ································ 154
3. 복대리에서의 법률관계 ·································· 155
4. 복대리권의 소멸 ·· 157

Ⅵ. 무권대리 ··· 157
1. 서설 ·· 157
2. 표현대리 ·· 157
3. 협의의 무권대리 ·· 164

제8절 법률행위의 무효와 취소 ······················· 169

Ⅰ. 서설 ·· 169

Ⅱ. 법률행위의 무효 ··· 169
1. 무효의 의의와 일반적 효과 ·························· 169
2. 무효의 종류 ·· 170
3. 무효행위의 추인 ·· 171
4. 무효행위의 전환 ·· 173

Ⅲ. 법률행위의 취소 ··· 175
1. 취소의 개념 ·· 175
2. 취소권자 ·· 176
3. 취소의 방법과 상대방 ·································· 178

        4. 취소의 효과 ·· 178
        5. 취소권의 소멸과 부인 ·· 180

제9절 법률행위의 부관 ··· 185

    Ⅰ. 개념 ··· 185

    Ⅱ. 조건 ··· 185
        1. 의의 ·· 185
        2. 특질 ·· 185
        3. 조건의 종류 ··· 186
        4. 조건을 붙일 수 없는 법률행위 ·· 188
        5. 조건부 법률행위의 효력 ··· 189
        6. 조건의 성부와 신의칙 ·· 190

    Ⅲ. 기한 ··· 190
        1. 의의 ·· 190
        2. 종류 ·· 191
        3. 기한을 붙일 수 없는 법률행위 ·· 191
        4. 기한부 법률행위의 효력 ··· 192
        5. 기한의 이익 ··· 192

제6장 기간 ·· 194

    Ⅰ. 개념 ··· 194

    Ⅱ. 기간의 계산 ··· 194
        1. 기간을 시·분·초로 정하는 경우 ······································· 194
        2. 기간을 일·주·월·년으로 정하는 경우 ······························· 194

    Ⅲ. 기간의 역산 ··· 196

제7장 소멸시효 · 197

Ⅰ. 서설 · 197
1. 시효의 의의 · 197
2. 시효제도의 존재이유 · 197
3. 소멸시효와 유사한 제도 · 198

Ⅱ. 소멸시효의 요건 · 201
1. 소멸시효의 대상 · 201
2. 권리의 불행사 · 203
3. 소멸시효기간 · 205

Ⅲ. 소멸시효의 중단 · 209
1. 의의 · 209
2. 소멸시효의 중단 사유 · 209
3. 소멸시효 중단의 효력 · 214

Ⅳ. 소멸시효의 정지 · 215
1. 개념 · 215
2. 정지사유 · 215

Ⅴ. 소멸시효의 효력 · 216
1. 소멸시효 완성의 효과 · 216
2. 소멸시효의 소급효 · 216
3. 소멸시효이익의 포기 · 216
4. 종속된 권리에 대한 소멸시효 · 217

색인 · 218

법령 표시례

조문만 표시된 법률	→ 민법
가등기담보 등에 관한 법률	→ 가등기담보법
가족관계의 등록 등에 관한 법률	→ 가족관계등록법
공간정보의 구축 및 관리 등에 관한 법률	→ 공간정보관리법
공익법인의 설립·운영에 관한 법률	→ 공익법인법
공장 및 광업재단 저당법	→ 공장저당법
노동조합 및 노동관계조정법	→ 노동조합법
대부업 등의 등록 및 금융이용자 보호에 관한 법률	→ 대부업법
대한민국헌법	→ 헌법
부동산 거래신고 등에 관한 법률	→ 부동산거래신고법
부동산 실권리자 명의 등기에 관한 법률	→ 부동산실명법
소송촉진 등에 관한 특례법	→ 소송촉진법
약관의 규제에 관한 법률	→ 약관법
입목에 관한 법률	→ 입목법
장기 등 이식에 관한 법률	→ 장기이식법
전자문서 및 전자거래 기본법	→ 전자문서법
집합건물의 소유 및 관리에 관한 법률	→ 집합건물법
채무자 회생 및 파산에 관한 법률	→ 채무자회생법
할부거래에 관한 법률	→ 할부거래법
후견등기에 관한 법률	→ 후견등기법

참고문헌과 그 표시례

강태성, 민법총칙, 대명출판사, 2020	→ 강태성
곽윤직·김재형, 민법총칙, 박영사, 2017	→ 곽윤직·김재형
김민중, 민법총칙, 법영사, 2014	→ 김민중
김상용·전경운, 화산미디어, 2018	→ 김상용·전경운
김용덕, 주석민법 [총칙 1], 한국사법행정학회, 2019	→ 김용덕(1)
＿＿＿, 주석민법 [총칙 2], 한국사법행정학회, 2019	→ 김용덕(2)
＿＿＿, 주석민법 [총칙 3], 한국사법행정학회, 2019	→ 김용덕(3)
김준호, 민법강의, 법문사, 2024	→ 김준호
김증한·김학동, 민법총칙, 박영사, 2013	→ 김증한·김학동
명순구, 민법총칙, 법문사, 2007	→ 명순구
백태승, 민법총칙, 집현재, 2016	→ 백태승
송덕수, 민법총칙, 박영사, 2024	→ 송덕수
송호영, 법인론, 신론사, 2013	→ 송호영
오시영, 민법총칙, 학현사, 2008	→ 오시영
이영준, 민법총칙, 박영사, 2007	→ 이영준
이은영, 민법총칙, 박영사, 2009	→ 이은영
양형우, 민법총칙, 정독, 2024	→ 양형우
지원림, 민법강의, 홍문사, 2025	→ 지원림

제1장 서론

제1절 민법의 의의

Ⅰ. 법의 의의

사람은 자신이 속한 사회의 구성원으로서 사회공동생활을 하고 있다. 사회구성원들은 사회생활에서의 질서 유지를 위해서 일정한 규칙, 즉 사회규범(예: 도덕, 종교, 관습, 법)을 지켜야 한다. 법法은 도덕·종교·관습 등의 사회규범과는 다르게 국가권력에 의하여 그 실현이 강제되고 있는 사회규범이며, 헌법을 정점으로 하여 어느 정도의 법체계 또는 법질서를 이루고 있다.

Ⅱ. 민법의 의의

일반적으로 형식적·실질적 측면에서 민법民法을 설명하고 있다. 즉 민법은 형식적 민법과 실질적 민법으로 구분된다.

1. 형식적 민법
형식적 민법이란 1958년 2월 22일에 공포되어, 1960년 1월 1일부터 시행되고 있는 민법이라는 명칭의 민법전民法典을 의미한다. 우리 민법전은 제5편, 제1118조로 구성되어 있으며, 제1편 총칙, 제2편 물권, 제3편 채권, 제4편 친족, 제5편 상속, 그리고 부칙으로 구성되어 있다.

2. 실질적 민법
민법이라는 형식적 명칭과 상관없이 사인私人 상호 간의 법률관계(재산관계와 가족관계)를 규율하는 법은 실질적 민법에 해당한다. 실질적 민법은 다음과 같이 설명할 수 있다.
첫째, 실질적 민법은 사인 상호 간의 생활관계를 규율하는 사법이다. 법은 공법과 사법으로 구분된다.[1] 판례는 정부투자기관이 사경제의 주체로서 상대방과 대등한 위치에서 체결하는 계약에는 사법의 원리를 적용하고 있다.[2] 따라서 국가와 국가 간의 관계에는 공법이 적용되고, 개인과 개인 간의 관계에는 사법이 적용된다. 국가와 개인 간에는 강제력을 가진 국가와 개인 간에는 공법이 적용되고, 그 외의 경우에는 사법이 적용된다.

둘째, 실질적 민법은 일반사법이다. 일반법은 사람·사항·장소 등에 특별한 제한 없이 일반적으로 적용되는 법이고, 특별법은 일정한 사람·사항·장소에 관해서만 적용되는 법이다. 민법은 개인과 개인 또는 개인과 강제력을 가지지 않은 국가, 즉 사경제 주체로서의 국가 간의 관계를 전반적으로 규율하는 법이므로 사법 중에서도 일반사법이다. 민법의 특별법으로는 상법이 있고, 일반법과 특별법 사이에는 특별법 우선의 원칙이 적용된다.

셋째, 실질적 민법은 실체법이다. 법은 권리와 의무의 발생·변경·소멸 등을 규정하는 실체법과 실체법상의 권리를 실현 또는 의무의 이행에 관한 절차를 규정하는 절차법으로 구분된다. 민법은 직접적으로 권리의무관계를 정하고 있으므로 실체법이고, 민사소송법, 민사집행법, 가사소송법 등은 실체법상의 권리 또는 의무를 실현하기 위한 절차법이다.

3. 형식적 민법과 실질적 민법

민법은 사인 상호 간의 법률관계를 규율하는 실질적 민법을 의미한다. 실질적 민법에는 형식적 민법(전)을 포함하여 부동산등기법, 주택임대차보호법 등의 부속법률을 포함한다. 형식적 민법(전)에는 사인 상호 간의 법률관계와 무관한 벌칙규정(제97조)도 존재한다. 그러므로 형식적 민법과 실질적 민법은 대부분 일치하지만 불일치하는 경우도 있다. 즉, 형식적 민법의 대부분은 실질적 민법에 포함되지만 그렇지 못한 부분도 있다.

---

1) 공법과 사법의 구별기준에는 이익설, 성질설(송덕수, 3면), 주체설(강태성, 6면), 사적자치설(이영준, 6면) 및 다원설(곽윤직·김재형, 6면) 등이 있다.
2) 대법원 2014. 12. 24 선고 2010다83182 판결

제2절 민법의 법원

Ⅰ. 서설

민법의 법원法源, 즉 재판의 기준이 되는 법은 실질적 민법이다. 법원에는 성문법成文法과 불문법不文法이 있다. 민법 제1조에서는 "민사에 관하여 법률에 규정이 없으면 관습법에 의하고 관습법이 없으면 조리에 의한다."라는 규정을 두어 법원과 그 적용순서에 대하여 정하고 있다.

Ⅱ. 성문민법

민법 제1조의 '법률'은 헌법이 정하는 절차에 따라 제정·공포되는 형식적 의미의 법률만을 가리키는 것이 아니고, 법률 이외의 제정법을 포함한 모든 성문법을 의미한다.[3]

1. 법률

여기서 말하는 법률法律은 헌법이 정하는 절차에 따라 제정·공포된 것을 말한다. 민법의 법원으로서 가장 중요한 것은 민법전이고(형식적 민법), 그 외의 부속법률도 법원이 된다. 예를 들면, 부동산등기법, 부동산등기 특별조치법, 부동산 실권리자 명의 등기에 관한 법률(부동산실명법), 집합건물의 소유 및 관리에 관한 법률(집합건물법), 가등기담보 등에 관한 법률(가등기담보법), 공장 및 광업재단 저당법(공장저당법), 주택임대차보호법, 상가건물 임대차보호법, 가족관계의 등록 등에 관한 법률(가족관계등록법) 등이 있다.

2. 명령

국회 이외의 국가기관에 의하여 일정한 절차에 따라 제정된 법규인 명령도 민사에 관한 것이면 민법의 법원이 된다. 명령에는 긴급명령과 일반명령이 있고, 긴급명령(예: 금융실명거래 및 비밀보장에 관한 대통령 재정 경제 긴급명령)은 법률과 동위이지만(헌법 제76조), 일반명령은 법률보다 하위이다. 명령은 제정권자

---

3) 강태성, 13면; 곽윤직·김재형, 17면; 김증한·김학동, 12면; 백태승, 11면.

에 따라 대통령령 · 총리령 · 부령部令으로 구분되며, 목적 및 성질에 따라 법률에 의하여 위임된 사항을 정하는 위임명령(예: 민법 제312조의2 단서의 시행에 관한 규정)과 법률의 규정을 집행하기 위하여 필요한 세칙을 정하는 집행명령(예: 주택임대차보호법 시행령 등의 각종 특별법규의 시행령)이 있다.

3. 대법원 규칙

대법원은 법률에 저촉되지 아니하는 범위 안에서 소송에 관한 절차, 법원의 내부규율과 사무처리에 관한 규칙을 제정할 수 있다(헌법 제108조). 따라서 대법원 규칙(예: 부동산 등기규칙)도 민사에 관한 것이면 민법의 법원이 되지만 법률보다 하위이다.

4. 조약

헌법에 의하여 체결 · 공포된 조약과 일반적으로 승인된 국제법규는 국내법과 같은 효력을 가진다(헌법 제6조 제1항). 따라서 민사에 관한 조약(예: 특허협력조약4))은 민법의 법원이 된다.

5. 자치법

조례(지방의회 제정)와 규칙(지방자치단체장 제정)도 민사에 관한 것은 민법의 법원이 된다. 다만 조례와 규칙은 법률이나 명령보다 하위이고, 그 적용범위는 해당 지역으로 제한된다(예: 대구광역시 주택 중 개보수 등에 관한 조례).

Ⅲ. 불문민법

1. 관습법

관습법慣習法이란 관습, 즉 사회의 거듭된 관행으로 생성된 사회생활 규범이 사회의 법적 확신과 인식에 의하여 법적 규범으로 승인 · 강행되기에 이른 것을 말한다.5) 사회에서 법적 확신을 얻은 관습은 법으로서 법원法院이 적용하여야 할 의무를 지며, 또한 관습법의 존재를 당사자가 입증할 필요가 없다. 즉 관습법의 존재여부는 법원의 직권조사사항이다.

관습법이 성립하기 위하여는 관습이 존재하고, 관습에 대한 법적 확신과 헌법을 최상위

---

4) 특허협력조약(Patent Cooperation Treaty, PCT)은 같은 발명에 대하여 여러 나라에서 특허를 취득하려는 경우, 그 비용과 절차의 부담을 덜고 각 나라 특허청에서 중복으로 심사할 때 드는 노력을 줄이기 위해 제정한 조약이다.
5) 대법원 2005. 7. 21. 선고 2002다1178 전원합의체 판결.

규범으로 하는 전체 법질서에 반하지 않는 것으로서 정당성과 합리성이 있어야 한다.[6] 현재 관습법상의 법정지상권, 분묘기지권 및 수목 등의 소유권 이전에 관한 명인방법 등이 관습법으로 인정되고 있다. 관습법은 당연히 민법의 법원이 되지만 관습법은 성문법이 없는 부분을 보충하는 효력이 있다.[7]

한편 관습법은 사회 구성원들이 관습의 법적 구속력에 대하여 확신을 갖지 않게 되거나, 사회를 지배하는 기본적 이념이나 사회질서의 변화로 인하여 전체 법질서에 부합하지 않게 되었다면 그 효력을 잃게 된다.[8]

2. 조리

조리條理란 사물의 본질적 원리, 즉 일반인이 인정하는 객관적인 원리(질서)이다. 민법 제1조에 따라 조리가 재판에 적용된다고 하더라도 조리를 법원이라고 할 수는 없으며, 조리는 법원法院에 의하여 적용되는 것이다.[9] 즉 조리는 성문법을 통하여 구체화되며, 실정법과 법률행위를 해석하는 기준과 재판의 준거로서의 기능을 할 뿐이다.

3. 판례

우리나라에서는 선례구속先例拘束의 원리가 적용되지 않으므로 판례는 법이 아니다.[10] 다만 상급법원의 판결은 당해 사건에 관하여 하급심을 기속한다(법원조직법 제8조).

4. 헌법재판소 결정

헌법재판소 결정은 법률과 동일한 효력을 가지고 법원 그 밖의 국가기관과 지방자치단체를 구속한다(헌법재판소법 제47조, 제67조, 제75조). 따라서 민사에 관한 헌법재판소 결정은 법원이 된다.

---

6) 대법원 2005. 7. 21. 선고 2002다1178 전원합의체 판결.
7) 대법원 2005. 7. 21. 선고 2002다1178 전원합의체 판결.
8) 대법원 2005. 7. 21. 선고 2002다1178 전원합의체 판결.
9) 곽윤직·김재형, 29면; 송덕수, 24면; 백태승, 23면; 지원림, 10면. 반대 견해 있음(강태성, 22면; 이은영, 52면 등)
10) 강태성, 23면; 곽윤직·김재형, 26면; 송덕수, 26면.

제3절 민법전의 연혁과 구성

Ⅰ. 민법전의 연혁

1. 민법 전 시행 이전의 상황

역사적으로 우리나라는 중국법의 영향을 받았고, 조선시대에 경국대전 등의 여러 법전이 존재하였으나 그 내용은 대부분은 공법에 해당하고, 사법전의 편찬은 없었다. 사법적 내용은 단편적으로 흩어져 규정되었고, 그 내용도 친족 및 상속에 관한 것이었다. 그 결과 우리나라는 사법에 관한 한 불문법의 나라였으며, 민사 분쟁은 각 지방의 관습과 법관을 겸한 지방관의 재량으로 해결하였다.

1984년 갑오경장 이후 1895년과 1905년 두 차례에 걸쳐 법부法部에 법률기초위원회를 설치하고 민법을 제정하려고 노력하였으나 일본에 의한 국권강탈로 결실을 맺지 못하였다. 1912년 3월 조선민사령에 의하여 조선인의 민사에 관한 사항은 특별한 규정이 있는 경우를 제외하고는 일본민법(의용민법 또는 구민법)[11]이 적용되었다. 그러나 친족과 상속에 대한 부분은 일제강점기 초기에는 조선의 관습이 적용되었으나, 그 후 조선민사령의 개정으로 의용민법이 적용되었다. 1945년 8월 15일 해방 후에는 미군정이 수립되었고, 미군정법령에 의하여 종전과 마찬가지로 의용민법이 적용되었다.[12]

2. 민법전의 편찬과 발전

1948년 8월 15일 대한민국 정부가 수립된 후 같은 해 9월 15일 '법전편찬위원회 민법분과위원회'가 구성되었다. 민법전 초안 작성 중이던 1950년 6월 25일에 일어난 전쟁에도 불구하고 1953년 7월에 초안의 기초가 완성되었다. 1958년 2월 22일 법률 제471호로 민법이 공포되었고, 1960년 1월 1일부터 시행되었다. 제정 당시 민법은 본문 1111개조, 부칙 28개조로 구성되어 있었다. 민법은 재산편에서는 일본민법과 독일민법의 영향을 많이 받았으나, 친족·상속편에서는 전통적인 관습과 윤리관이 많이 반영되었다.[13]

민법전은 제정된 후 현재까지 37차례의 개정이 있었다(2025. 4. 1. 기준). 이러한 개정은 대부분

---
11) 일본민법전은 1804년의 프랑스민법전과 1888년에 공포된 독일민법 제1초안을 모방하여 제정된 것이다.
12) 민법 전 시행 이전의 자세한 사항은 김용덕(1), 11면 이하 참고.
13) 민법전의 편찬 과정에 대한 자세한 사항은 김용덕(1), 15면 이하 참고.

친족·상속편에 집중되었고, 재산편의 개정은 극히 일부분에 거치고 있다. 현재는 각국의 민법 현대화 작업에 영향을 받아 개정 작업 중이다.

Ⅱ. 민법전의 구성

1. 구성방식
민법전의 구성방식에는 로마식 편별법(Institutiones식)과 독일식 편별법(Pandekten식)이 있다. 로마식 편별법은 인사편, 재산편, 소송편으로 나누는 방식이고, 프랑스 민법이 이 편별법을 따르고 있다. 독일식 편별법은 총칙편, 물권편, 채권편, 친족편, 상속편으로 체계화하는 방식이고, 우리나라, 독일, 그리고 일본이 이 방식을 따르고 있다.

2. 우리 민법전의 구성
민법전은 총칙·물권·채권·친족·상속편으로 구성되어 있다. 총칙편은 통칙(제1장), 人(제2장), 법인(제3장), 물건(제4장), 법률행위(제5장), 기간(제6장), 소멸시효(제7장)로 구성되어 있다.

제4절 민법의 기본원리

Ⅰ. 근대민법의 기본원리

봉건시대 이후 성립한 근대민법은 개인주의와 자유주의를 배경으로 하고 있다. 그리하여 근대민법은 사유재산권 존중의 원칙, 사적자치의 원칙 및 과실책임의 원칙을 인정한다.

1. 근대민법의 3대 원칙

1) 사유재산권 존중의 원칙
사유재산권 존중의 원칙은 개인의 재산권에 대한 국가나 타인의 제한이나 간섭을 배제하여 개인에게 자신의 재산권에 대한 절대적 지배를 인정하는 원칙이다. 개인의 재산권 중에서 소유권이 가장 중요하고 소유권은 절대성을 가지므로 소유권 절대의 원칙이라고도 한다.

2) 사적자치의 원칙
사적자치의 원칙은 개인은 법질서 내에서 자기의 의사에 따라 법률관계를 형성할 수 있다는 원칙이다. 이 원칙은 법률행위자유의 원칙이라고도 하며, 법률행위 중에서 계약이 가장 중요하므로 계약자유의 원칙이라고도 한다. 계약자유의 원칙은 계약 체결·상대방 선택·내용 결정·방식의 자유를 내용으로 한다.

3) 과실책임의 원칙
과실책임의 원칙은 자기의 위법한 행위로 타인에게 가한 손해에 대하여는 고의나 과실이 있는 경우에만 배상책임을 진다는 원칙이다. 이 원칙은 개인의 자유로운 활동을 보장하고 자기 행동에 대하여 책임을 지므로 자기책임의 원칙이라고도 한다.

> **참조** 고의는 자기의 행위로 일정한 결과가 발생할 것을 알면서도 그 행위를 하는 심리상태이다. 과실은 일정한 결과의 발생을 알 수 있었는데 부주의로 그 결과 발생을 알지 못한 것, 즉 주의의무를 위반하여 그 결과 발생을 인식하지 못하는 것이다. 형법에서는

고의와 과실을 구별하여 처벌하고 있다. 즉 형법에서는 고의범의 처벌이 원칙이고, 과실범은 예외적으로 처벌하고 있다. 그러나 민법에서는 고의와 과실을 구별하지 않고 있으며, 민법 규정에 과실책임을 규정하고 있으면 당연히 고의도 포함되는 것으로 해석하고 있다. 따라서 민법에서는 고의와 과실의 구별실익이 크지 않다.

2. 근대민법의 기본원리에 대한 수정

근대민법의 3대 원칙은 개인의 자유로운 활동을 보장함으로써 자유로운 경쟁에 의한 사회 발전에 이바지하였으나, 인간 능력의 불평등으로 인한 개인 간의 빈부격차를 초래하였다. 즉 사유재산권 존중의 원칙은 소유자 측에서는 재산권을 보장받았으나 무산자無産者는 보호받을 재산이 없고 유산자有産者의 횡포에 시달리는 문제가 발생하였다. 사적자치의 원칙은 자본가와 노동자 간의 고용계약을 통한 피지배관계를 강화하였으며, 과실책임의 원칙은 가해자의 손해에 대한 책임회피로 인하여 다수의 피해자가 보호받지 못하는 결과를 초래하였다. 그 결과 근대민법의 3대 원칙에 대한 수정의 필요성이 제기되었다.

이러한 폐단을 시정하기 위하여 근대민법의 3대 원칙을 원칙적으로 보장하면서 예외적인 제한을 강화하였다. 즉 공공복리를 위하여 사유재산권 존중의 원칙을 다양하게 제한하고 있으며, 법률행위 자유의 원칙도 법률행위의 강제 및 그 효력의 부인 등에 의하여 제한받고 있다. 또한, 과실책임의 원칙은 무과실책임의 원칙 또는 증명책임의 전환 규정 등에 의하여 제한을 받고 있다.

Ⅱ. 우리민법의 기본원리

우리민법은 근대민법의 기본원리를 원칙적으로 보장하면서도 근대민법에서보다 더 많은 제한을 하고 있다.

1. 재산권존중의 원칙

개인의 재산권은 헌법에 의하여 보장받고 있으며($^{헌법}_{제23조\ 제1항}$), 민법에 의하여도 보호받고 있다(제211조). 그러나 개인의 재산권은 공공복리($^{헌법}_{제23조\ 제2항}$), 신의성실 · 권리남용금지의 원칙(제2조), 상린관계($^{제216조\sim}_{제244조}$), 부동산거래신고법 등에 의하여 제한받고 있다.

2. 사적자치의 원칙

사적자치의 원칙, 즉 법률행위 자유의 원칙은 국가안전보장·질서유지 또는 공공복리를 위하여 제한받을 수 있으며(헌법 제37조 제2항), 경제질서는 시장 지배와 경제력 남용을 이유로 규제와 조정할 수 있다(헌법 제119조). 또한, 근로자의 단체행동권도 법률이 정하는 바에 따라 제한하거나 인정하지 아니할 수 있다(헌법 제33조 제3항). 그 밖에 사적자치의 원칙은 민법 제103조(반사회질서의 법률행위)와 제104조(불공정한 법률행위) 그리고 노동법, 경제법 등에 의하여 제한을 받고 있다.

3. 과실책임의 원칙

과실책임의 원칙은 채무불이행책임(제390조)과 불법행위책임(제750조)에서 규정하고 있다. 그러나 과실책임의 원칙은 무과실책임(예: 제392조 제2항·제570조 이하, 제조물책임법 제3조) 및 입증책임의 전환(제755조, 제756조, 제758조) 등에 의하여 제한받고 있다.

제5절 민법의 해석

Ⅰ. 서설

구체적 생활관계에서 법률문제가 발생하면 법률을 적용하여 분쟁을 해결한다. 이를 법의 적용이라고 한다. 법의 적용은 구체적 생활관계를 법적으로 평가·판단하는 것이다. 따라서 법의 적용은 추상적인 법규범($^{예:}_{제750조}$)을 대전제로 하고, 구체적 생활관계를 소전제($^{예:\ 갑이\ 을의\ 노트북을}_{파손한\ 행위}$)로 하여, 3단논법으로 결론($^{예:\ 갑은\ 을에게\ 100만원을}_{지급하라는\ 판결}$)을 도출하는 것이다. 법의 적용은 최종적으로 법원에서 이루어지고 있으나, 일반인들도 재판의 결과를 의식해서 의식적·무의식적으로 하고 있다. 법의 적용을 위해서는 법의 내용을 확정하는 것이 필요하다. 이를 법의 해석이라고 하고, 법의 적용은 법의 해석을 전제로 하고 있다.

Ⅱ. 민법의 해석

1. 의의

법의 해석解釋은 법규의 의미와 내용을 확정하는 것이다. 법률은 일반적·추상적으로 표현되는 것이 보통이므로 법의 해석은 간단하지 않다. 민법 경우에도 마찬가지이다.

민법은 법률뿐만 아니라 관습법도 법원으로 인정하고 있으며, 판례도 중요한 의미가 있으나. 따라서 민법뿐만 아니라 관습법과 판례에 대한 해석도 필요하나. 관습법에서는 관습의 내용을 확인하고 법적 확신유무를 판단해야 하고, 판례에서는 일반적인 법규범을 도출해내야 한다. 그러나 가장 중요한 것은 성문법률 중에서 민법을 해석하는 것이다. 여기서 해석은 학리해석을 의미한다.

> **참조** 일반적으로 법의 해석이라고 하면 유권해석有權解釋과 학리해석學理解釋을 포함한다. 유권해석은 법률에서 사용하는 용어의 뜻을 다른 법률에서 확정하는 것이다($^{예:\ 제98조(물건의\ 정의)\ 본법에서\ 물건이라\ 함은}_{유체물\ 및\ 전기\ 기타\ 관리할\ 수\ 있는\ 자연력을\ 말한다}$). 따라서 유권해석은 정의규정이라고도 하며, 절대적 구속력을 가진다. 한편, 유권해석이라는 용어는 법무부나 법제처 등 법령을 해석

할 권한이 있는 부처에서 유권적으로 해석하는 경우에도 사용된다. 학리해석(학설적 해석)은 학자와 법관을 포함한 모든 법률가가 하는 해석이다. 법률가들의 해석이 대립되는 경우에는 법원의 해석이 최종적인 의미를 가진다. 그런데 법원의 해석은 학자들의 해석 중에서 선택되는 경우가 많으므로 학자들의 해석이 중요하다.

2. 해석의 방법

일반적인 법의 해석방법은 민법에도 적용된다.

1) 문리해석·논리해석

문리해석(文理解釋, 문자적 해석)은 법규의 문자적 의미를 밝히는 해석이다. 문리해석에서는 법규의 용어를 기초로 하여 문법 규칙에 따라 그 법률적 의미를 해석하여야 한다. 논리해석(論理解釋, 체계적 해석)은 법규를 하나의 논리적 체계로 구성하여 개별 조문의 의미를 법규 전체와 조화될 수 있도록 해석하는 것이다.

2) 역사적 해석·목적론적 해석

역사적 해석歷史的 解釋은 법 제정 당시의 입법자료를 참고하여 입법자의 의도를 파악하여 법규를 해석하는 것이다. 역사적 해석에서는 입법이유서 등의 자료가 중요하다. 그러나 우리나라의 경우에는 민법의 기초이유서가 존재하지 않으므로 입법준비자료와 민법안심의록 등을 참고하여 입법자의 의도를 간접적으로 파악하고 있다. 목적론적 해석目的論的 解釋은 법의 목적(정신, 취지)에 따라 법규를 해석하는 방법이다. 이것은 법의 진정한 의미를 밝히는 것을 뜻한다.

3. 해석의 기술

앞에서 설명한 해석방법에 따라 해석하는 경우에는 해석의 기술이 필요하다.

1) 반대해석·유추해석

반대해석反對解釋은 법규에 규정되지 아니한 사항에 대하여 반대의 결과를 인정하는 해석이다. 예를 들면, 제184조 제1항의 "시효이익을 미리 포기하지 못한다."를 반대로 해석하면 시효이익은 사후, 즉 시효완성 후에는 포기할 수 있다고 해석할 수 있다. 유추해석類推解釋은 해당 사실에 적용될 규정이 없을 때에 유사한 사항에 대한 규정을 고려하여 동일한 결과를 도출하는 해석이다. 예를 들면, 법인에 관한 규정은 법인격을 전제로 하는 것을 제외하고는 법인 아닌 사단에 준용되는 것으로 유추해석하고 있다.

2) 확장해석·축소해석

확장해석擴張解釋은 규정이 가지는 문자를 그 의미보다 더 넓게 해석하는 것이고, 축소해석縮小解釋은 그 반대로 좁게 해석하는 것이다. 예를 들면, 민법상 배우자는 법률상의 배우자를 의미하나, 민법 제752조(생명침해로 인한 위자료)에서는 확장해석하여 배우자에는 법률상의 배우자뿐만 아니라 사실상의 배우자도 포함되는 것으로 해석한다. 민법 제62조는 "이사의 대표권에 대한 제한은 등기하지 아니하면 제3자에게 대항하지 못한다."라고 규정하고 있는데, 여기서 제3자는 선의의 제3자만을 의미하고 악의의 제3자는 제외되는 것으로 축소해석하고 있다.

> **참조** 법의 해석을 위해서는 먼저 단어의 의미를 정확하게 이해해야 한다. 민법에는 전문적인 법률용어를 사용하고 있다. 자세한 설명은 해당 부분에서 하고, 해석에 필수적인 용어 중 일부를 소개한다.
>
> (ㄱ) 유추·준용
> 유추類推와 준용準用비슷한 의미로 사용된다. 준용은 유추와 혼용되어 사용되기도 한다. 그러나 유추는 법해석 또는 법적용의 한 방법이고, 준용은 입법기술상의 한 방법이다. 비슷한 사항에 관하여 법규를 제정할 경우에 법률을 간결하게 할 목적으로 다른 유사한 법규를 그대로 적용할 것을 규정하는 것이 준용이다(예: 제47조(증여, 유증에 관한 규정의 준용)).
>
> (ㄴ) 선의·악의
> 선의善意는 어떠한 사정을 모르는 것이고, 악의惡意는 반대로 알고 있다는 것이다. 해치려는 의사 유무에 따라 구분하는 통속적인 의미와는 다르다.
>
> (ㄷ) 추정·본다
> 추정推定은 반대의 증거가 제출되면 규정의 적용을 면할 수 있지만(예: 제30조(동시사망의 추정) 2인 이상이 동일한 위난으로 사망한 경우에는 동시에 사망한 것으로 추정한다), '본다'는 반대 증거의 제출을 허용하지 않고서 법률이 정한 효력이 당연히 발생하게 하는 것이다(예: 제28조(실종선고의 효과) 실종선고를 받은 자는 실종 기간이 만료한 때에 사망한 것으로 본다). '본다'는 간주看做 또는 의제擬制라고도 표현하고 있으나 간주는 일본식 표현이다.
>
> (ㄹ) 제3자
> 제3자는 당사자(예: 매매의 경우 매도인과 매수인) 이외의 모든 자를 의미한다. 그러나 일정한 경우 그 범위가 제한된다.
>
> (ㅁ) 대항하지 못한다

'대항하지 못한다'는 것은 당사자가 제3자에 대하여 법률행위의 효력을 주장할 수 없다는 의미이다. 이 경우 제3자가 그 효력을 인정하는 것은 가능하다.

4. 해석의 목표

법의 해석은 구체적 사건에서 법을 적용하기 위한 것이다. 따라서 법의 적용 결과 구체적 타당성 있는 결과가 도출될 수 있도록 해석하여야 한다. 즉 모순 없는 이론구성에 의한 구체적 타당성 있는 해석을 하여야 한다. 다른 한편으로 구체적 타당성 있는 해석만을 하면 법적 안정성을 해칠 수도 있다. 법을 해석할 때에는 구체적 타당성과 법적 안정성을 고려하여 해석하여야 한다. 구체적 타당성과 법적 안정성을 고려한 조화로운 해석이 곤란한 경우에 판례는 법적 안정성을 우선하고 있다.[14]

> **참조** 법해석의 목표는 어디까지나 법적 안정성을 저해하지 않는 범위 내에서 구체적 타당성을 찾는 데 두어야 한다. 그러기 위해서는 가능한 한 법률에 사용된 문언의 통상적인 의미에 충실하게 해석하는 것을 우선으로 하여야 하고, 다만 문언의 통상적 의미를 벗어나지 아니하는 범위 내에서는 법률의 입법 취지와 목적, 제·개정 연혁, 법질서 전체와의 조화, 다른 법령과의 관계 등을 고려하는 체계적·논리적 해석방법을 추가적으로 활용할 수 있다.[15]

---

14) 대법원 2009. 4. 23. 선고 2006다81035 판결; 대법원 2017. 12. 22. 선고 2014다223025 판결.
15) 대법원 2017. 12. 22. 선고 2014다223025 판결.

제6절 민법의 적용범위

1. 내용에 관한 적용범위

개인의 사법관계에 관한 사항은 민법의 적용 대상이다. 다만 특별법이 있는 경우에는 특별법 우선의 원칙이 적용된다.

2. 때(時)에 관한 적용범위

법률은 그 효력이 발생하기 이전에 발생한 사실에 소급하지 아니하고 효력이 발생한 이후의 사실에만 적용된다(법률불소급의 원칙). 형사 사건의 경우에 법률의 소급은 엄격하게 금지되고 있다(헌법 제13조, 형법 제1조). 민법의 경우에는 민법 제정 당시 부칙 제2조에 "본법은 특별한 규정이 있는 경우 외에는 본법시행일 이전의 사항에 대하여도 이를 적용한다."라고 규정하여 소급효 인정하고 있다. 그러나 구법舊法에 의하여 이미 해결된 사건에 대한 법률관계의 혼란을 막기 위하여 그 단서에 "이미 구법에 의하여 생긴 효력에 영향을 미치지 아니한다."라고 규정하고 있다. 즉 구법에 의하여 해결된 사건에는 현행민법이 적용되지 않는다.

3. 사람(人, 法人)에 관한 적용범위

민법은 국내외 소재 여부를 불문하고 대한민국 국민에게 적용된다(속인주의). 또한 민법은 대한민국 영토 내에 있는 모든 사람에게 적용된다(속지주의). 그 결과 우리민법과 외국민법의 충돌 가능성이 있으며, 이 경우에는 국제사법이 적용된다.

4. 곳에 관한 적용범위

대한민국의 영토는 한반도와 그 부속도서로 한다(헌법 제3조). 그 결과 우리민법은 북한을 포함한 대한민국 전역에 적용된다.

제2장 권리

제1절 법률관계와 권리·의무

Ⅰ. 법률관계

사람의 생활관계는 다양하고, 생활관계 중에는 법에 의하여 규율되는 것과 그렇지 않은 것이 있다. 전자는 법률관계이고, 법에 의하여 규율되지 않는 생활관계(예: 호의관계)는 법이 아니라 다른 사회규범(예: 도덕, 종교, 관습)에 의하여 규율된다. 그러나 일정한 경우(예: 호의 동승으로 인한 사고 발생)에 법률관계로 변경될 수 있다.

근대 이후 사회의 진보와 법률제도의 정비로 인하여 법률관계는 계속 확대되어 오늘날의 생활관계는 대부분 법률관계이다. 법률관계에서는 법에 의하여 보호되는 자와 구속되는 자의 관계가 생긴다. 전자의 지위는 권리이고, 후자의 지위는 의무이다. 따라서 법률관계는 당사자가 법에 의하여 권리를 가지고 의무를 부담하는 관계, 즉 권리·의무 관계이다.

Ⅱ. 권리와 의무

1. 권리

권리(權利)는 일정한 이익을 향유할 수 있도록 하기 위하여 법이 부여한 힘(권리법력설)이다. 권리는 권능, 권한, 반사적 이익과 구별된다. 권능은 권리의 내용을 구성하는 각각의 법률상의 힘이다(예: 소유권의 경우에 사용·수익권능과 처분권능이 있음). 권한은 타인에게 일정한 법률효과를 발생하게 하는 행위를 할 수 있는 법률상 지위 또는 자격을 의미한다(예: 대리인의 대리권, 이사의 대표권). 반사적 이익(반사적 효과)은 법률이 특정인 또는 일반인에게 일정한 행위를 명함으로써 다른 자가 누리는 이익(예: 불법원인급여[1])이다.

---

1) 불법의 원인으로 인하여 재산을 급여하거나 노무를 제공한 때에는 그 이익의 반환을 청구하지 못한다(제746조). 따라서 불법의 원인으로 재산을 수령한 자는 소유권을 취득하지 못하지만 그 반사적 효과로서 반환의 청구를 당하지 않는 이익을 얻게 된다.

2. 의무

의무義務는 법률상의 구속이다. 따라서 법이 일정한 행위를 강요하는 경우에 의무자는 자신의 의사와 상관없이 반드시 따라야 한다. 의무에는 어떤 행위를 적극적으로 하여야 하는 작위作爲 의무(예: 매도인의 재산권이전의무)와 어떤 행위를 소극적으로 하지 않아야 하는 부작위不作爲 의무(예: 5층 이상 증축하지 않을 의무)로 구분된다.

3. 권리와 의무의 관계

권리와 의무는 서로 대응한다. 예를 들면, 매도인은 매수인에게 대금을 청구할 수 있고, 매수인은 대금을 지급할 의무가 있다. 그러나 권리만 있고 의무가 없는 경우(예: 해제권, 상계권, 취소권) 또는 권리는 없고 의무만 있는 경우(예: 법인 설립등기 의무(제49조), 청산인의 공고의무(제88조))도 있다.

간접의무는 의무를 부담하는 자가 반드시 이행하여야 하는 것은 아니지만 의무에 위반하면 유리한 법적 지위의 상실과 같은 불이익을 입게 되는 의무이다(예: 승낙 연착의 통지의무(제528조)). 간접의무는 본래 의미의 의무와 구별된다.

제2절 권리(사권)의 종류

Ⅰ. 내용에 의한 분류

1. 인격권
인격권人格權은 권리주체의 인격과 불가분으로 결합되어 있는 권리이다. 인격권에는 생명권, 자유권, 명예권, 성명권, 초상권, 정조권 등이 있다. 타인의 신체, 자유 또는 명예를 해하는 경우에는 손해를 배상하여야 한다(제751조).

2. 가족권
가족권家族權은 친족권 또는 신분권이라고 한다. 가족권은 가족관계 또는 친족관계에서 일정한 지위를 따르는 이익을 누리는 것을 내용으로 하는 권리이다. 친권, 후견인의 권리, 배우자의 권리, 부양청구권, 상속권 등이 있다.

3. 재산권
재산권財産權은 경제적 가치가 있는 이익을 누리는 것을 목적으로 하는 권리이다.

1) 물권

물권物權은 권리자가 물건 기타의 객체를 직접 지배해서 이익을 얻는 배타적인 권리이다. 물권은 법률 또는 관습법에 의하는 외에는 임의로 창설하지 못한다(제185조). 물권에는 점유권, 소유권, 용익물권(지상권, 지역권, 전세권), 담보물권(유치권, 질권, 저당권)이 있으며, 관습법에는 분묘기지권과 관습법상 법정지상권 등이 있다.

2) 채권

채권債權은 특정인(채권자)이 다른 특정인(채무자)에 대하여 일정한 행위(급부)를 요구할 수 있는 권리이다. 채권은 주로 계약에 의하여 발생하고, 사무관리·부당이득·불법행위에 의하여도 발생한다.

3) 지식재산권

지식재산권知識財産權은 저작 · 발명 등의 정신적 · 지능적 창조물을 독점적으로 이용하는 것을 내용으로 하는 권리이다. 지식재산권에는 특허권, 실용신안권, 디자인권, 상표권, 저작권 등이 있다.

4. 사원권

사원권社員權은 단체의 구성원(사원)이 그 구성원의 지위에서 단체에 대하여 가지는 권리이다. 사원권에는 사단법인의 사원의 권리, 주식회사의 주주의 권리 등이 있다.

Ⅱ. 효력(작용)에 의한 분류

1. 지배권

지배권支配權은 타인의 행위를 개입시키지 않고서 일정한 객체(예: 물건)를 직접 지배할 수 있는 권리이다. 대표적으로 물권, 지식재산권, 친권 등이 있다. 지배권에는 누구에게나 주장할 수 있는 절대성과 배타성이 있다.

2. 청구권

청구권請求權은 특정인이 다른 특정인에 대하여 일정한 행위를 요구할 수 있는 권리이다. 청구권에는 채권[2], 물권적 청구권, 부양청구권, 부부간의 동거청구권, 상속회복청구권 등이 있다.

3. 형성권

형성권形成權은 권리자의 일방적인 의사표시에 의하여 법률관계를 변동(발생, 변경, 소멸)시킬 수 있는 권리이다. 형성권에는 권리자의 의사표시만으로 효과가 발생하는 형성권(예: 취소권, 동의권, 계약 해제권과 해지권, 상계권, 약혼해제권, 상속포기권)과 법원의 판결에 의하여 효과가 생기는 형성권(예: 채권자 취소권, 재판상 이혼권, 친생부인권, 입양취소권)이 있다.

---

[2] 채권과 청구권은 동일한 것이 아니며, 청구권은 채권의 본질적인 내용을 이루고 있다. 채권에는 급부 수령 · 보유권, 채권자대위권, 채권자취소권, 항변권, 해제권 등의 다른 권능도 있다.

4. 항변권

항변권抗辯權은 상대방의 청구권 행사에 대하여 그 작용을 저지할 수 있는 권리이다. 항변권은 상대방의 권리를 부인하는 것이 아니라, 상대방의 권리를 승인하면서 그 작용을 저지하는 권리이다. 항변권에는 청구권의 작용을 일시적으로 저지할 수 있는 연기적 항변권(예: 동시이행의 항변권, 보증인의 최고·검색의 항변권)과 청구권의 작용을 영구적으로 저지할 수 있는 영구적 항변권(예: 상속의 한정승인의 항변권)이 있다.

Ⅲ. 그 밖의 기준에 의한 분류

1. 절대권·상대권

절대권絶對權은 누구에게나 주장할 수 있는 권리이며, 대세권對世權이라고도 한다. 절대권에는 물권, 지식재산권, 친권, 후견권 등이 있다. 상대권相對權은 특정인에 대하여만 주장할 수 있는 권리이며, 대인권對人權이라고도 한다. 상대권에는 채권 등이 있다.

2. 일신전속권·비일신전속권

일신전속권一身專屬權에는 귀속상의 일신전속권과 행사상의 일신전속권이 있다. 귀속상의 일신전속권은 권리의 성질상 타인에게 귀속될 수 없는 것, 즉 양도·상속 등으로 타인에게 이전할 수 없는 권리이고(예: 인격권, 친권, 이혼청구권), 행사상의 일신전속권은 권리행사 여부가 권리자의 자유에 맡겨져 있는 권리이고, 채권자 대위가 인정되지 않는다(예: 인격권, 이혼청구권, 위자료 청구권, 친권). 귀속상의 일신전속권과 행사상의 일신전속권은 대부분 일치하지만 예외적으로 불일치 하는 경우도 있다(예: 위자료청구권은 양도·상속 가능). 비일신전속권은 양도·상속이 가능한 권리이고, 재산권은 대체로 비일신전속권이다.

3. 주(된) 권리·종(된) 권리

하나의 권리가 다른 권리를 전제로 하여 존재하는 경우에 있어서 전제가 되는 권리는 주主된 권리이고 그것에 종속되는 권리는 종從된 권리이다. 예를 들면, 피담보채권과 담보물권, 원본채권과 이자채권, 주채무자에 대한 채권과 보증인에 대한 채권은 주된 권리와 종된 권리의 관계에 있다. 일반적으로 종된 권리는 주된 권리의 처분에 따르고(제100조 제2항 유추적용), 주된 권리가 소멸하면 종된 권리도 소멸한다. 단 이미 발생한 이자채권은 예외이다.

4. 기대권

어느 사람이 권리취득의 요건 중에서 일부만을 구비하지 못하고 있는 경우에 그 사람은 장차 권리취득을 기대할 수 있는 지위에 있다. 이러한 지위를 법이 보호하는 때에 그 사람은 기대권期待權을 가진다(예: 조건부 권리, 기한부 권리).

제3절 권리의 경합과 충돌

Ⅰ. 권리의 경합

1. 의의 및 법률관계

권리의 경합競合은 실제의 법률관계에서 동일인에게 하나의 사실이 둘 이상의 법규가 정하는 요건을 충족시켜 둘 이상의 권리가 발생하는 경우를 의미한다. 예를 들면, 임대차 기간이 만료한 경우에 소유권에 기한 반환청구권(제213조)과 임대차에 기한 반환청구권(제618조 참조)이 경합한다.

권리가 경합하는 경우에 각각의 권리는 독립하여 존재한다.[3] 그러나 권리 경합의 경우에 수 개의 권리는 목적이 동일하므로 어느 권리를 행사하여 만족을 얻으면 다른 권리도 소멸한다.

2. 법조경합

하나의 사실이 여러 개의 법규가 정하는 요건을 충족하지만, 그중의 한 법규(A 법규)가 다른 법규(B 법규)를 배제하는 경우에는 그 한 법규(A 법규)만이 적용된다. 이를 법조경합法條競合 또는 법규의 경합이라고 한다. 법조경합의 경우에는 한 법규에 의한 권리만이 발생하고, 권리의 경합은 일어나지 않는다.

법조경합은 일반법과 특별법 사이에 발생하고, 특별법 우선의 원칙이 적용된다. 예를 들면, 공무원의 직무상 불법행위에는 민법상 불법행위(제750조)와 국가배상법상의 불법행위가 모두 성립하지만 특별법인 국가배상법이 적용된다.

---

[3] 따라서 권리자는 어느 권리든지 자유롭게 행사할 수 있다. 또한, 어느 권리가 소멸시효나 권리 포기 등으로 소멸하여도 다른 권리는 소멸하지 않는다.

Ⅱ. 권리의 충돌

1. 개념

권리의 충돌衝突은 하나의 객체에 여러 개의 권리가 존재하는 것이다. 권리 경합은 1인이 여러 개의 권리를 가지는 경우에 발생하는 것이고, 권리 충돌은 하나의 객체에 대하여 수인이 권리를 가지는 경우에 발생한다.

2. 권리의 순위

권리가 충돌하는 경우에 그들 사이에는 순위가 있다.

1) 물권과 물권의 충돌

물권에는 배타성이 있으므로, 종류와 내용이 같은 물권은 동시에 존재할 수 없으므로 충돌이 일어나지 않는다. 물권과 물권의 충돌은 종류와 내용이 다른 물권 사이에서 발생한다.

먼저 소유권과 제한물권(예: 전세권)이 충돌하는 경우에는 제한물권이 우선한다. 제한물권과 제한물권이 충돌하는 경우에는 성립의 순서에 따른다. 예를 들면, 저당권 성립 후 지상권이 성립한 경우에 저당권이 실행되면 지상권은 소멸하고, 지상권 성립 후 저당권이 성립한 경우에는 저당권이 실행되어도 지상권은 소멸하지 않는다.

2) 물권과 채권

동일한 객체에 물권과 채권이 성립한 경우에는 물권이 우선한다. 예를 들면, X토지에 대하여 소유자 갑이 을과 매매계약을 체결한 후 병과 매매계약을 체결하고 소유권을 이전한 경우에 물권자(소유권자) 병은 채권자 을에 우선한다.

3) 채권과 채권의 충돌

채권의 경우에는 채권자 평등의 원칙이 적용된다. 따라서 채무자가 파산하면 채권자는 채권액에 비례하여 변제를 받게 된다. 그러나 채권자 평등의 원칙은 파산의 경우에 적용되고, 파산이 아닌 경우에 채권자는 임의로 채권을 행사하여 변제받는다. 이 경우에는 선행주의先行主義가 적용된다. 그 결과 채권의 성립 시기를 불문하고 먼저 채권을 행사한 자가 만족을 얻게 된다.

제4절 권리의 행사와 의무의 이행

Ⅰ. 서설

사람은 생존하는 동안 다양한 법률관계를 맺게 되며, 그 법률관계의 내용에 따라 당사자는 권리를 가지고 의무를 부담하게 된다. 권리의 내용은 권리행사를 통하여 실현된다. 예를 들면, 부동산의 소유자는 그 소유물을 점유·사용·수익·처분 등의 방법으로 권리를 행사할 수 있으며, 부동산의 전세권자는 그 목적물을 점유하면서 사용·수익할 수 있다. 권리의 행사는 타인의 권리와 충돌될 수 있기 때문에 정당한 이익의 범위 내로 제한할 필요가 있다. 민법 제2조에서는 '신의성실의 원칙'과 '권리남용 금지의 원칙'을 규정하여 권리행사의 한계를 명문화하고 있다.

Ⅱ. 신의성실의 원칙

1. 의의

민법 제2조 제1항에는 "권리의 행사와 의무의 이행은 신의에 좇아 성실히 하여야 한다.", 즉 신의성실信義誠實의 원칙을 규정하고 있다. 신의성실의 원칙이란 사회공동생활의 일원으로서 서로 상대방의 신뢰를 헛되이 하지 않도록 성의 있게 행동하여야 한다는 원칙이다. 신의성실의 원칙은 도덕적·윤리적 개념을 법적 개념으로 도입한 것이다.

2. 법적 성격

신의·성실의 개념은 일반적으로 도덕적·윤리적인 평가를 나타내는 개념이다. 신의성실의 원칙(신의칙)은 이를 법적 평가의 한 내용으로 도입한 것이므로 윤리규범성을 띤다.[4] 구체적인 내용은 거래관행 및 그 시대의 정의감과 윤리관 등에 입각하여 개별적인 경우에 모든 구체적인 사정을 고려하여 법관의 재량에 의하여 정하여지는 일반조항이다.[5] 신의칙

---

4) 곽윤직·김재형, 75면; 명순구, 56면; 송덕수, 94면.
5) 곽윤직·김재형, 76면; 김증한·김학동, 72면.

은 강행규정의 성질을 가지므로, 판례도 "신의칙에 반하는 것은 강행규정에 위배되는 것이 므로, 당사자의 주장이 없더라도 법원은 직권으로 판단할 수 있다."라고 한다.[6]

3. 적용범위

신의칙은 모든 법률관계에 적용되는 일반원칙이다. 따라서 사법관계 전반은 물론이고 공법관계 전반에도 적용된다.[7] 그러나 신의칙 적용은 채권법 분야에서 그 실효성이 가장 크다.[8]

4. 신의칙이 구체화된 원칙

1) 사정변경의 원칙

사정변경의 원칙은 법률행위를 할 당시에 그 기초가 되었던 사정이 현저히 변화하여 그 법률행위의 원래의 효과를 그대로 인정하는 것이 부당한 경우에, 법률행위의 내용을 변경하거나 계약을 해제·해지할 수 있다는 원칙이다. 민법은 사정변경의 원칙을 일반원칙으로 규정하고 있지 않다. 그러나 일정한 경우 개별적인 규정을 통하여 사정변경의 원칙을 인정하고 있다. 예를 들면, 민법은 지상권의 지료증감청구권(제286조)·전세금 증감청구권(제312조의2)·증여자의 재산상태 변경과 증여의 해제(제557조)·임대차 차임증감청구권(제628조) 등을 규정하고 있다. 판례는 원칙적으로 사정변경의 원칙을 인정하지 않고 있으나 근보증根保證과 같은 계속적 거래관계에서는 인정하고 있다.

2) 모순행위 금지의 원칙

모순矛盾행위 금지의 원칙은 선행행위와 모순되는 행위는 허용되지 않는다는 원칙이다. 이 원칙은 영미법상의 금반언禁反言의 법리와 유사하다. 민법 제452조 제1항에서는 '양도통지와 금반언'을 규정하고 있다.[9]

---

6) 대법원 1995. 12. 22. 선고 94다42129 판결.
7) 2002년 개정된 민사소송법은 제1조 제2항에서 (민사소송의 이상과 신의성실의 원칙) ①법원은 소송절차가 공정하고 신속하며 경제적으로 진행되도록 노력하여야 한다. ②당사자와 소송관계인은 신의에 따라 성실하게 소송을 수행하여야 한다고 규정하여 신의칙이 민사소송의 대원칙임을 명문화하고 있다. 예를 들어 부제소특약에 위반하여 소를 제기하는 행위는 신의칙에 반한다.
8) 강태성, 83면; 곽윤직·김재형, 77면.
9) 제452조 (양도통지와 금반언) ①양도인이 채무자에게 채권양도를 통지한 때에는 아직 양도하지 아니하였거나 그 양도가 무효인 경우에도 선의인 채무자는 양수인에게 대항할 수 있는 사유로 양도인에게 대항할 수 있다.

3) 실효의 원칙

실효失效의 원칙은 권리자가 그의 권리를 행사할 수 있음에도 불구하고 오랫동안 그 권리를 행사하지 않고 있어서 상대방이 이제는 더 이상 권리의 행사가 없으리라고 믿은 경우에 그 후에 하는 권리자의 권리행사는 허용되지 않는다는 원칙이다. 판례는 일반적으로 실효의 원칙을 인정하고 있으며, 특히 사용자와 근로자 사이의 고용관계(근로자의 지위)의 존부를 둘러싼 노동분쟁에 있어서 실효의 원칙이 더욱 적극적으로 적용되어야 할 필요성이 있다고 한다.[10]

5. 신의칙 위반의 효과

권리 및 의무가 신의칙에 위반하는 경우에 정상적인 권리행사 및 의무이행에 따른 효과가 발생하지 않는다. 예를 들어, 10억원을 변제해야 하는 채무자가 10억원을 모두 10원짜리 동전으로 변제제공한 경우에 채권자는 그 수령을 거절할 수 있다. 또한, 의사표시가 신의칙에 위반하는 경우에 그 의사표시는 무효이다. 그리고 권리행사나 의무이행 또는 의사표시로 손해를 입은 경우에 피해자는 그에 따른 손해배상을 청구할 수 있다.

6. 적용상 주의점

신의성실의 원칙을 규정하고 있는 민법 제2조는 아주 포괄적이고 추상적인 규정이다. 즉 민법 제2조는 대표적인 일반조항으로 민법뿐만 아니라 공법 영역 등 법률 전반에서 적용되고 있다. 신의성실의 원칙은 법규범을 구체화하고 보충 또는 수정하며, 법률행위 해석의 기준이 된다.[11] 따라서 신의칙은 사회 변화에 따라 실정법의 경직성을 보완하는 방향으로 운용되어야 한다. 그러나 실정법에 정하여진 개별 법제도의 구체적 내용에 따라 판단되는 바를 신의칙과 같은 일반조항에 의한 법원칙을 들어 배제 또는 제한하는 것은 법적 안정성을 후퇴시킬 우려가 있으므로 신의칙 적용에는 신중을 기하여야 한다.[12] 즉 일반조항으로의 도피는 허용되지 않는다.[13]

---

10) 대법원 1992. 1. 21. 선고 91다30118 판결.
11) 강태성, 78면~80면; 명순구, 57면~58면; 송덕수, 98면~101면.
12) 대법원 2016. 9. 30. 선고 2016다218713, 218720 판결.
13) 백태승, 102면; 이은영, 79면.

Ⅲ. 권리남용금지의 원칙

1. 의의

민법 제2조 제2항은 "권리는 남용하지 못한다.", 즉 권리남용금지의 원칙을 규정하고 있다. 권리남용權利濫用금지의 원칙은 권리의 행사가 외관상으로는 적법한 것으로 보이지만, 실질적으로 그 권리행사는 공공복리에 반하여 정당한 권리행사로 인정되지 않는다는 원칙이다. 따라서 권리남용에 해당하는 경우에는 정상적인 권리행사에 따른 법률효과가 발생하지 않는다. 민법 제2조 제2항은 강행규정이다.

2. 성립 요건

1) 객관적 요건

첫째, 권리의 행사라고 볼 수 있는 행위가 존재하여야 한다. 권리가 권리자에 의해서 적극적이든 소극적이든 행사되어야 한다. 따라서 권리의 불행사도 권리남용이 될 수 있다(예: 친권의 불행사).[14]

둘째, 권리의 행사가 본래의 사회적 목적에 반하여야 한다. 이에 해당되는 것으로는 신의칙 위반, 정당한 이익이 없는 권리행사, 불법행위를 구성하는 권리행사, 사회적·경제적으로 많은 손해를 발생시키는 권리행사, 사회통념상으로 이익형평을 크게 파괴하는 권리행사 등이 있다. 그러나 획일적인 기준은 없고, 개개의 사안에 따라 구체적 타당성 있게 판단한다.

2) 주관적 요건

대부분의 학자는 권리자의 주관적 의사는 권리남용의 요건이 아니라고 한다.[15] 판례는 권리남용의 요건으로 가해자의 의사라는 주관적 요건을 제시하는 경우도 있고, 그렇지 않은 경우도 있다. 그러나 토지 소유권의 행사에 있어서는 가해의사라는 주관적 요건을 필요로 하고 있다.[16]

---

14) 권리의 행사여부는 권리자의 자유이므로, 친권을 제외하고는 권리불행사가 권리남용이 되는 것은 아니다. 장기간 권리를 불행사하는 경우에는 실효의 원칙이 적용될 수 있다(같은 견해, 강태성, 92면).
15) 강태성, 98면; 곽윤직·김재형, 85면; 송덕수, 117면; 오시영, 102면.
16) 대법원 2021. 10. 14. 선고 2021다242154 판결.

3. 적용범위

권리남용금지의 원칙은 민법을 포함한 사법관계에서 뿐만 아니라 공법관계에서도 적용된다. 특히 권리남용금지의 원칙은 소유권에 있어서 특별한 의미를 가진다. 한편 권리남용금지 원칙의 지나친 확대 적용은 개인의 자유와 권리를 과도하게 제한할 수 있으므로, 그 적용에 있어서는 신중을 기하여야 한다.[17]

4. 권리남용의 효과

권리를 남용하는 경우에는 정상적인 권리행사에 따른 법률효과가 발생하지 않는다. 즉 권리가 청구권이면 그 권리행사에 따른 효과가 발생하지 않고, 형성권이면 그에 따른 법률관계의 변동이 일어나지 않는다. 권리의 남용으로 타인에게 손해가 발생한 경우에는 손해배상책임을 지며, 권리의 남용으로 타인에게 손해가 발생할 염려가 있는 경우에는 정지·예방 또는 손해의 담보를 청구할 수 있다. 또한, 법률에 규정이 있는 경우에는 권리를 박탈할 수도 있다(예: 제924조 이하의 친권의 상실, 일시 정지 및 일부 제한 규정).

5. 적용상 주의점과 신의성실의 원칙과의 관계

권리남용금지 원칙의 적용에는 신중을 기하여야 한다. 왜냐하면 권리남용금지 원칙의 지나친 확대 적용은 개인의 자유와 권리에 대한 지나친 제한이 되기 때문이다. 판례도 이 원칙의 적용에 신중을 기함으로써 권리남용이라고 판시한 사례는 많지 않다.

권리의 행사가 신의칙에 위반하는 경우에는 권리남용이 되는 것이 보통이다. 판례는 민법 제2조 제1항과 2항을 중복 적용하고 있다.[18]

---

17) 강태성, 110면; 송덕수, 118면.
18) 대법원 2008. 8. 21. 선고 2006다24438 판결.

제5절 권리의 보호

Ⅰ. 국가구제

권리가 침해된 경우에 권리구제는 원칙적으로 국가구제에 의한다.

1. 재판제도
권리를 침해받은 자는 법원에 재판을 청구하고, 그에 따라 법원은 법적 판단을 한다. 권리침해자가 판결을 이행하지 않으면 국가는 강제력에 의하여 판결 집행, 즉 강제집행을 한다.

2. 조정제도
조정調停은 조정위원회가 분쟁 당사자들의 상호양보를 유도하고 그에 따라 합의함으로써 분쟁을 원만하게 해결하게 하는 절차이다. 조정은 재판절차에 비하여 비용과 시간이 절약되고, 당사자 사이에 감정을 남기지 않는다는 장점이 있다. 그러나 당사자가 합의하지 않으면 조정은 성립되지 않으며, 그 때에는 다시 재판절차가 진행된다는 단점이 있다. 한편 중재仲裁는 당사자가 선임한 사인으로 하여금 분쟁을 판단하게 하고 이 판단에 복종할 것을 내용으로 하는 계약에 따라서 분쟁을 해결하는 제도이다. 중재 판정이 내려지면 당사자는 판정에 따라야 한다는 점에서 조정과 다르다.

Ⅱ. 사력구제

권리가 침해된 경우에 사인은 예외적으로 자신의 힘으로 권리를 구제할 수 있다.

1. 정당방위
정당방위는 타인의 불법행위에 대하여 자기 또는 제3자의 이익을 방위하기 위하여 부득이 타인에게 손해를 가하는 행위이다. 정당방위는 민법상 허용되며, 정당방위를 한 자는 배상 책임이 없다($^{제761조}_{제1항}$).

2. 긴급피난

긴급피난은 급박한 위난을 피하기 위하여 부득이 타인에게 가해행위를 하는 것을 말하며, 역시 위법성이 조각되어 불법행위가 성립하지 않는다(제761조 2항). 정당방위와의 차이는 정당방위는 위법한 침해에 대한 방위이나 긴급피난의 침해는 반드시 위법한 것임을 요하지 않는다는 것이다.

3. 자력구제

자력구제는 청구권을 보전하기 위하여 국가의 구제를 기다릴 여유가 없는 경우에 권리자가 스스로 사력으로써 구제하는 행위를 말하며, 자조自助라고도 한다. 자력구제는 과거의 침해에 대한 회복이라는 점에서 현재의 침해에 대한 방어인 정당방위·긴급피난과 구별된다.

제3장 권리의 주체

제1절 총설

Ⅰ. 권리주체와 권리능력

 권리는 그 이익을 누릴 수 있는 자에게 귀속된다. 즉 권리의 귀속자가 권리의 주체이다. 마찬가지로 의무의 주체는 의무의 귀속자이다. 이러한 권리 혹은 의무의 주체가 될 수 있는 지위 또는 자격을 권리능력 혹은 의무능력이라고 한다. 권리능력과 의무능력을 인격人格이라고도 하며, 의무를 지는 자는 권리도 가진다. 따라서 권리능력은 동시에 의무능력이다. 우리 민법은 법률관계를 권리 중심으로 규정하고 있으므로, 권리능력이라는 표현을 많이 사용한다.

Ⅱ. 권리능력자

 권리능력 있는 자와 의무능력 있는 자를 인격자라 한다. 현행법상 인격자에는 모든 살아있는 사람과 사람이 아니면서 법에 의하여 권리능력이 부여되어 있는 사람의 집단(사단)과 재산의 집단(재단)이 있다. 전자를 자연인이라고 하고, 후자를 법인이라고 한다.

Ⅲ. 권리능력과 행위능력

 권리능력은 단순히 권리·의무의 주체가 될 수 있다는 것을 의미할 뿐이고, 자신의 행위에 의하여 권리를 취득하거나 의무를 부담하기 위해서는 권리능력 외에 행위능력도 가지고 있어야 한다. 권리능력자는 원칙적으로 행위능력을 가진 것으로 인정되나, 민법은 예외적으로 권리가 제한되는 제한능력자 제도를 두고 있다. 따라서 모든 권리능력자가 행위능력을 가지는 것은 아니므로 권리능력과 행위능력을 동일시할 수 없다.

제2절 자연인

Ⅰ. 권리능력

사람은 생존하는 동안 권리와 의무의 주체가 된다(제3조). 민법은 모든 사람에게 권리·의무능력을 인정하여 권리능력과 의무능력 평등의 원칙(인격평등의 원칙)을 기본원리로 하고 있다.

1. 권리능력의 시기(始期)

1) 출생의 시기

사람은 생존하는 동안, 즉 생존하기 시작하는 때로부터 권리능력을 취득한다. 따라서 사람은 출생한 때, 즉 태아가 모체로부터 전부 밖으로 드러난 때에 출생한 것으로 본다(전부노출설, 통설). 태아는 권리능력이 없으므로 태아가 모체에서 전부 노출된 후 극히 짧은 시간이라도 살아있어야 권리능력을 취득한다. 이러한 출생시기의 결정문제는 연령, 성년이 되는 시기, 출생신고 기간의 시기 등의 결정에 중요하며, 특히 상속인과 상속분을 결정하는 데에 있어서 매우 중요하다.

2) 출생신고

출생의 사실은 출생신고 의무자가 출생한 때로부터 1월 내에 신고하여야 하며(가족관계등록법 제44조), 이를 게을리하면 5만원 이하의 과태료 처분을 받는다(동법 제122조). 그러나 출생신고는 권리능력의 발생요건은 아니다. 권리능력은 가족관계등록부의 기록에 의하는 것이 아니고 출생이라는 사실에 의하여 취득되는 것이기 때문이다.

2. 태아의 권리능력

1) 서설

태아(胎兒)는 임신 후 모체 내에서 자라고 있는 생명체이다. 아직 출생 전이므로 민법상 사람이 아니고 권리능력을 가지지 못한다. 그러나 태아에게 권리능력을 인정하지 않는다면 태아에게 매우 불리한 경우가 생긴다. 예를 들면, 아버지가 사망한 후 출생한 자는 상속을 받을 권리가 없다. 따라서 일정한 경우에 태아를 보호할 필요가 있다.

2) 입법례

(1) 일반적 보호주의

모든 법률관계에서 일반적으로 태아를 출생한 것으로 본다(스위스, 로마). 이 경우 태아의 이익을 전반적으로 보호하는 장점이 있으나, 구체적인 경우에 어떤 범위에서 출생한 것으로 볼 것인지를 해석해야 하는 단점이 있다.

(2) 개별적 보호주의

중요한 법률관계에서만 출생한 것으로 본다(독일, 프랑스, 일본). 이 경우 적용 범위가 명확하다는 장점이 있으나, 태아의 이익을 전반적으로 보호하지 못하는 단점이 있다.

3) 민법 규정

민법은 개별적 보호주의를 취하고 있다. 구체적으로 민법은 불법행위로 인한 손해배상의 청구(제762조), 상속(제1000조 제3항), 대습상속(제1001조, 제1000조 제3항), 유증(제1064조, 제1000조 제3항), 유류분(제1118조, 제1001조, 제1000조 제3항)에서 태아는 출생한 것으로 본다. 사인증여(제562조)의 경우에는 태아의 권리능력을 인정하는 견해[1]도 있다. 그러나 판례는 증여에서 태아의 수증능력과 태아의 법정대리인을 부정하고 있다.[2] 따라서 증여와 유사한 사인증여에도 태아의 권리능력은 부정된다고 해석하여야 한다.[3]

4) 태아의 법적 지위

일정한 경우에 태아를 출생한 것으로 보는 경우에 태아의 법적 지위가 문제가 된다.

(1) 해제조건설

태아의 권리능력이 인정되는 사안에서 태아는 태아인 동안에도 권리능력을 가진다. 그러

---

[1] 강태성, 113면; 곽윤직 · 김재형, 99면; 명순구, 97면; 송덕수, 574면; 오시영, 122면.
[2] 대법원 1982. 2. 9. 선고 81다534 판결.
[3] 같은 견해, 김민중, 11면; 김상용 · 전경운, 140면; 백태승, 121면; 이영준, 849면.

나 사산死産한 경우에는 권리능력을 취득한 사건이 발생한 때로 소급하여 처음부터 권리능력을 가지지 않았던 것으로 된다. 이 견해는 사산을 해제조건으로 하여 태아의 권리능력을 인정한다. 태아에게는 유리하나 거래의 안전을 해한다는 단점이 있다.

(2) 정지조건설

태아인 동안에는 권리능력이 없고, 살아서 출생한 경우에 권리능력 취득의 효과가 문제된 사건(예: 상속)의 발생 시까지 소급한다. 이 견해는 출생을 정지조건으로 태아의 권리능력을 인정한다. 태아에게 불리하나 거래 안전을 보호하는 장점이 있다. 판례는 정지조건설을 취하고 있다.[4]

3. 외국인의 권리능력

외국인은 대한민국의 국적을 가지지 않은 자이다. 외국인에는 외국 국적을 가진 자와 무국적자가 포함된다. 외국인은 국제법과 조약이 정하는 바에 따라 그 지위가 보장된다(헌법 제6조). 외국인은 일반적으로 내국인과 평등하나 국가 정책상 권리능력을 제한받을 수 있다. 구체적으로 외국인은 대한민국 국적의 항공기·선박을 소유할 수 없으며(항공안전법 제10조·선박법 제2조), 도선사가 될 수 없다(도선법 제6조 제1호). 또한, 외국인은 상호주의에 따라 토지 취득(부동산거래신고법 제7조~제9조)은 물론 지식재산권(특허법 제25조) 및 국가나 지방자치단체를 상대로 하는 손해배상청구권(국가배상법 제7조) 행사에서 제한받는다.

대한민국 국적을 상실한 자는 국적을 상실한 때부터 대한민국의 국민만이 누릴 수 있는 권리를 누릴 수 없다. 그 권리 중 대한민국의 국민이었을 때 취득한 것으로서 양도(讓渡)할 수 있는 것은 그 권리와 관련된 법령에서 따로 정한 바가 없으면 3년내에 대한민국의 국민에게 양도하여야 한다(국적법 제18조).

4. 권리능력의 종기(終期)

1) 사망

사람은 생존하는 동안 권리와 의무의 주체가 되므로(제3조), 사망하면 권리능력을 상실한다.

---
4) 대법원 1976. 9. 14. 선고 76다1365 판결.

(1) 사망의 시기

사망의 시기는 상속의 개시, 유언의 효력발생, 생명보험금 청구권의 발생, 배우자의 재혼 등에 있어서 중요하다. 그러나 사망의 시기에 관한 규정은 존재하지 않으며, 학설은 호흡과 맥박이 영구적으로 정지되고 동공이 확산된 시점에 사망한 것으로 해석한다.[5]

> **참조** 장기이식법은 동법 제18조에 의한 절차를 거친 뇌사 판정과 일정한 자의 동의가 있으면 일정한 의료기관은 뇌사자의 장기 등을 적출 및 이식할 수 있다고 규정하고 있다(동법 제22조). 뇌사자가 장기 등의 적출로 사망한 경우에, 뇌사의 원인된 질병 또는 행위로 인하여 사망한 것으로 보고(동법 제21조 제1항), 뇌사자의 사망 시각은 뇌사판정위원회가 제18조 제2항에 따라 뇌사 판정을 한 시각으로 한다. 그 이유는 장기 등의 적출자가 살인죄로 처벌되는 것을 방지하여, 장기를 적법하게 적출·이식하기 위한 것에 불과하다. 그러므로 뇌사자도 호흡과 맥박이 영구적으로 정지되고 동공이 확산되는 시점에 권리능력을 상실한다.

(2) 사망의 신고

사망 신고는 사망의 사실을 안 날부터 1개월 이내에 진단서 또는 검안서를 첨부해서 하여야 한다(가족관계등록법 제84조 제1항). 사망 신고는 동거하는 친족이 하여야 한다(동법 제85조 제1항).

2) 증명의 곤란을 해소하기 위한 제도

사망 여부와 사망 시기는 법적으로 매우 중요한데 그것을 증명하거나 확정하는 것이 매우 어려운 경우가 있다. 이러한 어려움을 해결하기 위한 제도가 필요하다.

(1) 동시사망(同時死亡)의 추정

2인 이상이 동일한 위난으로 사망한 경우에는 동시에 사망한 것으로 추정한다(제30조). 2인 이상이 서로 다른 위난으로 사망한 경우에 그 사망 시기의 선후 증명이 불가능하면 민법 제30조를 유추적용하여 동시에 사망한 것으로 추정한다.[6] 동시사망으로 추정되는 경우에도 대습상속이 이루어진다.[7]

---

5) 강태성, 120면; 곽윤직·김재형, 105면; 김상용·전경운, 147면; 송덕수, 579면; 이영준, 854면.
6) 강태성, 123면; 백태승, 131면; 송덕수, 581면; 오시영, 131면.
7) 대법원 2001. 3. 9. 선고 99다13157 판결.

(2) 인정사망(認定死亡)

인정사망은 수해, 화재나 그 밖의 재난으로 인하여 사망한 사람이 있는 경우에 이를 조사한 관공서의 통보에 의하여 가족관계등록부에 사망으로 기록하는 제도이다($^{가족관계등록법}_{제87조}$). 이 제도는 사망의 확인은 없으나 사망의 가능성이 아주 큰 사람을 관공서가 사망한 것으로 인정함으로써 사망한 것으로 추정하는 제도이다. 인정사망을 둔 이유는 사망의 확률이 매우 높음에도 실종선고 절차를 밟게 하는 것이 부적당하기 때문이다.

(3) 실종선고(失踪宣告)

실종선고는 부재자의 생사 불명의 상태가 일정 기간($^{5년 또는}_{1년}$) 계속되어 사망의 개연성이 상당히 높은 경우에 일정한 시기에 사망하는 것으로 보는 제도이다($^{제27조}_{\sim 제29조}$). 사망을 의제하는 실종선고제도는 실종자의 종래의 주소를 중심으로 하는 사법상의 법률관계에서 그를 사망으로 간주해서 처리할 뿐이고 실종자의 권리능력이 소멸하는 것은 아니다. 구체적인 내용은 후술한다.

Ⅱ. 행위능력

1. 의사능력·책임능력

1) 의사능력

사적자치의 원칙에 따라 권리와 의무는 당사자의 의사에 따라 변동한다. 따라서 당사자는 의사표시 또는 법률행위를 할 경우에 자기 행위의 의미와 결과를 통상인의 주의력으로써 합리적으로 이해할 수 있는 능력, 즉 의사능력이 필요하다. 의사능력 유무는 구체적인 법률행위와 관련하여 개별적으로 판단되어야 하므로, 특히 어떤 법률행위가 그 일상적인 의미만을 이해하여서는 알기 어려운 특별한 법률적인 의미나 효과가 부여되어 있는 경우에 의사능력이 인정되기 위해서는 그 행위의 일상적인 의미뿐만 아니라 법률적인 의미나 효과에 대하여도 이해할 수 있어야 한다.[8] 의사무능력자의 의사표시 또는 법률행위는 절대적 무효이다. 따라서 누구에게나 주장할 수 있고 누구나 주장할 수 있다.

---
8) 대법원 2009. 1. 15. 선고 2008다58367 판결.

2) 책임능력

법률행위에서의 의사능력의 개념은 불법행위에서는 책임능력의 개념으로 나타난다. 책임능력이란 불법행위를 하는 경우에 자기의 행위가 위법하다는 것을 인식할 수 있는 능력으로 불법행위능력이라고도 한다. 자기의 행위에 의하여 일반적인 위험 내지 손해가 발생하는 것을 인식하면 충분하고 구체적인 결과가 발생하는 것을 인식하는 능력을 의미하지 않는다. 책임능력의 유무는 개별적인 경우에 있어서 구체적으로 판단한다.

2. 행위능력

1) 필요성

의사무능력자의 의사표시 또는 법률행위는 무효이고, 의사무능력자 제도는 무능력자를 보호하기 위한 제도이다. 표의자는 행위 당시에 의사능력이 없었다는 것을 증명해서 보호받을 수 있으나 의사무능력자임을 입증하는 것은 매우 어렵다. 상대방 또는 제3자의 입장에서는 행위 당시에 상대방의 의사능력 유무를 알기 어려우므로 사후에 의사무능력을 이유로 그 행위를 무효로 한다면 예상할 수 없는 손해를 입게 된다. 이러한 문제점을 해결하기 위하여 표의자가 의사표시 당시에 의사능력을 가지고 있었는지 여부를 불문하고 누구나 쉽게 알 수 있는 객관적·획일적 기준(예: 연령, 법원의 선고)을 정하여 이 기준에 미달하는 자의 의사표시를 취소할 수 있도록 하는 제도가 필요하다.

2) 제한능력자 제도

(1) 민법상 제한능력자

2011년 3월 7일 개정하여 2013년 7월 1일부터 시행되고 있는 개정 민법에는 미성년자(제4조), 피성년후견인(제9조), 피한정후견인(제12조) 및 피특정후견인(제14조의2)을 규정하고 있다.

> **참조** 2011. 3. 7. 개정 전에는 행위무능력자 제도로 미성년자, 금치산자, 한정치산자 제도를 두고 있었다. 그러나 행위무능력자 제도는 무능력자의 행위능력을 지나치게 제한하였고 특히 금치산과 한정치산제도는 부정적 이미지로 인하여 거의 이용되지 못하였다. 그리하여 기존의 금치산·한정치산제도를 현재 정신적 제약이 있는 사람은 물론 미래에

정신적 능력이 약해질 상황에 대비하여 후견제도를 이용하려는 사람이 재산 행위뿐만 아니라 치료·요양 등 복리에 관한 폭넓은 도움을 받을 수 있는 성년후견제로 확대·개편하고, 금치산·한정치산 선고의 청구권자에 후견감독인과 지방자치단체의 장을 추가하여 후견을 내실화하며, 성년후견 등을 요구하는 노인·장애인 등에 대한 보호를 강화하고, 피성년후견인 등과 거래하는 상대방을 보호하기 위하여 성년후견 등에 관하여 등기로 공시하도록 개정하였다(성년후견 등의 등기사항과 등기절차 등에 관해서는 후견등기에 관한 법률(후견등기법)에서 규정하고 있다).

(2) 제한능력자 규정의 성격

제한능력자 제도에 관한 규정은 강행규정으로 제한능력에 관한 민법의 규정에 반하는 계약은 효력이 없다. 제한능력자 제도는 재산상의 법률행위에 인정되는 것이고, 가족법상의 법률행위에 관해서는 원칙적으로 적용되지 않는다. 즉 가족법상의 각종의 법률행위의 능력에 관해서는 따로 특별한 규정(예: 제807조(혼인적령) 만 18세가 된 사람은 혼인할 수 있다)을 두고 있다.

(3) 사적자치와의 관계

제한능력자도 의사표시를 자유로이 할 수 있다. 즉 의사표시를 하는 것 자체가 제한되지는 않는다. 다만, 제한능력자를 보호하기 위하여 제한능력자 측이 그 제한능력자의 의사표시를 취소하도록 한 것에 지나지 않으므로, 제한능력자 제도는 사적자치를 제한하는 것이 아니다.

(4) 제한능력자 제도의 의의

제한능력자 제도는 제한능력자 본인을 보호하는 면과 거래의 상대방도 보호하는 양면적인 성격을 가지고 있다. 그러나 제한능력자 여부를 상대방이 조사하는 것이 번거롭고 거래의 신속 원활을 해치게 된다. 그런데도 민법에서 제한능력자 제도를 인정하는 것은 제한능력자 제도가 근본적으로 거래의 안전 또는 사회 일반의 이익보다는 본인의 보호를 중심으로 하는 제도이기 때문이다. 즉 제한능력자 제도는 개인 본위의 사상에서 출발한 것으로 제한능력자를 보호하는 것이 제1차적 목적이다. 따라서 제한능력자가 의사표시를 취소한 경우에 그 취소를 가지고 선의의 제3자에게 대항할 수 있다.

3. 미성년자

1) 성년기

사람은 19세로 성년에 이르게 된다(제4조). 미성년자는 성년에 이르지 못한 자이다. 연령의 계산에는 출생일을 산입하여 만滿 나이로 계산한다(제158조). 예를 들면, 2005년 8월 15일 05시에 출생한 자는 2024년 8월 14일 24시에 성년이 된다. 한편, 18세가 된 사람은 혼인할 수 있고(제807조), 미성년자가 혼인을 한 때에는 성년자로 본다(제826조의2). 미성년의 상태에서 혼인이 해소되거나 취소되더라도 여전히 성년자로 본다.[9]

2) 미성년자의 행위능력

(1) 원칙

미성년자는 제한능력자로서 단독으로 법률행위를 할 수 없다. 미성년자가 법률행위를 함에는 법정대리인의 동의를 얻어야 한다(제5조 제1항). 즉 미성년자는 법정대리인의 동의를 얻어 단독으로 유효한 법률행위를 할 수 있다. 그러나 미성년자가 법정대리인의 동의를 얻지 않고 법률행위를 하는 경우에 미성년자 또는 그 법정대리인이 그 법률행위를 취소할 수 있다(제5조 제2항, 제140조). 법정대리인의 동의가 있었다는 점에 대한 입증책임은 그 법률행위의 유효를 주장하는 상대방에게 있다.[10] 법정대리인의 동의는 명시적·묵시적으로 가능하다.[11] 법정대리인은 미성년자가 아직 법률행위를 하기 전에는 그 동의를 취소할 수 있다(제7조).

(2) 예외

미성년자는 일정한 경우에 법정대리인의 동의 없이 단독으로 유효한 법률행위를 할 수 있다. 이 경우에 미성년자는 의사능력은 가지고 있어야 한다.

① 단순히 권리만을 얻거나 의무만을 면하는 행위

미성년자가 권리만을 얻거나 의무만을 면하는 경우(예: 부담 없는 증여를 받는 행위, 채무면제의 청약에 대한 승낙, 친권자에 대한 부양료 청구)에 미성년자는 법정대리인의 동의 없이 법률행위를 할 수 있다(제5조 제1항 제2문). 이 경우에는 미

---
9) 강태성, 136면; 송덕수, 194면.
10) 곽윤직·김재형, 114면; 송덕수, 195면.
11) 대법원 2007. 11. 16. 선고 2005다71659, 71666, 71673 판결.

성년자가 법률행위를 하더라도 미성년자에게 이익이 될 뿐이고 손해가 생기지 않기 때문이다. 그렇지 않은 경우(예: 부담부 증여를 받는 행위, 경제적으로 유리한 매매계약 체결, 상속의 승인, 채무변제 수령)에는 법정대리인의 동의를 얻어야 한다.

② 처분이 허락된 재산의 처분행위

법정대리인이 범위를 정하여 처분을 허락한 재산은 미성년자가 임의로 처분할 수 있다(제6조). 법정대리인은 미성년자가 아직 법률행위를 하기 전에는 그 허락을 취소할 수 있다(제7조).

③ 영업이 허락된 미성년자의 그 영업에 관한 행위

미성년자가 법정대리인으로부터 허락을 얻은 특정한 영업에 관하여는 성년자와 동일한 행위능력이 있다(제8조 제1항). 법정대리인이 미성년자에게 영업의 허락을 하는 경우에는 반드시 영업의 종류를 특정하여야 한다. 법정대리인은 미성년자의 보호를 위하여 그 허락을 취소 또는 제한할 수 있다(제8조 제2항). 법정대리인이 그 영업의 허락을 취소 또는 제한하더라도 선의의 제3자에게 대항하지 못한다(제8조 제2항 제2문).

④ 대리행위

미성년자는 타인의 대리인으로서 대리행위를 할 수 있다(제117조). 미성년자를 대리인으로 선임한 본인이 스스로 불이익을 감수하더라도 미성년자에게는 손해가 생기지 않기 때문에 미성년자의 대리행위는 인정된다.

⑤ 법정대리인의 동의 없는 미성년자의 법률행위 취소

법정대리인의 동의 없이 단독으로 행한 미성년자의 법률행위는 그의 법정대리인뿐만 아니라 미성년자 본인도 취소할 수 있다(제140조). 즉 미성년자는 단독으로 그 법률행위를 유효하게 취소할 수 있다. 따라서 미성년자가 자신이 한 법률행위를 취소한 경우에 그 취소에 법정대리인의 동의가 없었다는 것을 이유로 그 취소를 취소할 수 없다.

⑥ 유언행위

만 17세에 달하지 못한 자는 유언을 하지 못한다(제1061조). 따라서 만 17세 이상의 미성년자는 유언을 할 수 있다.

⑦ 근로계약의 체결과 임금의 청구

친권자나 후견인은 미성년자의 근로계약을 대리할 수 없다(근로기준법 제67조 제1항). 따라서 근로계약은 미성년자가 직접 체결하여야 한다. 특히 18세 미만의 근로자의 경우에 사용자는 친권자 또는 후견인의 동의서를 사업장에 갖추어 두어야 하므로(동법 제66조), 18세 미만인 미성년자는 근로계약의 체결에 법정대리인의 동의를 얻어야 한다. 임금의 경우에는 법정대리인의 동의 없이 미성년자가 독자적으로 청구할 수 있다(동법 제68조).

⑧ 무한책임사원의 자격에서 행한 법률행위

미성년자가 법정대리인의 허락을 얻어 회사의 무한책임사원이 된 때에는 그 사원자격으로 인한 행위에는 능력자로 본다(상법 제7조).

3) 미성년자의 법정대리인

(1) 법정대리인이 되는 자

미성년자의 법정대리인은 제1차로 친권자가 되고(제911조), 미성년자에게 친권자가 없거나 친권자가 친권의 전부 또는 일부를 행사할 수 없는 경우에는 제2차로 미성년후견인이 된다(제928조). 미성년후견인의 수는 1인으로 하고, 법인은 미성년후견인이 될 수 없다(제930조 제1항·제3항).

(2) 법정대리인의 권한

미성년자의 법정대리인은 미성년자의 재산을 관리하고(제916조; 제949조), 그 재산에 관한 법률행위에 있어서 동의권(제5조 제1항), 대리권(제920조 제949조) 및 취소권(제5조 제2항, 제140조)을 가진다.

4. 피성년후견인

1) 의의

피성년후견인被成年後見人은 질병, 장애, 노령老齡, 그 밖의 사유로 인한 정신적 제약으로 사무를 처리할 능력이 지속적으로 결여된 사람으로서 가정법원으로부터 성년후견개시의 심판을 받은 자이다(제9조 제1항).

2) 성년후견개시의 요건과 절차

(1) 요건

① 실질적 요건

질병·장애·노령·그 밖의 사유로 인한 정신적 제약으로 사무를 처리할 능력이 지속적으로 결여된 사람이어야 한다(제9조). 결여는 '없거나 현저히 부족한'을 의미한다. 그러나 사무 처리 능력에 대한 판단은 매우 어려우므로 그에 대한 의사(醫師)의 정신 감정을 참고하여 판단한다. 즉 가정법원은 성년후견개시 또는 한정후견개시의 심판을 할 경우에는 피성년후견인 또는 피한정후견인이 될 사람의 정신상태에 관하여 의사에게 감정을 시켜야 한다(가사소송법 제45조의2 제1항). 다만, 피성년후견인 또는 피한정후견인이 될 사람의 정신상태를 판단할 만한 다른 충분한 자료가 있는 경우에는 그러하지 아니하다(동법 제45조의2 제1항 제2문). 따라서 가정법원은 피성년후견인 또는 피한정후견인이 될 사람의 정신상태를 판단할 만한 다른 자료가 충분하면 의사의 감정이 없더라도 성년후견 또는 한정후견개시의 심판을 할 수 있다.[12]

한편 성년후견이나 한정후견의 개시 청구가 있는 경우에 가정법원은 청구 취지와 원인, 본인의 의사, 성년후견 제도와 한정후견 제도의 목적 등을 고려하여 어느 쪽의 보호를 주는 것이 적절한지를 결정하고, 그에 따라 필요하다고 판단하는 절차를 결정해야 한다. 따라서 한정후견의 개시를 청구한 사건에서 의사의 감정 결과 등에 비추어 성년후견개시의 요건을 충족하고 본인도 성년후견의 개시를 희망한다면 법원은 성년후견개시의 심판을 할 수 있고, 성년후견개시를 청구하고 있더라도 필요하다면 한정후견의 개시를 심판할 수 있다.[13]

② 형식적 요건

일정한 자의 청구가 있어야 한다. 즉 본인·배우자·4촌 이내의 친족·미성년후견인·미성년후견감독인·한정후견인·한정후견감독인·특정후견인·특정후견감독인·검사 또는 지방자치단체장의 청구가 있어야 한다(제9조 제1항). 가정법원은 성년후견개시의 심판을 할 때

---

[12] 대법원 2021. 6. 10.자 2020스596 결정.
[13] 대법원 2021. 6. 10.자 2020스596 결정.

본인의 의사를 고려하여야 한다(제9조 제2항).

(2) 절차

성년후견개시의 요건이 구비되면 가정법원은 가사소송법과 가사소송규칙에서 정한 절차에 따라 심판한다(가사소송법 제44조 등). 성년후견개시 심판 후 가정법원은 지체 없이 가족관계등록부에 기록할 것과 후견등기부에 등기할 것을 촉탁하여야 한다(가사소송법 제9조).

> **참조** 피성년후견인 본인·배우자 또는 4촌 이내의 친족·성년후견인·성년후견감독인·유언집행자 등은 후견등기관에게 사용 목적을 지정하여 후견등기부에 기록되어 있는 사항의 전부 또는 일부를 증명하는 서면(후견등기사항증명서)의 발급을 청구할 수 있다(후견등기법 제15조). 또한 행위능력이 제한되지 않은 자는 인터넷에 의한 등기사항부존재증명서, 즉 후견등기부에 현재 효력이 있는 후견등기사항이 없다는 취지를 증명하는 서면의 발급을 청구할 수 있다(동법 제15조의2).

3) 피성년후견인의 행위능력

(1) 원칙

피성년후견인은 가정법원이 특별히 정한 것이 없으면 유효한 법률행위를 할 수 없다. 따라서 피성년후견인의 법률행위는 원칙적으로 취소할 수 있다(제10조 제1항). 성년후견인의 동의를 얻어서 한 법률행위도 취소할 수 있다. 피성년후견인의 법률행위는 그의 법정대리인(성년후견인) 또는 피성년후견인이 취소할 수 있다(제140조).

(2) 예외

① 가정법원이 정한 범위 내의 법률행위

가정법원은 취소할 수 없는 피성년후견인의 법률행위의 범위를 정할 수 있다(제10조 제2항). 따라서 가정법원이 정한 취소할 수 없는 범위 내의 법률행위는 취소할 수 없다. 취소할 수 없는 법률행위의 범위는 등기하여야 하며(후견등기법 제25조), 취소할 수 없는 법률행위의 범위는 본인·배우자 또는 4촌 이내의 친족·성년후견인·성년후견감독인·검사 또는 지방자치단체장의 청구에 의하여 가정법원은 그 범위를 변경할 수 있으며(제10조 제3항), 변경 시에는 등기하여야 한다($^{후견등기법}_{제25조}$).

② 일상용품의 구입 등

일용품의 구입 등 일상생활에 필요하고 그 대가가 과도하지 아니한 법률행위는 성년후견인이 취소할 수 없다($^{제10조}_{제4항}$).

③ 대리행위

피성년후견인은 타인의 임의대리인이 될 수 있다(제117조).

④ 법률행위의 취소와 추인

피성년후견인은 자신이 한 법률행위를 취소할 수 있다(제140조). 그러나 추인은 취소의 원인이 종료된 후에 하여야만 효력이 있으므로 피성년후견인의 추인은 무효이다($^{제144조}_{제1항}$).

⑤ 신상에 관한 결정

피성년후견인은 자신의 신상에 관하여 그의 상태가 허락하는 범위에서 단독으로 결정한다($^{제947조의2}_{제1항}$).

⑥ 가족행위

피성년후견인은 약혼(제802조)·혼인($^{제808조}_{제2항}$)·협의 이혼(제835조)·인지(제856조)·입양($^{제873조}_{제1항}$)·협의 파양(제902조) 등의 친족법상 행위는 성년후견인의 동의를 얻어 스스로 할 수 있다. 또한 피성년후견인이 만 17세에 달하고 의사능력이 회복된 때($^{의사의\ 부기\ 및}_{서명날인을\ 요함}$)에는 단독으로 유언할 수 있다(제1062조).

4) 법정대리인(성년후견인)

성년후견인은 피성년후견인의 법정대리인이 된다($^{제938조}_{제1항}$). 성년후견인은 선임후견인이다. 즉 성년후견개시심판을 하는 경우에 가정법원은 그 심판을 받은 사람의 성년후견인을 직권으로 선임한다($^{제929조,}_{제936조\ 제1항}$). 성년후견인은 피성년후견인의 신상과 재산에 관한 모든 사정을 고려하여 여러 명을 둘 수 있으며($^{제930조}_{제2항}$), 법인도 성년후견인이 될 수 있다($^{제930조}_{제3항}$).

성년후견인은 대리권과 취소권을 가진다. 성년후견인의 대리권은 포괄적이지만 가정법원에 의하여 그 범위가 제한될 수 있다(제10조 제2항, 제938조 제2항). 또한 성년후견인과 피성년후견인 사이에 이해가 상반되는 행위에 관하여는 후견감독인이 피성년후견인을 대리한다(제940조의6). 그리고 성년후견인이 피성년후견인을 대리하여 영업이나 소송행위 등을 하는 경우에는 후견감독인의 동의를 받아야 한다(제950조 제1항).

피성년후견인이 성년후견인의 동의를 얻어 행한 법률행위도 원칙적으로 취소할 수 있으므로, 성년후견인의 동의권은 없다. 그러나 가족행위에는 동의권을 가진다.

> **참조** 피성년후견인의 신상(예: 거주이전, 주거, 면접교섭, 의학적 치료)에 관하여 피성년후견인의 자기결정이 우선하므로 성년후견인은 보충적 결정 권한을 가진다. 다만, 피성년후견인의 신체를 침해하는 의료행위에 대하여 피성년후견인이 동의할 수 없는 경우에는 성년후견인이 그를 대신하여 동의할 수 있으나, 피성년후견인이 의료행위의 직접적인 결과로 사망하거나 상당한 장애를 입을 위험이 있을 때에는 가정법원의 허가를 받아야 한다(제947조의2 제3항·제4항).

5) 성년후견의 종료

성년후견개시의 원인이 소멸된 경우에 가정법원은 본인·배우자·4촌 이내의 친족·성년후견인·성년후견감독인·검사 또는 지방자치단체장의 청구에 의하여 성년후견 종료의 심판을 한다(제11조). 성년후견 종료의 심판이 있는 때에 피성년후견인은 행위능력을 회복한다.

5. 피한정후견인

1) 의의

피한정후견인은 질병·장애·노령·그 밖의 사유로 인한 정신적 제약으로 사무를 처리할 능력이 부족한 사람으로서 가정법원으로부터 한정후견개시의 심판을 받은 자이다(제12조 제1항).

2) 한정후견개시의 요건과 절차

(1) 요건

① 실질적 요건

질병·장애·노령·그 밖의 사유로 인한 정신적 제약으로 사무를 처리할 능력이 지속적으로 부족한 사람이어야 한다. 가정법원은 한정후견개시의 심판을 할 경우에 그 심판이 대상이 되는 사람의 정신상태에 관하여 의사의 감정을 받아야 하지만($^{가사소송법}_{제45조의2\ 제1항}$), 감정의 내용에 구속되지 않는다.[14]

② 형식적 요건

일정한 자의 청구가 있어야 한다. 즉 본인·배우자·4촌 이내의 친족·미성년후견인·미성년후견감독인·성년후견인·성년후견감독인·특정후견인·특정후견감독인·검사 또는 지방자치단체장의 청구가 있어야 한다($^{제12조}_{제1항}$). 가정법원은 한정후견개시의 심판을 할 때 본인의 의사를 고려하여야 한다($^{제12조\ 제2항,}_{제9조\ 제2항}$).

(2) 절차

한정후견개시 절차는 성년후견개시 절차와 동일하다. 즉 한정후견개시의 요건이 구비되면 가정법원은 가사소송법과 가사소송규칙에 따라 심판하고($^{가사소송법}_{제44조\ 등}$), 심판 후 지체 없이 가족관계등록부에 기록할 것과 후견등기부에 등기할 것을 촉탁하여야 한다($^{가사소송법}_{제9조}$).

3) 피한정후견인의 행위능력

(1) 피한정후견인의 행위와 동의

한정후견이 개시되더라도 피한정후견인의 행위능력은 원칙적으로 제한되지 않는다. 즉 피한정후견인은 단독으로 유효한 법률행위를 할 수 있다.

다만, 예외적으로 피한정후견인은 일정한 동의유보 범위, 즉 가정법원에서 정한 피한정후견인이 한정후견인의 동의를 받아야 하는 행위의 범위에서는 한정후견인의 동의를 받아서

---

14) 대법원 2021. 6. 10.자 2020스596 결정.

행위할 수 있다(제13조 제1항). 한정후견인의 동의를 받아야 하는 행위의 범위는 후견등기법에 따라 등기되고(제25조 제1항 제6호), 가정법원은 본인·배우자·4촌 이내의 친족·한정후견인·한정후견감독인·검사 또는 지방자치단체장의 청구에 의하여 그 범위를 변경할 수 있다(제13조 제2항). 한정후견인의 동의를 필요로 하는 행위에 대하여 한정후견인이 피한정후견인의 이익이 침해될 염려가 있음에도 그 동의를 하지 아니하는 때에는 가정법원은 피한정후견인의 청구에 의하여 한정후견인의 동의를 갈음하는 허가를 할 수 있다(제13조 제3항).

한정후견인의 동의가 필요한 법률행위를 피한정후견인이 한정후견인의 동의 없이 하였을 때에는 그 법률행위를 취소할 수 있다(제13조 제4항 제1문). 다만, 일용품의 구입 등 일상생활에 필요하고 그 대가가 과도하지 아니한 법률행위에 대하여는 취소할 수 없다(제13조 제4항 제2문).

(2) 가족행위

피한정후견인은 약혼(제802조)·혼인(제808조 제2항)·협의 이혼(제835조)·인지(제856조)·입양(제873조 제1항)·협의 파양(제902조) 등의 친족법상 행위는 단독으로 할 수 있다.[15] 또한 피한정후견인은 유언능력이 있고(제1061조, 제1062조), 신상에 관한 사항을 결정할 수 있다(제959조의6, 제947의2).

4) 법정대리인(한정후견인)

피한정후견인의 법정대리인은 한정후견인이다(제938조 제1항). 가정법원은 한정후견개시심판이 있는 경우 그 심판을 받은 사람의 한정후견인을 직권으로 선임하여야 한다(제959조의2·3). 한정후견인은 피한정후견인의 신상과 재산에 관한 모든 사정을 고려하여 여러 명을 둘 수 있고, 법인도 한정후견인이 될 수 있다(제959조의3, 제930조 제2항·제3항).

한정후견인은 피한정후견인이 한정후견인의 동의를 받아야 할 범위에서는 동의권을 가지고(제13조 제1항), 피한정후견인이 동의를 받지 않고 한 법률행위는 취소할 수 있다(제13조 제4항). 가정법원이 한정후견인에게 대리권을 수여하는 심판을 하는 경우 한정후견인은 대리권을 가지고(제959조의4 제1항), 가정법원은 그 대리권의 범위를 정할 수 있다(제959조의4 제2항·제938조 제3항·제4항).

5) 한정후견의 종료

한정후견개시의 원인이 소멸된 경우에 가정법원은 본인·배우자·4촌 이내의 친족·한정후견인·한정후견감독인·검사 또는 지방자치단체장의 청구에 의하여 한정후견종료의

---

15) 강태성, 171면; 송덕수, 208면; 지원림, 124면.

심판을 한다(제14조). 한정후견 종료 심판이 확정되면, 한정후견은 그때로부터 종료한다.

6. 피특정후견인

1) 의의

　피특정후견인은 질병·장애·노령·그 밖의 사유로 인한 정신적 제약으로 일시적 후원 또는 특정한 사무에 관한 후원이 필요한 사람으로서 일정한 자의 청구에 의하여 가정법원으로부터 특정후견의 심판을 받은 자이다($^{제14조의2}_{제1항}$). 피성년후견인·피한정후견인 제도는 지속적·포괄적 보호제도이나 피특정후견인 제도는 일시적·특정적 보호제도이다.

2) 특정후견심판의 요건과 절차

(1) 요건

① 실질적 요건

　질병·장애·노령·그 밖의 사유로 인한 정신적 제약으로 일시적 후원 또는 특정한 사무에 관한 후원이 필요한 사람이어야 한다($^{제14조의2}_{제1항}$). 가정법원은 특정후견의 심판을 할 경우에 의사나 그 밖에 전문지식이 있는 사람의 의견을 들어야 한다($^{가사소송법}_{제45조의2\ 제2항}$). 그러나 가정법원은 이 의견에 구속되지 않는다. 특정후견은 본인의 의사에 반하여 할 수 없다($^{제14조의2}_{제2항}$).

② 형식적 요건

　본인·배우자·4촌 이내의 친족·미성년후견인·미성년후견감독인·검사 또는 지방자치단체장의 청구가 있어야 한다($^{제14조의2}_{제1항}$).

(2) 절차

　위의 요건을 갖추면 가정법원은 특정후견의 기간 또는 사무의 범위를 정하여 특정후견심판을 하여야 한다($^{제14조의2}_{제3항}$). 성년후견·한정후견과 동일하게 가정법원은 가족관계등록부에 기록 및 후견등기부에 등기를 촉탁하여야 한다($^{가사소송법}_{제9조}$).

3) 피특정후견인의 행위능력

특정후견 제도는 일시적 후원 또는 특정한 사무에 대하여 후원하는 제도이다. 이 제도에는 피특정후견인의 행위에 관한 규정이 없고 특정후견인의 선임도 필수 사항이 아니다. 따라서 피특정후견인의 행위능력은 제한받지 않는다. 즉 피특정후견인은 행위능력이 있으므로, 피특정후견인은 특정후견인의 동의 없이 법률행위를 할 수 있고, 특정후견인이 선임된 경우에도 스스로 법률행위를 할 수 있다.[16]

4) 특정후견인

가정법원은 피특정후견인의 후원을 위하여 필요한 처분으로 피특정후견인을 후원하거나 대리하기 위한 특정후견인을 선임할 수 있다(제959조의9 제1항). 특정후견인이 선임된 경우에 피특정후견인의 후원을 위하여 필요하다고 인정하면 가정법원은 기간이나 범위를 정하여 특정후견인에게 대리권을 수여하는 심판을 할 수 있다(제959조의11). 그러나 특정후견인은 피특정후견인의 법률행위에 대한 동의권과 취소권이 없으며, 피특정후견인의 신상에 관한 결정을 할 권리도 없다.

5) 특정후견의 종료

가정법원은 특정후견의 심판을 하는 경우에 특정후견의 기간 또는 사무의 범위를 정해야 한다(제14조의2 제3항). 따라서 특정후견은 그 기간의 도과 또는 사무 처리의 종결로 당연히 종료한다. 또한 가정법원이 피특정후견인에 대하여 성년후견개시 또는 한정후견개시의 심판을 할 때에는 특정후견의 종료 심판을 한다(제14조의3).

7. 제한능력자의 상대방 보호

1) 서실

제한능력자의 법률행위는 취소할 수 있다. 그 취소권은 제한능력자 측에 있고, 상대방은 취소권이 없다. 그 결과 법률행위의 취소 여부는 제한능력자 측의 자유로운 선택에 달려있으므로 제한능력자와 거래한 상대방은 매우 불안한 지위에 있다. 또한 제한능력을 이유로 하는 취소는 소급효를 가지며, 선의의 제3자에게도 효력이 있으므로 제3자도 불안한 지위

---

16) 강태성, 175면; 송덕수, 211면.

에 있게 되어 거래안전을 해하게 된다. 따라서 제한능력자를 보호하기 위하여 희생되는 상대방과 제3자(거래안전)를 보호할 필요가 있다.

　제한능력뿐만 아니라 착오(제109조), 사기·강박(제110조)으로 인한 의사표시도 취소할 수 있고, 상대방과 제3자 보호를 위하여 법정추인(제145조)과 취소권의 단기소멸(제146조)을 규정하고 있다. 즉 일정한 법정사유(예:전부나 일부의 이행, 이행청구)가 있을 때에는 추인한 것으로 간주하고(제145조), 취소권은 추인할 수 있는 날로부터 3년 내, 법률행위를 한 날로부터 10년 내에 행사하지 않으면 취소할 수 없다(제146조). 그러나 취소권의 소멸기간은 비교적 장기간이고, 법정추인도 실효성이 크지 않다. 사기·강박을 한 자와 달리 제한능력자의 상대방은 책임이 없음에도 제한능력자의 보호라는 이유로 희생되고 있다. 또한 제한능력을 이유로 취소하는 경우에 제한능력자는 현존이익만 반환하면 되므로(제141조 제2항) 상대방에게 불리하고, 취소는 선의의 제3자에게도 주장할 수 있다. 따라서 제한능력자와 거래한 상대방을 두텁게 보호할 필요가 있다. 민법은 상대방의 확답촉구권(제15조), 철회권과 거절권(제16조) 그리고 사술詐術에 의한 제한능력자의 취소권의 배제(제17조) 규정을 두고 있다.

2) 상대방의 확답촉구권(최고권)

(1) 의의

　확답촉구권은 제한능력자의 상대방이 제한능력자 측에 그 취소할 수 있는 행위의 추인 여부의 확답을 촉구할 수 있는 권리이다. 즉, 제한능력자의 상대방은 제한능력자 측에 대하여 취소할 수 있는 행위를 취소할 것인지, 추인할 것인가의 확답을 촉구할 수 있는 권리이다. 2011. 3. 7. 민법 개정으로 최고권을 확답을 촉구할 권리(확답촉구권)로 용어를 수정하였다.

(2) 확답촉구의 요건

　제한능력자의 상대방이 확답촉구권을 행사하려면, 취소할 수 있는 행위를 지적하고, 1개월 이상의 유예기간을 정하여, 추인 여부에 관한 확답을 요구하여야 한다. 불요식행위이므로, 구두나 서면 등으로 할 수 있다.

(3) 확답촉구권자와 상대방

　제한능력자의 상대방은 확답촉구권을 행사할 수 있다. 제한능력자와 계약을 체결한 상대방이 계약 당시에 제한능력자임을 알더라도 확답을 촉구할 수 있다.[17] 제한능력자는 능력자가 된 후에 확답촉구권의 상대방이 될 수 있고, 제한능력이 계속되는 경우에는 법정대리인이 상대방이 된다(제15조 제1항·제2항).

(4) 효과

확답촉구를 받은 자가 유예기간 내에 확답(추인 또는 취소)을 발송한 경우에는 그 확답에 따른 법률효과가 생긴다. 확답촉구를 받은 자가 유예기간 내에 확답을 발송하지 않으면 민법은 추인한 것으로 본다. 다만, 특별한 절차를 요하는 행위의 경우에는 그 기간 내에 그 절차를 밟은 확답을 발송하지 않으면 취소한 것으로 본다(제15조 제3항). 여기서 특별한 절차를 밟아야 하는 행위란 법정대리인이 후견감독인의 동의를 얻어 추인하는 경우이다(제950조 제1항).

3) 상대방의 철회권과 거절권

앞에서 본 바와 같이 제한능력자의 상대방이 1개월 이상의 유예기간을 두고 확답촉구권을 행사하더라도 법률행위의 취소·추인 여부는 여전히 제한능력자 측에 의하여 결정된다. 따라서 확답촉구권만으로는 상대방 보호에 미흡하므로 상대방 측에서도 법률행위의 효력을 부인할 수 있는 제도가 필요하다. 이에 민법에서 상대방의 철회권과 거절권을 인정하고 있다.

(1) 철회권

제한능력자와 체결한 계약에 대한 추인이 있을 때까지 상대방은 그 의사표시를 철회할 수 있다(제16조 제1항 제1문). 그러나 상대방이 계약 체결 당시에 제한능력자임을 알았을 때에는 그 의사표시를 철회할 수 없다(제16조 제1항 제2문). 즉 제한능력자임을 알았던 상대방은 손해를 각오한 자이므로 보호하지 않는다. 철회의 의사표시는 제한능력자의 법정대리인뿐만 아니라 제한능력자에게도 할 수 있다(제16조 제3항). 상대방의 철회가 있으면 계약은 처음부터 성립하지 않았던 것으로 된다(철회의 소급효).

(2) 거절권

제한능력자의 단독행위는 추인이 있을 때까지 상대방이 거절할 수 있다(제16조 제2항). 단독행

---
17) 강태성, 183면.

위의 예로는 상계(제493조), 채무면제(제506조) 등이 있다. 단독행위는 제한능력자의 일방적인 의사표시만 있고, 상대방은 그 의사표시를 수령하는데 지나지 않는다. 따라서 제한능력자의 상대방이 의사표시를 수령할 당시에 제한능력자임을 알고 있더라도 거절권을 행사할 수 있다.[18] 거절의 의사표시는 법정대리인은 물론 제한능력자에게도 할 수 있다($^{제16조}_{제3항}$). 상대방이 거절하면 제한능력자의 단독행위는 소급적으로 무효가 된다.

4) 취소권의 배제

제한능력자가 속임수로써 자기를 능력자로 믿게 하거나 법정대리인의 동의가 있는 것으로 믿게 한 경우에 상대방은 사기를 이유로 법률행위를 취소하거나(제110조) 불법행위를 이유로 손해배상을 청구할 수 있다(제750조). 그 외에도 제한능력자의 취소권을 배제하여 상대방이 처음 의도한 법률효과가 발생하게 함으로써 상대방과 거래안전을 보호하고 있다(제17조).

(1) 요건

첫째, 제한능력자가 속임수로써 자기를 능력자로 믿게 하거나 미성년자나 피한정후견인이 속임수로써 법정대리인의 동의가 있는 것으로 믿게 하였어야 한다($^{제17조}_{제1항}$). 전자의 경우에는 피성년후견인이 포함되나 후자의 경우에는 제외된다. 속임수는 적극적으로 사기수단을 쓴 것을 말하는 것이고 단순히 자기가 능력자라고 사언(詐言)한 것은 속임수를 쓴 것이라고 할 수 없다.[19] 속임수를 썼다는 것에 대한 입증책임은 상대방이 부담한다.[20]

둘째, 제한능력자의 속임수로 인하여 상대방이 능력자로 믿었거나 법정대리인의 동의가 있다고 믿었어야 한다.

셋째, 상대방이 속임수를 믿고 제한능력자와 법률행위를 하였어야 한다.

(2) 효과

제한능력자나 그의 법정대리인은 제한능력을 이유로 제한능력자의 의사표시를 취소하지 못한다. 즉 제한능력자의 취소권은 처음부터 인정되지 않는다.

---

18) 강태성, 187면; 곽윤직 · 김재형, 137면; 송덕수, 215면.
19) 대법원 1971. 12. 14. 선고 71다2045 판결.
20) 대법원 1971. 12. 14. 선고 71다2045 판결.

Ⅲ. 주소

1. 서설
사람과 관계있는 장소는 법률관계에 영향을 미치는 경우가 있다(예: 본국, 등록기준지, 주민등록지, 현재지, 재산소재지, 주소, 거소, 영업소,). 민법에는 장소 중에서 모든 사람에게 공통적으로 문제되는 주소와 거소에 관하여 일반 규정을 두고 있다.

2. 주소

1) 의의
주소住所는 생활의 근거되는 곳이다(제18조 제1항). 주소는 동시에 두 곳 이상 있을 수 있다(제18조 제2항). 주소는 생활의 실질적 관계에 따라 정하고(실질주의), 주소의 결정은 정주 사실만을 요건으로 하고(객관주의), 복수의 주소를 인정하고 있다(복수주의).

2) 구별개념

(1) 주민등록지
주민등록지는 30일 이상 거주할 목적으로 일정한 장소에 주소 또는 거소를 가진 자가 주민등록법에 의하여 등록한 장소이다(주민등록법 제6조, 제10조). 주민등록지는 반증이 없는 한 주소로 추정된다. 다만 공법관계에 있어서는 원칙적으로 주민등록지를 주소로 한다.

(2) 등록기준지
가족관계등록부는 개인별로 구분되어 그 등록기준지에 작성·비치되고, 각자의 가족관계등록부에는 각자의 등록기준지가 기재된다(가족관계등록법 제9조). 출생 또는 그 밖의 사유로 처음으로 등록을 하는 경우에는 등록기준지를 정하여 신고하여야 하며, 등록기준지는 절차에 따라 변경할 수 있다(동법 제10조).

3) 주소의 효과

주소는 민법상 부재 및 실종의 기준(제22조, 제27조), 변제의 장소(제467조), 상속개시 장소(제998조)이다. 또한, 주소는 어음행위·수표행위의 장소(어음법 제2조, 수표법 제8조), 재판관할의 표준(민사소송법 제3조 등), 민사소송법상 부가기간을 정하는 표준(동법 제150조 제2항), 국제사법상 준거법을 결정하는 표준(국제사법 제3조)이 되며, 공법상 귀화 및 국적회복의 요건(국적법 제5조~제7조) 및 징세의 기준(국세기본법 제8조 등)이 된다.

3. 거소·현재지·가주소

1) 거소

거소居所란 상당한 기간 머무르는 장소로서 생활의 관계가 주소보다 엷은 곳이다. 사람은 주소 이외에 거소를 가질 수 있고, 주소 없이 거소만 있는 자도 있다. 주소를 알 수 없으면 거소를 주소로 본다(제19조). 국내에 주소 없는 자에 대하여는 국내에 있는 거소를 주소로 본다(제20조).

2) 현재지

현재지現在地란 생활 관계가 거소보다도 더 엷은 곳이다(예: 여행객이 머무는 호텔). 민법에는 규정이 없고, 민법 제19조 및 제20조의 거소에는 현재지가 포함된다.

3) 가주소

가주소假住所란 당사자가 특정한 행위를 하는 경우에 주소 이외의 장소에 주소의 역할을 부여하기 위하여 선정한 곳이다. 어느 행위에 있어서 가주소를 정한 때에는 그 행위에 관하여는 이를 주소로 본다(제21조). 가주소는 당사자가 특정한 행위를 함에 있어서, 편의를 위하여 임의로 정하는 장소이므로, 생활의 근거지인 주소와는 다르다.

Ⅳ. 부재와 실종

1. 서설

종래의 주소와 거소를 떠난 자, 즉 부재자가 있는 경우에는 그 부재자와 기타 그의 이해관계인(예: 채권자, 잔존배우자, 상속인)을 보호할 필요가 있다. 민법은 제1차로 부재자의 생존을 추측하여 그의 재산을 관리하면서 돌아오기를 기다리는 제도, 즉 부재자 재산관리인 제도를 두고 있으며, 제2차로 부재자의 생사불명이 일정 기간 계속된 경우에 사망으로 간주하고 주소나 거소에 있어서의 재산관계와 가족관계를 확정·종결하는 제도, 즉 실종선고제도를 두고 있다.

2. 부재자 재산의 관리

1) 부재자의 의의

부재자不在者는 종래의 주소나 거소를 떠난 자이다(제22조). 그러나 교통과 통신의 발달로 인하여 외국에 유학하고 있는 자도 재산을 관리하고 있으면 부재자가 아니다. 따라서 부재자란 종래의 주소나 거소를 떠나 당분간 돌아올 가능성이 없어서 그 주소나 거소에 있는 자기의 재산을 관리할 수 없는 자를 말한다.

부재자의 생사는 반드시 불분명하여야 하는 것은 아니다. 즉 생존이 분명한 자도 부재자일 수 있고(예: 전쟁 중 포로로 잡혀 있는 자), 생사가 불분명한 자도 실종선고가 있기 전까지는 부재자이다. 부재자는 그 성질상 자연인에 한하므로, 법인에는 부재자에 관한 민법규정이 적용되지 않는다.

2) 재산관리

(1) 부재자가 재산관리인을 두지 않은 경우

① 가정법원의 재산관리 처분

가정법원은 이해관계인[21] 또는 검사의 청구에 의하여 재산관리에 필요한 처분을 하여야

---

[21] 이해관계인은 부재자의 재산관리가 없는 것과 관련하여 법적인 이해관계를 가지는 자를 말하며, 친구나 이웃 사람은 제외된다.

한다($^{제22조}_{제1항 제1문}$). 이해관계인은 부재자의 재산관리가 없는 것과 관련하여 법적인 이해관계를 가지는 자를 말한다. 예를 들면, 배우자, 상속인이 될 자, 채권자, 보증인 등이 이해관계인이 된다. 가정법원이 하는 필요한 처분에는 재산관리인 선임($^{가사소송규칙}_{제41조}$)·경매에 의한 부재자의 재산매각($^{동규칙}_{제49조}$) 등이 있다. 가장 일반적인 방법은 재산관리인 선임이다.

② 재산관리인

가정법원이 선임한 재산관리인은 법정대리인이다. 재산관리인은 언제든지 사임할 수 있고, 법원도 언제든지 개임改任할 수 있다($^{가사소송규칙}_{제41조, 제42조}$). 재산관리인의 권한은 부재자의 재산에 관하여 민법 제118조가 정하는 관리행위, 즉 보존행위·물건이나 권리의 성질을 변하지 아니하는 범위에서 그 이용 또는 개량행위는 자유롭게 할 수 있다. 그러나 이를 초과하는 처분행위($^{예: 재산}_{처분}$)를 하는 경우에는 가정법원의 허가를 얻어야 한다($^{제25조}_{제1문}$).

재산관리인은 부재자와 재산관리에 관한 위임계약을 맺지는 않았지만, 그 직무의 성질상 수임인과 동일한 의무를 진다. 따라서 재산관리인은 선량한 관리자의 주의의무를 부담하고(제681조), 부재자가 사망한 경우에는 일정 기간까지 그 직무를 계속 수행하여야 한다(제691조). 또한 재산관리인은 관리할 재산의 목록작성($^{제24조}_{제1항}$), 재산의 보존을 위하여 가정법원이 명하는 처분의 수행($^{제24조}_{제2항}$) 및 재산의 관리 및 반환에 관한 상당한 담보제공($^{26조}_{1항}$) 등의 의무도 진다. 가정법원은 재산관리인에게 상당한 보수를 관리재산에서 지급할 수 있으므로($^{제26조}_{제2항}$), 재산관리인은 보수를 청구할 수 있다. 그리고 재산관리인은 재산관리를 위하여 지출한 필요비와 그 이자의 지급을 청구할 수 있고, 과실 없이 받은 손해의 배상을 청구할 수 있다(제688조).

③ 관리의 종료

법원이 선임한 재산관리인의 관리가 필요 없게 된 경우, 즉 부재자가 그 후에 재산관리인을 두거나($^{제22조}_{제2항}$) 본인 스스로 재산을 관리할 수 있게 된 경우 또는 본인의 사망이 분명하게 되거나 실종선고가 있는 때에는 가정법원은 본인, 재산관리인, 이해관계인 또는 검사의 청구에 의하여 그 처분명령을 취소하여야 한다($^{제22조}_{제2항}$). 이러한 가정법원의 취소의 효력은 소급하지 않고 장래에 향하여만 효력이 있다.[22]

---

22) 대법원 1970. 1. 27. 선고 69다719 판결.

(2) 부재자가 재산관리인을 둔 경우

① 원칙

부재자가 둔 재산관리인은 부재자의 수임인이며 임의대리인이므로, 그 권한·권리의 행사 방법 등은 모두 부재자와 관리인 사이의 계약에 의하여 정하여진다($^{위임과}_{임의대리}$). 만일 계약에 정한 바가 없으면 제118조가 적용된다. 그리고 부재자 본인이 사망한 경우에 급박한 사정이 있는 때에는 관리인은 일정한 시기까지 재산관리를 계속하여야 한다(제691조).

② 예외

가정법원은 예외적으로 간섭을 하고 있다.

첫째, 본인의 부재不在 중에 재산관리인의 권한이 소멸한 경우에 가정법원은 관리인을 두지 않은 경우와 같은 조치를 한다($^{제22조}_{제1항 제2문}$). 즉 법원은 이행관계인이나 검사의 청구에 의하여 재산관리에 필요한 처분을 명하여야 한다($^{제22조}_{제1항 제1문}$).

둘째, 부재자의 생사가 분명하지 않게 된 경우에 가정법원은 재산관리인, 이해관계인 또는 검사의 청구에 의하여 재산관리인을 개임할 수 있다(제23조). 개임여부는 법원의 재량이다. 따라서 재산관리인을 개임하는 경우에 개임된 재산관리인의 지위·권한·권리·의무는 재산관리인을 지정하지 않은 경우에서와 동일하다. 특히 개임된 재산관리인은 재산목록 작성·가정법원의 재산 보존처분 수행·담보제공 등의 의무를 부담한다. 개임하지 않고 감독만 하는 경우에 법원은 재산관리인에게 재산관리 목록작성·재산보전에 필요한 처분을 명할 수 있고($^{제24조}_{제3항}$), 재산관리인이 권한을 넘는 행위를 하는 경우에는 허가하고($^{제25조}_{제2문}$), 상당한 담보를 제공하게 하고($^{제26조}_{제1항}$), 부재자의 재산으로 상당한 보수를 지급할 수 있다($^{제26조}_{제3항}$).

3. 실종선고

1) 의의

실종선고란 부재자의 생사불명의 상태가 일정기간 계속된 경우에 가정법원의 선고에 의하여 사망한 것으로 보는 제도이다. 이는 생사불명의 상태가 일정기간 계속된 자와 그와 이해관계를 가진 자($^{예: 배우자,}_{상속인}$)의 법률관계를 정리하기 위한 제도이다. 즉 사망의 확정이 없어 부재자의 법률관계를 불확정한 상태로 남겨두면, 재산상속 및 배우자의 재혼 문제 등 이해관계인에게 불이익을 준다. 따라서 실종선고제도는 부재자의 법률관계를 확정하는데 도움이 되는 제도이다. 그러나 실종기간이 장기長期이기 때문에 실제로는 인정사망제도가 더 많이 이용된다.

2) 실종선고의 요건

(1) 실질적 요건

① 부재자의 생사 불분명
부재자의 생사生死가 불분명하여야 한다. 생사가 불분명하다는 것은 생존의 증명도, 사망의 증명도 할 수 없는 상태를 말한다. 이는 실종선고 청구권자와 가정법원에 불분명하면 충분하다.

② 실종기간의 경과

보통실종의 실종기간은 5년이다(제27조 제1항). 그 기산점은 생존을 증명할 수 있는 최후의 시기(최후의 소식이 있은 때)이다.
특별실종의 실종기간은 1년이다(제27조 제2항). 그 기산점은 전쟁실종, 즉 전지에 임한 자는 전쟁이 종지終止한 때(예: 항복 선언, 정전, 휴전) · 선박실종, 즉 침몰한 선박 중에 있던 자는 선박이 침몰한 때 · 항공기 실종, 즉 추락한 항공기 중에 있던 자는 항공기가 추락한 때 · 위난 실종, 즉 기타 사망의 개연성이 높은 위난을 당한 자는 위난(예: 지진, 홍수, 공장 폭발)이 종료한 때이다(제27조 제2항).

(2) 형식적 요건

① 청구권자의 청구
이해관계인이나 검사가 실종선고를 청구하여야 한다(제27조). 실종선고를 청구할 수 있는 이해관계인이라 함은 법률상 이해관계인을 의미하며, 사실상 이해관계인은 그에 해당하지 않는다. 즉 부재자의 사망으로 인하여 직접적으로 신분상 또는 경제상의 권리를 취득하거

나 의무를 면하게 되는 사람만을 뜻한다.[23] 따라서 1순위 상속인이 있는 경우에는 2순위 상속인은 이해관계인이 아니다.

> **참조** 부재자의 자매로서 제2순위 상속인에 불과한 자는 부재자에 대한 실종선고의 여부에 따라 상속지분에 차이가 생긴다고 하더라도 이는 부재자의 사망의제 시기에 따른 간접적인 영향에 불과하고 부재자의 실종선고 자체를 원인으로 한 직접적인 결과는 아니므로 부재자에 대한 실종선고를 청구할 수 있는 이해관계인이 될 수 없다(대법원 1986. 10. 10.자 86스20 결정).

② 공시최고

실종선고의 요건을 갖춘 경우에 가정법원은 6개월 이상의 기간을 정하여, 그 기간 내에 부재자 본인이나 그 부재자를 아는 자에 대하여 신고하도록 공고하여야 한다(가사소송규칙 제53조~제55조).

③ 선고

공시최고기간 내에 생사에 대한 신고가 없으면 가정법원은 실종선고를 하여야 한다(제27조 제1항). 실종선고 심판이 확정된 때에는 가정법원의 법원사무관 등은 지체 없이 그 뜻을 공고하여야 한다(가사소송규칙 제59조).

3) 실종선고의 효과

(1) 사망 의제

실종자는 사망한 것으로 본다(제28조). 따라서 본인의 생존 기타의 반증反證을 들어서 실종선고의 효과를 다투지 못하며, 사망의 효과를 시시히 하려면 실종선고를 취소하여야 한다.[24]

(2) 사망으로 보는 시기

실종선고가 확정되면, 실종자는 실종기간이 만료한 때에 사망한 것으로 본다(제28조). 따라서 사망의 시점은 실종선고가 확정된 때가 아니라, 실종기간이 만료한 때로 소급한다.

---

23) 대법원 1986. 10. 10.자 86스20 결정.
24) 대법원 1995. 2. 17. 선고 94다52751 판결.

(3) 사망 의제 범위

실종선고는 실종자의 '종래의 주소를 중심으로 하는', '종래의', '사법상의 법률관계'에 있어서 사망한 것으로 본다. 그러나 실종자의 다른 주소 또는 거소에서의 사법적 법률관계 및 종래의 주소 또는 거소로 돌아온 후의 사법적 법률관계에는 사망의 효과가 미치지 않는다. 그리고 실종선고의 효과는 공법상의 선거권·피선거권의 유무나 범죄의 성립여부 등에는 아무런 영향을 미치지 아니한다.

4) 실종선고의 취소

실종선고는 취소되지 않는 한 반증을 들어 그 선고의 효과를 다툴 수 없다.[25] 따라서 실종선고의 효력을 부인하기 위해서는 실종선고를 취소하여야 한다($^{제29조}_{제1항}$).

(1) 실종선고의 취소 요건

① 실질적 요건

실종선고를 취소하기 위해서는 실종자가 생존하고 있다는 사실·실종기간이 만료한 때와 다른 시기에 사망한 사실 또는 실종기간의 기산점 이후의 어떤 시기에 생존하고 있었던 사실의 증명이 필요하다($^{제29조}_{제1항}$).

② 형식적 요건

본인·이해관계인 또는 검사가 실종선고의 취소를 청구하여야 한다($^{제29조}_{제1항}$).

(2) 절차

실종선고 취소의 요건이 구비되면 가정법원은 그 선고를 취소하여야 한다($^{제29조}_{제1항}$).

(3) 실종선고 취소의 효과

① 원칙

실종선고가 취소되면 실종선고에 따른 법률관계는 소급적으로 무효가 된다. 먼저 실종자

---

25) 대법원 1995. 2. 17. 선고 94다52751 판결.

의 생존을 이유로 취소된 때에는 그 재산관계와 가족관계는 선고 전의 상태로 회복한다. 둘째, 실종선고에 의한 사망의제 시기와 다른 시기에 사망하였음을 이유로 취소된 때에는 실제 사망 시기를 기준으로 다시 사망에 의한 법률관계가 확정된다. 셋째, 실종선고 기산점 이후에 생존한 사실을 이유로 취소하는 경우에는 그 법률관계는 선고 전의 상태로 회복되고, 이해관계인은 새로운 실종선고를 청구할 수 있다.

② 예외

실종선고 취소에 따라 실종선고에 따른 법률관계가 소급적으로 무효가 되면, 실종선고를 신뢰한 배우자·상속인 기타의 이해관계인 또는 제3자는 예상하지 못한 손해를 입게 된다. 이에 민법은 선의자 및 거래안전 보호를 위하여 두 가지 예외를 두고 있다.

첫째, 실종선고의 취소는 실종선고 후 그 취소 전에 선의로 한 행위의 효력에 영향을 미치지 아니한다(제29조 제1항 제2문). 따라서 실종선고 후 취소 전에 선의로 행한 상속인의 상속재산처분행위나 잔존배우자의 재혼 등은 실종선고가 취소되어도 그대로 유효하다. 단독행위, 계약 그리고 신분행위는 다음과 같이 해석할 수 있다. 먼저 단독행위(예: 채무면제, 해제, 취소)의 경우에 단독행위자가 선의이면 실종선고가 취소되어도 그 효력에 영향을 받지 않는다. 그러나 실종선고에 의한 가족법상의 단독행위, 즉 상속의 한정승인 또는 포기 등은 행위자가 선의로 하였더라도 실종선고가 취소된 경우에는 소급적으로 무효가 된다. 왜냐하면 실종선고를 취소함으로써 실종선고로 인한 상속개시 자체가 부인되기 때문이다. 계약의 경우에는 양당사자가 모두 선의이면 그 계약의 효력에 영향이 없으나 일방만이 선의이면 영향을 미치는 것으로 해석하는 쌍방선의설이 다수설이다.[26] 신분행위로서 민법 제29조 제1항 제2문이 가장 문제되는 경우는 잔존배우자가 재혼하는 경우이다. 재혼당사자의 쌍방이 선의인 경우에는 실종선고가 취소되더라고 재혼은 유효하고 구혼은 부활하지 않는다. 그러나 재혼 당사자의 일방 또는 쌍방이 악의이면 구혼은 부활하므로 재혼은 중혼(제810조)이 된다. 중혼은 전혼에는 이혼원인이 되고(제840조), 후혼은 취소할 수 있다(제816조).

둘째, 실종선고의 취소가 있을 경우에 실종선고를 직접 원인으로 하여 재산을 취득한 자가 선의이면 그 받은 이익이 현존하는 한도에서 반환할 의무가 있고, 악의이면 그 받은 이익에 이자를 붙여서 반환하고 손해가 있으면 이를 배상하여야 한다(제29조 제2항).

---

26) 곽윤직·김재형, 152면; 김상용·전경운, 227면; 오시영, 196면; 이영준, 897면.

제3절 법인

Ⅰ. 서설

1. 법인의 의의
　법인은 자연인이 아니면서 법에 의하여 권리능력(법인격)이 인정된 것, 즉 권리·의무의 주체가 될 수 있는 것이다. 민법이 규정하는 법인에는 일정한 목적하에 결합된 사람의 조직체로서 권리능력이 부여된 단체, 즉 사단법인과 일정한 목적에 바쳐진 재산으로서 권리능력이 부여된 재단법인이 있다. 법인의 기능은 영구적이지 못한 수명壽命과 부족한 자금력·정보력을 가진 자연인의 한계를 극복하고, 복잡한 다수인 간의 법률관계를 간단·명료하게 해결하는 것이다.

2. 법인의 분류
　법인은 법률의 규정에 의함이 아니면 성립하지 못한다(제31조). 법인성립에 관한 법률은 민법 이외에도 상법·지방자치법·노동조합 및 노동관계조정법(노동조합법) 등 다수의 특별법이 있다. 따라서 법인의 종류도 다양하며, 여러 가지로 분류할 수 있으나 민법상 법인을 중심으로 분류한다.

1) 공법인·사법인
　공법인公法人은 공법에 준거하여 설립·운영되는 법인이다. 국가와 지방자치단체는 공법인이다. 사법인私法人은 사법에 준거하여 설립·운영되는 법인이다. 그러나 획일적·일률적 기준에 의한 구분은 쉽지 않다. 특히 공법과 사법이 비슷한 비중으로 적용되는 중간법인(예: 한국은행, 대한주택공사, 농업협동조합)도 있다.

2) 사단법인·재단법인
　사단법인社團法人은 일정한 목적을 위하여 결합된 사람의 단체, 즉 사단에 법인격이 부여된 것이다. 사단법인에는 영리·비영리법인이 있다. 재단법인財團法人은 일정한 목적에 바쳐진 재산, 즉 재단에 법인격이 부여된 것이다. 재단법인은 비영리법인이다.

3) 영리법인 · 비영리법인

영리법인營利法人은 영리를 목적으로 하는 법인, 즉 그 활동에 의하여 얻은 이익을 그 구성원에게 분배하는 것을 목적으로 하는 법인이다. 상법상의 회사가 그 전형적인 예이다. 비영리법인은 학술 · 종교 · 자선 · 기예 · 사교 기타 영리 아닌 사업을 목적으로 하는 법인이다. 비영리법인 중 일정한 공익적 사업을 목적으로 하는 법인을 공익법인이라 하고, 이에 관하여는 공익법인의 설립 · 운영에 관한 법률(공익법인법)이 시행되고 있다.

Ⅱ. 법인의 설립

1. 서설

법인은 법률의 규정에 의하여 설립할 수 있다(제31조). 즉 법률에서 정한 다양한 방식으로 법인을 설립할 수 있다. 법인이 성립하기 위하여 법률에서 정한 요건의 구비만을 필요로 하는 경우(순칙주의, 예: 회사, 노동조합), 행정관청의 허가를 필요로 하는 경우(허가주의, 예: 학교법인), 행정관청의 인가를 얻어야 하는 경우(인가주의, 예: 법무법인), 법인 설립시 특별법의 제정이 필요한 경우(특허주의, 예: 한국은행, 한국산업은행), 법률에 의하여 강제적으로 설립해야 하는 경우(강제주의, 예: 대한변호사회, 의사회)가 있다.

2. 비영리사단법인의 설립

학술 · 종교 · 자선 · 기예 · 사교 기타 영리 아닌 사업을 목적으로 하는 사단은 주무관청의 허가를 얻어 이를 법인으로 할 수 있다(제32조).

1) 요건

(1) 목적의 비영리성

학술 · 종교 · 자선 · 기예 · 사교 기타 그 밖의 영리 아닌 사업을 목적으로 하여야 한다(제32조).

(2) 설립행위(정관작성)

사단법인 설립자는 법인의 근본규칙에 관한 일정한 사항을 정하여, 이를 서면에 기재하고 기명날인하여야 한다(제40조). 이러한 서면을 정관이라고 하고, 정관을 작성하는 행위가 설립행위이다. 정관에는 목적 · 명칭 · 사무소 소재지 · 자산에 관한 규정 · 이사의 임면에 관한 규정 · 사원자격의 득실에 관한 규정 · 존립시기나 해산사유를 정한 때에는 그 시기나 사유를 반드시 기재하여야 한다(제40조). 비영리사단법인의 설립행위는 요식행위이다.

(3) 주무관청의 허가

비영리사단법인의 설립에는 주무관청의 허가를 요한다(제32조). 주무관청은 법인이 주된 목적으로 하는 사업을 관리하는 행정관청이다.

(4) 설립등기

법인은 주된 사무소의 소재지에서 설립등기를 함으로써 성립한다(제33조). 설립등기는 법인설립 허가가 있는 날로부터 3주 내에 해야 한다(제49조 제1항).

2) 설립 중인 사단법인

사단법인의 설립은 사단법인을 설립하려는 자(발기인)들이 사단법인을 설립하기로 하는 합의를 하고(설립자(발기인)/조합의 설립), 합의의 이행으로서 정관을 작성하고(설립 중인 사단법인), 주무관청의 허가와 설립등기의 순서에 의한다.

설립자조합은 민법상의 조합(제703조 이하)이다. 이러한 준비행위는 설립자조합원의 행위이므로, 조합원들이 책임지며, 설립 중의 사단법인이나 사단법인의 책임은 문제되지 않는다.[27] 설립 중인 사단법인이란, 설립자의 조합계약의 이행으로 정관을 작성하고 구성원이 확정되어 법인의 실질을 갖추었지만, 설립등기를 하기 전에 있는 법인을 말한다. 그 법적 성질은 권리 능력 없는 사단이다. 설립 중의 사단법인은 설립등기를 함으로써 사단법인과 동일성이 인정된다. 따라서 설립 중인 사단법인의 권리 · 의무는 당연히 설립된 사단법인에 귀속된다.

---

27) 대법원 1998. 5. 12. 선고 97다56020 판결.

3. 재단법인의 설립

1) 요건

(1) 목적의 비영리성
재단법인의 목적은 비영리사단법인과 동일하다. 즉 학술·종교·자선·기예·사교 기타 그 밖의 영리 아닌 사업을 목적으로 하여야 한다(제32조). 재단법인에는 이익을 분배할 구성원이 없으므로 모든 재단법인은 비영리법인이다.

(2) 설립행위
설립자는 일정한 재산을 출연하고, 정관을 작성하여야 한다(제43조).

① 재산 출연

재단법인을 설립하려는 자는 일정한 재산을 출연出捐하여야 한다(제43조). 출연은 자기의 재산을 감소시키고 타인의 재산을 증가시키는 행위이다. 출연재산의 종류는 불문하고, 채권의 출연도 가능하다. 생전처분으로 재단법인을 설립하는 때에는 증여에 관한 규정을 준용하고, 유언으로 재단법인을 설립하는 때에는 유증에 관한 규정을 준용한다(제47조).

출연재산은 출연자와 법인 사이에서는 생전처분으로 법인을 설립하면 법인이 성립된 때, 즉 설립등기 시時에 법인의 재산이 되고(제48조 제1항), 유언으로 재단법인을 설립하면 유언의 효력이 발생하는 때, 즉 유언자의 사망 시時에 법인에 귀속한다(제48조 제2항). 그러나 법인과 제3자에 대한 관계에 있어서는 출연행위가 물권행위이므로 출연재산은 공시방법을 구비하여야만 법인에 귀속한다.[28]

② 정관작성

정관에는 목적·명칭·사무소 소재지·자산에 관한 규정·이사의 임면에 관한 규정을 반드시 기재하고 기명날인하여야 한다(제43조 제40조). 유언으로 재단법인을 설립하는 경우에는 유언의 방식도 구비하여야 한다. 일반적으로 정관의 필수적 기재사항 중에서 하나라도 빠지면 설립행위는 무효이다. 그러나 재단법인 설립자가 목적과 자산만을 정하고 사망한 때

---

28) 대법원 1979. 12. 11. 선고 78다481, 482 전원합의체 판결; 대법원 1993. 9. 14. 선고 93다8054 판결.

에는 이해관계인 또는 검사의 청구에 의하여 법원이 명칭·사무소 소재지·이사의 임면에 관한 규정을 정한다(제44조).

(3) 주무관청의 허가 및 설립등기

주무관청의 허가 및 설립등기에 관한 사항은 비영리사단법인과 동일하다. 즉 재단법인은 주된 사무소의 소재지에서 설립등기를 함으로써 성립한다(제33조). 설립등기는 법인설립 허가가 있는 날로부터 3주 내에 해야 한다(제49조 제1항).

Ⅲ. 법인의 능력

1. 개설

법인도 권리의 주체이므로 권리능력과 행위능력 및 불법행위능력을 가진다. 그러나 법인의 능력은 자연인과 본질적으로 다르다. 법인의 능력 범위를 정함에 있어서는 그 설립목적이 중심이 된다. 법인의 능력에 관한 민법규정(제34조, 제35조)은 특별한 규정이 없는 한 비영리법인을 포함한 모든 법인에 적용된다.

2. 권리능력

법인은 법률의 규정에 좇아 정관으로 정한 목적의 범위 내에서 권리와 의무의 주체가 된다(제34조). 자연인의 경우 모든 사람에게 평등하고 동일하게 권리능력이 인정되나 법인은 자연인과 그 성질이 다르므로, 당연히 그 권리능력의 범위가 제한될 수 있다.

1) 성질에 의한 제한

법인은 사람을 전제로 하는 권리를 가질 수 없다. 즉 법인은 생명권·친권·부부간의 권리·정조권·인간의 존엄과 가치 및 행복추구권(헌법 제10조) 등을 가질 수 없다. 법인이 가질 수 있는 권리는 평등권(헌법 제11조), 재산권(헌법 제23조 제1항), 명예권(신용권을 포함), 명칭권(성명권), 일정한 자유권(예: 거주·이전의 자유, 직업선택의 자유, 언론·출판·집회·결사의 자유, 주거의 자유, 사생활의 자유, 통신의 자유, 양심·종교·학문·예술의 자유), 청원권, 재판청구권 등이 있다.[29]

---

29) 김용덕(1), 599면~605면; 송호영, 105면~110면.

2) 법률의 규정에 의한 제한

법인은 '법률의 규정'에 좇아 정관으로 정한 목적의 범위 내에서 권리와 의무의 주체가 된다(제34조). 따라서 법률의 규정에 의한 제한이 가능하다. 예를 들면, 회사는 다른 회사의 무한책임사원이 되지 못한다(상법 제173조). 상속은 자연인을 전제로 하고 있으므로 법인은 재산상속인이 될 수 없다(제1000조~제1004조). 다만, 법인은 포괄유증을 받을 수 있으므로, 법인은 포괄유증을 통하여 상속을 받는 것과 동일한 효과를 달성할 수 있다(제1078조).

3) 목적에 의한 제한

법인은 법률의 규정에 좇아 '정관으로 정한 목적'의 범위 내에서 권리와 의무의 주체가 된다(제34조).

3. 행위능력

법인은 권리능력의 범위에서 법률행위를 통하여 권리를 취득하거나 의무를 부담한다. 그런데 자연인과 달리 법인의 행위능력과 그 범위에 대한 문제가 있다.

1) 법인의 행위능력 여부

법인은 의사意思를 가지고 있으므로 법률행위를 할 수 있다.[30] 그러나 법인은 현실적으로 행위를 할 수 없으므로 자연인이 법인의 행위를 하게 된다. 따라서 법인의 권리능력의 범위 내에서 대표기관(이사, 이사의 직무대행자, 임시이사, 특별대리인, 청산인)이 법인을 대표하여 행위를 하면, 그 행위는 법인 자신의 행위로 된다.[31]

2) 법인의 행위능력의 범위

민법은 법인의 행위능력에 관하여 규정하고 있지 않다. 그런데 법인의 경우에는 자연인과 달리 의사능력을 문제삼을 필요가 없으므로 법인은 권리능력이 있는 범위에서 행위능력을 가진다(제34조 참조). 대표기관이 법인의 행위능력 범위 외의 행위를 한 경우에 그 행위는 법인

---

30) 곽윤직·김재형, 186면; 송덕수, 651면; 송호영, 139면.
31) 대법원 1978. 2. 28. 선고 77누155 판결; 법인은 기관에 의해 독자의 행위를 할 수 있는 실재체(實在體)이므로 기관의 행위는 법인 자체의 행위가 되지만, 법인의 기관은 법인의 목적 범위에서 행위를 해야 한다. 법인은 기관인 이사의 행위를 통해 고유의 의사로 행동할 수 있으므로 위 이사장·이사들의 행위가 법인의 행위라고 인정된다(대법원 1978. 2. 28. 선고 77누155 판결).

의 행위로 인정되지 않으며, 그것은 대표기관 개인의 행위이다.

한편 법인의 대표에 관하여는 대리에 관한 규정을 준용하고 있다(제59조 제2항). 따라서 대표기관이 법률행위를 할 경우에는 대리의 형식, 즉 법인을 위한 것임을 표시하여야 한다(제114조). 예를 들면, 법인의 대표가 법률행위를 할 경우에는 'A법인의 대표 갑'이라고 표시한다.

4. 불법행위능력

1) 서설

민법은 일정한 경우에 법인의 손해배상책임을 규정함으로써 법인의 불법행위능력을 인정하고 있다. 즉 민법 제35조 제1항에서는 대표기관의 직무상 불법행위에 대한 법인과 대표자의 책임을 규정하고 있으며, 제2항에서는 대표기관의 직무상 불법행위가 성립하지 않는 경우에 대한 책임을 규정하고 있다. 민법 제35조는 민법상 모든 법인에 적용된다. 또한 권리능력 없는 사단(법인 아닌 사단)인 종중[32], 노동조합[33], 주택조합[34] 등에도 유추적용된다.

2) 불법행위의 성립요건

법인은 이사 기타 대표자가 그 직무에 관하여 타인에게 가한 손해를 배상할 책임이 있다(제35조 제1항 제1문).

(1) 대표기관의 행위일 것

법인의 불법행위가 성립하기 위하여는 이사 기타 대표자, 즉 대표기관의 행위가 있어야 한다. 법인의 대표기관으로는 이사 · 이사의 직무대행자 · 임시이사 · 특별대리인 · 청산인이 있다. 그러나 법인의 대표자에는 그 명칭이나 직위 여하 또는 대표자로 등기되었는지 여부를 불문하고 당해 법인을 실질적으로 운영하면서 법인을 사실상 대표하여 법인의 사무를 집행하는 사람(실질적 사무 집행자)을 포함한다.[35]

---

32) 대법원 1994.04.12 선고 92다49300 판결.
33) 대법원 1994. 3. 25 선고 93다32828, 32835 판결.
34) 대법원 2003. 7. 25. 선고 2002다27088 판결.
35) 대법원 2011. 4. 28. 선고 2008다15438 판결.

(2) 대표기관이 직무에 관하여 타인에게 손해를 가하였을 것

① 직무의 의미

법인의 대표기관은 법인의 직무職務에 관하여 법인을 대표하므로, 법인은 대표기관의 직무상 불법행위에 책임을 진다. 여기서 직무란 외형상 직무수행행위로 볼 수 있는 행위뿐만 아니라 직무행위와 사회관념상 적당한 관련성이 있는 행위를 포함한다(외형이론).[36] 따라서 행위의 외형상 법인 대표자의 직무행위라고 인정할 수 있는 것이라면 설사 그것이 대표자 개인의 사리를 도모하기 위한 것이었거나 혹은 법령의 규정에 위배된 것이었다 하더라도 직무에 관한 행위에 해당한다.[37] 한편 그 대표자의 행위가 직무에 관한 행위에 해당하지 아니함을 피해자 자신이 알았거나 또는 중대한 과실로 인하여 알지 못한 경우에는 법인에 손해배상책임을 물을 수 없다.[38]

② 대표기관이 대표권 제한을 넘어서 행위한 경우

대표기관의 권한은 법률이나 정관 등에 의하여 제한될 수 있다. 그런데 대표기관이 그 제한을 넘어서 불법행위를 한 경우에 법인의 책임이 문제 된다. 이와 관련하여 판례는 법인의 직무에 관한 것이라는 의미는 행위의 외형상 법인의 대표자의 직무행위라고 인정할 수 있는 것이라면 설사 그것이 법령의 규정에 위배된 것이었더라도 법인의 직무에 관한 행위에 해당한다고 보고 있다. 그에 따라 토지구획정리조합의 대표자가 구획정리사업 시공회사의 원활한 자금 운용 등을 위하여 시공회사의 채무를 연대보증하였으나 조합원총회 등의 결의를 거치지 아니함으로써 연대보증행위가 무효로 된 사안에서 판례는 위의 외형이론을 적용하여, 해당 조합에게 민법 제35조 제1항의 불법행위책임을 인정하였다.[39]

③ 대표기관이 권한을 남용하는 경우(대표권 남용)

법인의 대표기관이 그 대표권의 범위 내에서 자신의 개인적 이익을 꾀할 목적으로 권한을 남용하여 대표행위를 하는 경우에 법인의 책임이 문제 된다. 예를 들면, 법인의 대표이사가 시설물 구입 명목으로 금전을 차용한 후 개인적 용도로 사용한 경우이다. 판례는 대

---

36) 강태성, 290면; 곽윤직 · 김재형, 188면; 김용덕(1), 700면; 송덕수, 654면; 송호영, 150면.
37) 대법원 2024. 7. 25. 선고 2024다229343 판결.
38) 대법원 2024. 7. 25. 선고 2024다229343 판결.
39) 대법원 2004. 2. 27. 선고 2003다15280 판결.

표권 남용의 경우에도 외형이론을 적용하고 있다. 즉 행위의 외형상 법인의 대표자의 직무행위라고 인정할 수 있는 것이라면 설사 그것이 대표자 개인의 사리를 도모하기 위한 것이었다 하더라도 직무에 관한 행위에 해당한다고 보고 있다.[40] 따라서 법인의 대표이사가 자기 또는 제3자의 이익을 도모할 목적으로 권한을 남용한 것이라도 외형상 법인의 직무행위라면 법인의 불법행위책임이 성립한다. 그러나 상대방이 대표권의 남용을 알았거나 중대한 과실로 알지 못한 경우에는 법인의 불법행위책임이 성립하지 않는다.[41]

(3) 일반불법행위 요건 구비

민법 제35조 제1항은 일반불법행위에 관한 민법 제750조의 특별규정이다. 따라서 법인의 불법행위책임이 성립하기 위하여서는 일반불법행위의 성립요건을 충족해야 한다. 따라서 대표기관의 고의 또는 과실에 의한 가해행위, 가해행위의 위법성, 대표기관의 책임능력, 가해행위로 인한 손해 발생의 요건을 모두 충족해야 한다.

3) 효과

(1) 법인의 불법행위가 성립하는 경우

법인은 이사 기타 대표자가 그 직무에 관하여 타인에게 가한 손해를 배상할 책임이 있다(제35조 제1항 제1문). 그러나 이사 기타 대표자는 법인의 불법행위 성립으로 인하여 자기의 손해배상 책임을 면하지 못한다(제35조 제1항 제2문). 따라서 법인이 배상한 경우에 법인은 대표기관 개인에 대하여 그 상환을 청구할 수 있다.

(2) 법인의 불법행위가 성립하지 않는 경우

법인의 목적 범위 외의 행위로 인하여 타인에게 손해를 가한 때에는 그 사항의 의결에 찬성하거나 그 의결을 집행한 사원, 이사 및 기타 대표자가 연대하여 배상하여야 한다(제35조 제2항).

---

40) 대법원 2004. 2. 27. 선고 2003다15280 판결.
41) 대법원 2004. 3. 26. 선고 2003다34045 판결.

Ⅳ. 법인의 기관

법인이 활동하기 위해서는 대외적으로 법인을 대표하고 내부적으로 법인의 사무를 집행하는 기관이 필요하다. 법인의 기관에는 의사결정기관(사원총회)·의사집행기관(이사)·감독기관(감사)이 있다. 사원총회는 사단법인에는 필수기관이나 재단법인에는 사원이 없으므로 존재하지 않는다. 이사는 모든 법인에 두어야 하는 필수기관이고, 감사는 모든 법인에 둘 수 있는 임의기관이다.

1. 이사

1) 의의
이사理事는 대외적으로 법인을 대표하고(대표기관), 대내적으로 업무를 집행하는(업무집행기관) 상설의 필수기관이다(제57조). 사단법인과 재단법인에는 반드시 두어야 한다. 이사의 수와 임기에는 제한이 없고(제58조 제2항), 정관에서 임의로 정할 수 있다(제40조, 제43조).

2) 임면
이사의 임면任免에 관한 사항은 정관의 필수적 기재사항이다(제40조, 제43조).

(1) 선임
이사의 선임행위는 위임계약과 유사한 성질이 있다.[42] 따라서 이사는 선임행위에 의하여 대표기관으로서의 지위를 취득하고, 묵시적 선임행위도 인정된다. 즉 법인 대표자의 유임 내지 중임을 금지하는 규약이 없는 이상, 임기만료 후에 대표자 개임이 없었다면 그 대표자를 묵시적으로 다시 대표자로 선임하였다고 볼 수 있다.[43] 이사의 선임행위에 흠이 있는 경우에 이해관계인은 그 선임행위의 무효 또는 취소의 소를 제기할 수 있으며, 본안판결 전이라도 이사의 직무집행정지 또는 직무대행자 선임의 가처분을 신청할 수 있다. 가처분의 결정에 따른 변경 사항도 등기하여야 한다(제52조).

---

42) 대법원 2013. 11. 28. 선고 2011다41741 판결.
43) 대법원 1970. 9. 17. 선고 70다1256 판결.

(2) 해임·퇴임

이사의 해임과 퇴임은 정관의 규정에 의하고, 정관에 규정이 없으면 위임에 관한 규정에 따라 법인은 이사의 임기만료 전에도 이사를 해임할 수 있고 이사는 퇴임할 수 있다(제689조 제1항). 법인의 정관에 이사의 해임사유에 관한 규정이 있는 경우에 법인으로서는 이사의 중대한 의무위반 또는 정상적인 사무집행 불능 등의 특별한 사정이 없는 이상, 정관에서 정하지 아니한 사유로 이사를 해임할 수 없다.[44] 민법상 법인에 있어서 이사의 전원 또는 일부가 임기만료 또는 사임 후에도 후임 이사의 선임이 없는 경우에는 종전의 이사로 하여금 법인의 업무를 수행케 함이 부적당하다고 인정될 만한 특별한 사정이 없는 한 종전의 이사는 후임 이사가 선임될 때까지 종전의 임무를 수행할 권한이 있다.[45] 그러나 아직 임기가 만료되지 않은 다른 이사들로서 정상적인 법인의 활동을 할 수 있는 경우에 임기만료된 이사는 당연히 퇴임한다.[46]

(3) 등기

이사의 성명·주소·주민등록번호는 등기사항이다(제49조 제2항). 따라서 이사가 선임·해임되었거나 퇴임한 사실을 등기하지 않으면 제3자에게 대항할 수 없다(제54조 제1항).

3) 직무권한

이사는 업무를 집행함에 있어서 선량한 관리자의 주의로 그 직무를 수행하여야 한다(제61조).

(1) 법인의 대표(대외적 권한)

이사는 법인의 사무에 관하여 각자 법인을 대표한다(제59조 제1항). 이사가 2인 이상인 경우에도 각 이사는 단독으로 대표한다.

① 대표권의 제한

이사의 대표권은 일정한 경우 제한을 받는다. 첫째, 이사의 대표권은 정관에 의하여 제한할 수 있다(제59조 제1항 제2문 전단). 이러한 제한은 반드시 정관에 기재하여야 하며, 정관에 기재하지 않은 대표권의 제한은 무효이다(제41조). 정관에 기재한 경우에도 이를 등기하지 아니하면

---
44) 대법원 2013. 11. 28. 선고 2011다41741 판결.
45) 대법원 2003. 7. 8. 선고 2002다74817 판결.
46) 대법원 1983. 9. 27. 선고 83다카938 판결.

제3자에게 대항하지 못한다(제60조).

둘째, 법인과 이사의 이익이 상반하는 사항에 관하여는 이사는 대표권이 없다. 이 경우에는 특별대리인을 선임하여야 한다(제64조).

셋째, 이사가 사단법인을 대표하는 데에는 사원총회의 의결에 의하여야 하므로, 사단법인 이사의 대표권은 총회의 결의로써 제한할 수 있다(제59조 제1항 제2문).

넷째, 이사는 정관 또는 총회의 결의로 금지하지 아니한 사항에 한하여 타인으로 하여금 특정한 행위를 대리하게 할 수 있으나(제62조), 특정한 행위를 하기 위한 대리인을 선임할 수 있을 뿐이고 포괄적인 복임권複任權은 없다.

② 대표권 남용

법인의 대표기관이 대표권의 범위 내에서 자기 또는 제3자의 이익을 도모할 목적으로 그 권한을 남용한 경우에 대표기관의 행위는 법인의 행위로서 유효하다. 그러나 상대방이 그러한 사정을 알았거나 알 수 있었던 경우에 그 행위는 법인에 대하여는 효력이 없다.[47]

(2) 법인의 업무집행(대내적 권한)

이사는 법인의 사무를 집행하고, 이사가 수인數人인 경우에는 정관에 다른 규정이 없으면 법인의 사무집행은 이사의 과반수로써 결정한다(제58조). 이사의 집행사무에는 재산목록·사원명부 작성(제55조), 통상총회 소집(제69조), 임시총회 소집(제70조), 총회의사록 작성(제76조), 파산신청(제79조), 청산인이 되는 것(제82조), 각종 법인등기 등이 있다.

3) 이사회

이사회理事會는 법인의 업무집행을 결정하기 위하여 이사 전원으로 구성된 의결기관이다. 주식회사 이사회는 상설의 필요기관이지만, 민법상 이사회는 당연한 법인의 기관이 아니다. 이사회의 소집과 결의 및 의사록의 작성 등에 관하여 정관에 특별한 규정이 없으면 사원총회에 관한 규정이 유추적용된다.

4) 임시이사

이사가 없거나 결원이 있는 경우에 이로 인하여 손해가 생길 염려가 있는 때에는 법원은

---

47) 대법원 1997. 8. 29. 선고 97다18059 판결; 대법원 2021. 2. 18. 선고 2015다45451 전원합의체 판결.

이해관계인이나 검사의 청구에 의하여 임시^{臨時}이사를 선임하여야 한다(제63조). 임시이사는 정식의 이사가 선임될 때까지 이사와 동일한 권한을 갖는 일시적인 법인의 기관이다. 즉 법인의 필수기관이다. 그러나 정식이사가 선임되면 임시이사의 권한은 당연히 소멸한다.

5) 특별대리인
법인과 이사의 이익이 상반하는 사항에 관하여는 이사는 대표권이 없다. 이 경우에는 특별대리인을 선임하여야 한다(제64조). 특별대리인은 임시이사와 마찬가지로 일시적인 법인의 대표기관이다.

6) 청산인
청산인^{淸算人}은 청산법인에 있어서의 대표기관이며 사무집행기관이다.

7) 직무대행자
이사를 선임하는 과정에 하자가 있는 경우에 이해관계인의 신청에 의하여 법원이 가처분으로 선임하는 임시기관이다(제52조의2). 직무대행자는 가처분명령에 다른 정함이 있는 경우 외에는 법인의 통상사무에 속하지 아니한 행위를 하지 못하지만, 법원의 허가를 얻은 경우에는 할 수 있다(제60조의2 제1항). 직무대행자가 법원의 허가 없이 통상사무 이외의 행위를 한 경우에도 법인은 선의의 제3자에 대하여 책임을 진다(제60조의2 제2항).

2. 감사(감독기관)

1) 의의
사단법인 또는 재단법인은 이사에 대한 감독기관으로서 정관 또는 총회의 결의로 감사^{監事}를 둘 수 있다(제66조). 민법상 법인은 영리를 목적으로 하지 않고 주무관청의 검사와 감독을 받기 때문에 감사를 임의기관으로 두고 있다(제37조, 제66조). 그러나 주식회사나 사립학교법인의 감사는 필수기관이다(상법 제296조 · 제312조, 사립학교법 제14조 제1항).

2) 감사의 직무
감사는 법인의 재산 상황 · 이사의 업무집행 상황 감사, 재산상황 또는 업무집행에 관하여 부정·불비한 것이 있음을 발견한 때에는 이를 총회 또는 주무관청에 보고, 부정·불비한 사실을 총회 또는 주무관청에 보고할 필요가 있는 때에는 총회를 소집하는 일을 한다(제67조). 감사는 직무상 필요한 때에는 그 밖의 행위도 할 수 있다.[48]

3. 사원총회(의사결정기관)

사원총회社員總會는 사단법인을 구성하는 사원 전원으로 구성된 의결기관이며, 정관의 변경 및 법인의 해산 등의 사단법인에 관한 근본적인 의사를 결정하는 최고의 의사결정기관으로서 필수기관이다. 그러므로 사단법인의 사무는 정관으로 이사 또는 기타 임원에게 위임한 사항 외에는 총회의 결의에 의하여야 한다(제68조). 재단법인에는 사원이 없으므로 사원총회가 없다.

1) 총회의 종류

(1) 통상총회

사단법인의 이사는 매년 1회 이상 통상총회通常總會를 소집하여야 한다(제69조). 소집시기는 정관에서 정하는 것이 보통이고, 정관에 규정이 없으면 총회의 결의에 의하고, 총회의 결의도 없으면 이사가 임의로 결정할 수 있다.[49]

(2) 임시총회

사단법인의 이사는 필요하다고 인정한 때에는 임시총회臨時總會를 소집할 수 있다(제70조 제1항). 총사원의 5분의 1이상으로부터 회의의 목적사항을 제시하여 청구한 때에는 이사는 임시총회를 소집하여야 하고, 그 정수定數는 정관으로 증감할 수 있다(제70조 제2항). 임시총회 소집 청구 후 2주 내에 이사가 총회 소집의 절차를 밟지 아니한 때에는 청구한 사원은 법원의 허가를 얻어 이를 소집할 수 있다(제70조 제3항). 일반적으로 사원이 임시총회를 소집할 수 있는 권리를 소수사원권少數社員權이라 한다.

---

48) 곽윤직·김재형, 199면.
49) 강태성, 316면; 곽윤직·김재형, 199면; 김용덕(1), 869면; 송덕수, 679면.

2) 총회 소집의 절차

총회의 소집은 1주 전에 그 회의의 목적 사항을 기재한 통지를 발하고 기타 정관에 정한 방법에 의하여야 한다(제71조).

3) 총회의 권한

사원총회는 이사 또는 기타 임원에게 위임한 사항을 제외한 사단법인의 사무에 대한 결의권을 가진다(제68조). 정관변경의 의결(제42조)과 해산결의(제77조 제2항)는 정관으로도 박탈할 수 없는 총회의 전권사항이다. 소수사원권 및 사원의 결의권과 같은 사원의 고유권은 사원의 동의가 없으면 총회의 결의로 박탈하지 못한다.[50]

4) 총회의 결의

(1) 총회의 성립

민법은 총회의 의사정족수에 관해서는 규정하고 있지 않다. 따라서 총회성립에 필요한 의사정족수는 정관의 규정에 따른다. 정관에 정한 규정이 없는 경우에는 사원의 과반수의 출석이 있어야 총회가 성립한다는 견해[51]와 2인 이상의 사원의 출석으로 총회가 성립한다는 견해[52]가 있다. 정관의 규정이 없는 경우에 총회의 의결은 사원 과반수의 출석과 출석사원 결의권의 과반수로써 하고(제73조 제1항), 총회는 의결을 목적으로 한다는 점을 고려하면 총회는 사원 과반수의 출석으로 성립하는 것으로 해석해야 한다.

(2) 결의사항

총회는 정관에 다른 규정이 없으면 총회를 소집할 때에 통지한 사항에 관하여서만 결의할 수 있다(제72조).

(3) 결의권

정관에 다른 규정이 없는 한, 각 사원의 결의권은 평등하고 결의권은 서면이나 대리인에 의하여 행사할 수 있다(제73조). 결의권 평등의 원칙은 정관으로 변경할 수 있으나 사원의 결

---
50) 강태성, 371면; 곽윤직·김재형, 200면; 송덕수, 681면.
51) 강태성, 319면; 김준호, 125면; 김증한·김학동; 234면.
52) 곽윤직·김재형, 201면; 김상용·전경운, 277면; 이영준, 968면; 백태승, 250면; 송덕수, 682면.

의권은 사원의 고유권임으로 정관에 의해서도 박탈할 수 없다. 사단법인과 어느 사원과의 관계사항을 의결하는 경우에 그 사원은 결의권이 없다(제74조).

(4) 결의의 성립

총회의 결의는 정관에 다른 규정이 없으면 사원 과반수의 출석과 출석사원 결의권의 과반수로써 한다($^{제73조}_{제1항}$). 사단법인의 정관변경 및 사단법인의 해산결의는 정관에 다른 규정이 없으면, 각각 총사원 3분의 2이상(제42조), 총사원 4분의 3이상(제78조)의 동의가 있어야 한다. 서면 또는 대리인에 의하여 결의권을 행사하는 사원은 출석한 것으로 본다($^{제75조\ 제2항,}_{제73조\ 제2항}$).

(5) 의사록의 작성

총회의 의사에 관하여는 의사록을 작성하여야 한다($^{제76조}_{제1항}$). 의사록에는 의사의 경과, 요령 및 결과를 기재하고 의장 및 출석한 이사가 기명날인하여야 하고, 이사는 의사록을 주된 사무소에 비치하여야 한다($^{제76조\ 제2항\ \cdot}_{제3항}$).

4. 사원권

사원이라는 자격 또는 지위에 기하여 사단법인에 대하여 갖는 권리와 의무를 포괄하여 사원권社員權이라고 한다. 비영리사단법인에 있어서의 사원의 지위는 양도 또는 상속할 수 없다(제56조). 그러나 이 규정은 강행규정이 아니므로, 정관으로 사원권의 양도나 상속을 인정하고 있을 때에는 양도·상속이 허용된다.[53] 또한 영리사단법인에 있어서는 사원의 지위를 양도 또는 상속할 수 있다($^{상법\ 제335조}_{참조}$).

V. 법인의 주소

법인의 주소는 그 주된 사무소의 소재지에 있는 것으로 한다(제36조). 사무소의 소재지는 정관의 필수적 기재사항이며, 설립등기사항이다($^{제40조,}_{제49조}$). 법인의 설립등기는 주된 사무소에서 해야 하며($^{제49조}_{제1항}$), 주사무소를 이전하는 경우에는 이를 등기하여야 제3자에게 대항할 수 있다($^{제54조}_{1항}$).

---

53) 대법원 1992. 4. 14. 선고 91다26850 판결.

Ⅵ. 정관의 변경

정관의 변경이란 법인의 동일성을 유지하면서 그 근본 규칙을 변경하는 것을 말한다. 사단법인에서는 사원총회의 결의로 변경할 수 있다(제42조). 그러나 재단법인에 있어서는 설립자가 정한 목적에 따라 운영되어야 하므로, 예외적인 경우에만 정관을 변경할 수 있다(제45조, 제46조).

1. 사단법인의 정관변경

사단법인의 정관은 총사원 3분의 2이상의 동의가 있는 때에 한하여 이를 변경할 수 있다(제42조 제1항 제1문). 그러나 정수에 관하여 정관에 다른 규정이 있는 때에는 그 규정에 의한다(제42조 제1항 제2문). 정관의 변경은 주무관청의 허가를 얻지 아니하면 그 효력이 없고(제42조 제2항), 등기사항이 변경된 경우에는 등기 후가 아니면 제3자에게 대항하지 못한다(제54조 제1항).

2. 재단법인의 정관변경

1) 정관에 의한 변경

재단법인의 정관은 그 변경 방법을 정관에 정한 때에 한하여 변경할 수 있다(제45조 제1항). 정관의 변경은 주무관청의 허가를 얻지 아니하면 그 효력이 없다(제45조 제3항, 제42조 제2항). 변경된 사항이 등기사항이면 등기하여야 제3자에게 대항할 수 있다(제54조 제1항).

2) 사무소 등의 변경

재단법인의 목적달성 또는 그 재산의 보전을 위하여 적당한 때에는 정관에 규정이 없음에 불구하고 명칭 또는 사무소의 소재지를 변경할 수 있다(제45조 제2항). 이 경우 주무관청의 허가를 얻어야 한다(제45조 제3항). 이러한 사항은 등기사항이므로 변경등기를 경료하지 않으면 제3자에게 대항하지 못한다(제54조 제1항, 제49조 제2항).

3) 목적 달성이 불가능한 경우

재단법인의 목적을 달성할 수 없는 때에는 설립자 또는 이사는 주무관청의 허가를 얻어 설립의 취지를 참작하여 그 목적 기타 정관의 규정을 변경할 수 있다(제46조). 재단법인이 목적을 달성할 수 없게 되면 해산할 수밖에 없으나, 법인을 해산시키기보다는 목적을 변경시

켜서라도 존속시키는 것이 사회경제적으로 유리하고 또한 설립자의 의도에 부합하기 때문에 변경할 수 있도록 한 것이다.

4) 기본재산의 처분

정관에 기재되어 있는 기본재산을 처분하는 것은 정관변경행위이므로 주무관청의 허가를 얻어서 처분할 수 있다(제46조). 이러한 처분은 자산 총액을 변동시키므로, 그에 관한 등기를 하지 아니하면 제3자에 대항하지 못한다(제52조). 그리고 정관에 규정되어 있는 기본재산을 증가시키는 처분행위를 함에도 정관의 변경이 되므로 주무관청의 허가가 있어야 유효하다.[54] 이 경우에도 등기하여야 제3자에게 대항할 수 있다.

Ⅶ. 법인의 소멸

법인의 소멸이란 법인이 그 권리능력을 상실하는 것을 말하며, 자연인의 사망에 해당한다. 법인이 소멸하는 경우에는 자연인과 달리 상속이 개시될 수 없으므로, 법인의 소멸은 잔여재산을 정리하기 위하여 일정한 절차를 거쳐 단계적으로 진행된다. 법인은 해산에 의하여 본래의 적극적인 활동을 정지하고, 법인의 재산관계를 정리하는 청산단계로 들어가며, 청산의 종결로 법인은 완전히 소멸한다.

1. 법인의 해산

법인의 해산解散이란 청산을 위하여 그 목적에 따른 활동을 중지하는 것을 말한다.

1) 사단법인과 재단법인에 공통되는 해산사유

법인은 존립기간의 만료, 법인의 목적의 달성 또는 달성의 불능 기타 정관에 정한 해산사유의 발생, 파산 또는 설립허가의 취소로 해산한다(제77조 제1항).

2) 사단법인에 특유한 해산사유

사단법인은 사원이 없게 되거나 총회의 결의로도 해산한다(제77조 2항). 사단법인은 정관에 다

---

54) 대법원 1982. 9. 28. 선고 82다카499 판결.

른 규정이 없으면 총사원 4분의 3 이상의 동의로 해산을 결의할 수 있다(제78조).

2. 법인의 청산

1) 의의

법인의 청산淸算이란 해산한 법인의 잔무殘務를 처리하고 재산을 정리하여 법인을 완전히 소멸시키는 절차를 말한다. 파산으로 인하여 해산한 경우에는 채무자회생법이 정하는 파산절차에 따라 청산이 이루어지고, 기타의 원인으로 인하여 해산한 경우에는 민법이 규정하는 절차에 따라 청산한다.

2) 청산법인의 능력

해산한 법인, 즉 청산법인은 청산의 목적 범위에서만 권리가 있고 의무를 부담한다(제81조). 따라서 청산법인은 해산 전의 법인의 설립목적을 적극적으로 수행할 수 없고, 청산법인이 그 목적 범위 외의 법률행위를 한 경우에 그 행위는 무효이다.[55] 청산법인은 해산 전의 법인과 동일성을 가진다.

3) 청산법인의 기관

청산법인에서는 해산 전의 이사가 청산인이 되고, 파산으로 해산한 경우에는 법원이 선임한 파산관재인破産管財人이 이사에 갈음하여 파산재단을 대표하고 파산업무를 집행한다(채무자회생법 제355조 이하). 민법은 청산인에 관한 규정만을 두고 있다.

(1) 청산인

파산 외의 사유로 법인이 해산하는 경우에 정관 또는 총회의 결의로 정한 바가 없으면 이사가 청산인이 된다(제82조). 청산인은 청산의 목적 범위 내에서 대내적으로 청산법인의 사무를 집행하고, 대외적으로는 청산법인을 대표한다. 청산인이 될 자가 없거나 청산인의 결원으로 인하여 손해가 생길 염려가 있는 때에는 법원은 직권 또는 이해관계인이나 검사의 청구에 의하여 청산인을 선임할 수 있다(제83조). 청산인이 법인의 재산을 횡령하거나 일부의 채권자만의 이익을 꾀하거나 중병으로 직무를 수행할 수 없는 것과 같은 중요한 사유가 있는 때에

---

[55] 대법원 1980. 4. 8. 선고 79다2036 판결.

는 법원은 직권 또는 이해관계인이나 검사의 청구에 의하여 청산인을 해임할 수 있다(제84조).

(2) 기타의 기관

청산법인은 해산 전의 법인과 동일성이 유지되므로, 본래의 감사와 사원총회는 그대로 청산법인의 기관이 된다. 따라서 감사는 청산인의 직무를 감독하고, 사원총회는 청산법인의 최고의사결정기관이다.

4) 청산사무(청산인의 직무)

민법은 청산인의 직무를 규정하고 있으나 청산의 본질상 필요한 사항은 청산인의 권한에 포함된다. 청산사무의 시간적 순서에 따른 청산인의 직무는 아래와 같다.

(1) 해산등기와 신고

청산인은 취임 후 3주일 내에 해산 사유와 해산 연월일·청산인의 성명과 주소·청산인의 대표권을 제한한 경우에는 그 제한을 주사무소 소재지에서 등기하고($^{제85조}_{제1항}$), 동일한 사항을 주무관청에 신고하여야 한다($^{제86조}_{제1항}$).

(2) 현존사무종결·채권추심·채무변제

청산인은 현존사무를 종결하고, 채권추심 및 채무변제 하여야 한다($^{제87조 제1항}_{제1호·제2호}$). 청산인은 채무변제를 위하여 취임일로부터 2월 내에 3회 이상의 공고로 채권자에 대하여 2개월 이상을 기간을 정하여 그 기간 내에 채권을 신고할 것을 최고하여야 한다($^{제88조}_{제1항}$). 공고에는 채권자가 기간 내에 신고하지 아니하면 청산으로부터 제외될 것을 표시하여야 하고($^{제88조}_{제2항}$), 공고는 법원의 등기사항의 공고와 동일한 방법($^{신문에\ 1회}_{이상\ 광고}$)으로 하여야 한다($^{제88조}_{제3항}$). 한편 청산인은 알고 있는 채권자에게 대하여는 각각 그 채권신고를 최고하여야 한다(제89조).

청산인은 채권신고기간($^{2개월}_{이상}$) 내에는 채권자에 대하여 변제하지 못한다($^{제90조}_{제1문}$). 그러므로 채권자는 채권신고기간이 경과할 때까지 채권을 변제받지 못하므로 그에 대한 지연배상을 청구할 수 있다($^{제90조}_{제2문}$). 청산법인은 변제기에 이르지 아니한 채권에 대하여도 변제할 수 있고($^{제91조}_{제2항}$), 조건있는 채권, 존속기간의 불확정한 채권 기타 가액의 불확정한 채권에 관하여는 법원이 선임한 감정인의 평가에 의하여 변제하여야 한다($^{제91조}_{제2항}$). 채권신고기간 내에 신고하지 않은 채권자는 청산에서 제외되나 청산으로부터 제외된 채권자는 법인의 채무를 완제完濟한 후 귀속권리자에게 인도하지 아니한 재산에 대해서만 변제를 청구할 수 있다(제92조). 한편 청산인이 알고 있는 채권자는 그가 채권신고를 하지 않았더라도 청산으로부터 제외하지 못한다(제89조 제2문).

(3) 잔여재산의 인도(처분)

채무변제 후 잔여재산은 정관으로 지정한 자에게 귀속한다(제80조 제1항). 정관으로 잔여재산의 귀속권리자를 지정하지 아니하거나 이를 지정하는 방법을 정하지 아니한 때에는 이사 또는 청산인은 주무관청의 허가를 얻어 그 법인의 목적에 유사한 목적을 위하여 그 재산을 처분할 수 있고, 이 경우 사단법인에 있어서는 총회의 결의가 있어야 한다(제80조 제2항). 그 후에도 처분되지 아니한 재산은 국고에 귀속한다(제80조 제3항).

(4) 파산신청

청산 중 법인의 재산이 그 채무를 완제完濟하기에 부족한 것이 분명하게 된 때에는 청산인은 지체없이 파산선고를 신청하고 이를 공고하여야 한다(제93조 제1항). 청산인의 임무는 파산관재인에게 그 사무를 인계함으로써 종료한다(제93조 제2항).

(5) 청산종결의 등기와 신고

청산이 종결된 때에는 청산인은 3주 내에 이를 등기하고 주무관청에 신고하여야 한다(제94조).

Ⅷ. 법인의 등기

법인은 자연인과 같이 사회적 활동을 하는 실재체이지만,[56] 자연인에 비하여 법인의 조직이나 재산상태 등에 관하여 제3자가 쉽게 알기 어렵다. 그러므로 법인과 거래하는 제3자를 보호하기 위하여 법인의 존재, 조직, 내용을 등기하여 일반에 공시할 필요가 있다. 민법은 법인등기 중 법인의 설립등기는 성립요건으로 하고(제33조), 그 외의 등기(예: 분사무소 설치 등기, 사무소 이전 등기, 변경등기, 해산등기)는 모두 제3자에 대한 대항요건으로 규정하고 있다(제54조 제1항). 법원은 등기한 사항을 지체없이 공고

---

56) 대법원 1978. 2. 28. 선고 77누155 판결.

하여야 하고(제54조 제2항), 공고는 신문에 1회 이상하여야 한다(비송사건절차법 65조의2~65조의3).

민법은 법인의 등기를 강제하는 방법으로, 등기하지 않으면 제3자에게 대항할 수 없는 것으로 하고, 등기신청 의무를 지는 이사·청산인 등이 등기를 게을리한 때에는 과태료의 제재를 가하고 있다(제97조 제1호).

IX. 법인의 감독

1. 법인의 감독

비영리법인은 성질상 영리법인과는 달리 설립에서 소멸에 이르기까지 일반적으로 국가의 감독을 받는다. 법인이 존속하고 있는 동안은 설립허가를 준 주무관청이 법인의 업무를 감독하고, 감독의 내용은 법인의 사무 및 재산상황의 검사·설립허가의 취소 등이다(제37조, 제38조). 법인이 해산한 후 청산단계에 있는 동안은 법원이 청산사무를 감독하며, 그 내용은 필요한 검사 및 감독(제95조), 청산인의 선임과 해임(제83조, 제84조) 등이다.

2. 벌칙

민법은 법인에 대한 법적 규제와 업무감독의 실효를 거두기 위하여 일정한 사항에 대하여 이사·감사 또는 청산인에게 과태료를 부과하고 있다(제97조 제1호 ~제7호).

X. 외국법인

외국법인은 내국법인이 아닌 법인이다. 자연인은 국적법에 의하여 내·외국인을 구별할 수 있지만, 법인의 구별에 관한 법률은 존재하지 않는다. 준거법설에 의하면, 내국법인은 대한민국법에 의하여 설립된 법인이고 외국법인은 내국법인이 아닌 법인이다. 특히 대한민국법에 의하여 설립하는 경우에는 민법 제33조에 따라 국내의 주사무소의 소재지에서 설립등기하여야 한다. 따라서 한국법에 의하여 설립된 법인은 내국법인이고, 외국법령에 의하여 설립된 법인은 외국법인이다.[57]

---

57) 강태성, 351면; 곽윤직·김재형, 217면; 김용덕(1), 575면; 백태승, 268면; 송덕수, 703면; 송호영, 46면.

외국법인의 권리능력과 행위능력에 관해서는 외국인의 경우와 마찬가지로 내·외국법인 평등주의를 취하지만, 법률 또는 조약에 의한 제한을 가할 수 있다.

XI. 법인 아닌 사단·재단

1. 서설

사단 또는 재단으로서는 실체는 구비하였으나 법인 설립등기가 되어있지 아니한 것을 법인 아닌 사단 또는 법인 아닌 재단이라고 한다. 법인 아닌 사단 또는 재단이 발생하는 이유는 다음과 같다. 첫째, 사단 또는 재단법인 설립행위를 하고 이미 사회적 활동을 하고 있으나 주무관청의 허가를 받지 못한 경우(민법에서 법인설립에 관하여 허가주의를 취하기 때문), 둘째, 주무관청으로부터 법인설립 허가를 받았더라도 법인설립등기를 하지 않은 경우(법인등기신청은 구성원 또는 설립자의 자유재량이기 때문), 셋째, 행정관청으로부터 감독, 기타의 법적 규제를 받기를 원하지 않기 때문에 부득이 법인 아닌 사단 또는 재단으로 머물러 있는 경우 등의 이유로 발생하고 있다.

2. 법인 아닌 사단

1) 의의

법인 아닌 사단은 사단으로서의 실체는 갖추고 있으나, 법인설립등기가 되어있지 않은 것이다. 인격 없는 사단 또는 권리능력 없는 사단이라고도 한다.

2) 성립요건

(1) 사단의 존재

인적 결합단체로서의 실체를 갖추고 있어야 한다. 즉 비법인사단은 계약으로 성립하고 구성원의 개인성이 강하게 드러나는 인적 결합체인 조합에 비하여 구성원의 개인성과는 별개로 권리·의무의 주체가 될 수 있는 독자적 존재로서의 단체적 조직을 가지는 특성이 있다.[58]

---

58) 대법원 1999. 4. 23. 선고 99다4504 판결.

(2) 일정한 사항이 구비되어 있을 것

사단법인의 정관의 필요적 기재사항(제40조)이 정관이나 회칙으로 규정되어야 한다. 즉 어떤 단체가 고유의 목적을 가지고 사단적 성격을 가지는 규약을 만들어 이에 근거하여 의사결정기관 및 집행기관인 대표자를 두는 등의 조직을 갖추고 있고, 기관의 의결이나 업무집행방법이 다수결의 원칙에 의하여 행하여지며, 구성원의 가입·탈퇴 등으로 인한 변경에 관계없이 단체 그 자체가 존속되고, 그 조직에 의하여 대표의 방법·총회나 이사회 등의 운영·자본의 구성·재산의 관리 기타 단체로서의 주요사항이 확정되어 있는 경우에는 비법인사단으로서의 실체를 가진다.[59] 정관이나 회칙은 반드시 성문으로 존재할 필요는 없다.

3) 판례에 나타난 법인 아닌 사단의 모습

우리나라에는 매우 많은 법인 아닌 사단이 존재한다. 판례에 의하면, 종중, 교회, 동洞·리里·자연부락, 재건축조합, 불교신도회, 회사의 채권자들로 구성된 청산위원회, 아파트 입주자 대표회의·부녀회 등이 법인 아닌 사단에 포함된다. 대표적인 법인 아닌 사단은 종중과 교회이다.

(1) 종중(宗中)

공동선조의 제사의 계속과 묘지의 보존 및 종중원 상호 간의 친목, 부조 및 권리 증진을 목적으로, 공동 선조의 사망과 동시에 그 후손 중의 성년자(남녀불문)를 구성원으로 하여 자연발생적으로 성립하는 종족단체이다.[60] 이러한 종중이 법인설립등기를 하지 않으면 법인 아닌 사단이 된다.

(2) 교회

개신교회는 기독교인들이 신앙의 목적으로 구성한 단체로서 법인설립등기가 되어있지 않은 교회는 법인 아니 사단이다. 즉 교회가 법인격을 취득하지 않은 경우에도 기독교 교리를 신봉하는 다수인이 공동의 종교활동을 목적으로 집합체를 형성하고 규약 기타 규범을 제정하여 의사결정기관과 대표자 등 집행기관을 구성하고 예배를 드리는 등 신앙단체로서 활동함과 함께 교회 재산의 관리 등 독립된 단체로서 사회경제적 기능을 수행함에 따라 법

---

[59] 대법원 1999. 4. 23. 선고 99다4504 판결; 대법원 2020. 11. 5. 선고 2017다23776.
[60] 대법원 2005. 7. 21 선고 2002다1178 전원합의체 판결.

인 아닌 사단의 일반적인 요건을 갖추었다고 인정되는 경우에 그 교회는 법인 아닌 사단으로서 성립·존속하게 된다.[61] 천주교회는 실정법상 각 교구단위로 재단법인이 설립되어 운영되고 있다.

4) 적용법규

민법은 법인 아닌 사단에서의 재산귀속관계를 총유 또는 준총유로 규정하고 있다(제275조·제278조). 민사소송법에서는 법인 아닌 사단의 소송상의 당사자능력을 인정하고 있고(민사소송법 제52조), 부동산등기법에서는 법인 아닌 사단의 등기능력을 인정하고 있다. 그 외의 경우에는 법인격을 전제로 하는 것을 제외하고는 사단법인에 관한 규정이 법인 아닌 사단에 유추적용된다.[62]

5) 법률관계

(1) 내부관계

법인 아닌 사단의 업무 집행은 1차적으로 정관에 따르고, 정관에 규정이 없으면 사단법인에 관한 규정을 유추적용한다. 그러므로 사원총회가 최고의사결정기관이 되며, 법인 아닌 사단의 내부관계는 총회의 의결에 따라 처리한다.

(2) 외부관계

법인 아닌 사단의 업무는 그 집행기관이 대표자로서 그 법인을 대표한다. 그러므로 법인 아닌 사단의 권리능력, 행위능력, 대표기관의 권한과 행사방식, 대표기관의 불법행위에 대한 손해배상책임 등에 관하여 사단법인에 관한 규정을 유추적용한다. 법인 아닌 사단에 대표자가 정해져 있으면 소송상 당사자 능력을 가진다(민사소송법 제52조). 따라서 제3자는 법인 아닌 사단에 대한 집행권원으로 사단의 재산에 대하여 강제집행을 할 수 있다.

(3) 재산귀속 관계

법인 아닌 사단의 사원이 집합체로서 물건을 소유할 때에는 총유로 하고(제275조), 소유권 이외의 재산권은 준총유한다(제278조). 법인 아닌 사단의 소유형태인 총유가 공유나 합유에

---

61) 대법원 2006. 4. 20. 선고 2004다37775 전원합의체 판결.
62) 강태성, 374면; 곽윤직·김재형, 166면; 김상용·전경운, 299면; 송덕수, 618면; 이영준, 908면; 이은영, 247면; 대법원 1992. 10. 9. 선고 92다23087 판결; 대법원 2006. 4. 20. 선고 2004다37775 전원합의체 판결.

비하여 단체성이 강하고 구성원 개인들의 총유재산에 대한 지분권이 인정되지 아니하므로 총유물분할청구권도 인정되지 않는다.[63] 법인 아닌 사단의 채무도 구성원인 사원에게 준총유로 부담된다. 따라서 법인 아닌 사단의 채무에 책임을 지는 것은 법인 아닌 사단의 재산뿐이고, 사원은 회비 기타 부담금 이외에 개인재산으로는 책임을 부담하지 않는다.

법인 아닌 사단의 재산귀속관계는 부동산등기법에 따라 법인 아닌 사단 명의로 등기할 수 있다(부동산등기법 제26조). 그 밖의 재산(예: 동산, 채권)에 대한 공시방법에 관하여는 특별한 규정이 없으나, 예금채권 등에 관하여는 대표자의 성명에 사단 대표자임을 표시하여야 하며, 동산에 관하여는 사단의 대표자가 점유하면 법인 아닌 사단의 점유가 된다.

3. 법인 아닌 재단

1) 의의

법인 아닌 재단이란 재단법인의 실체는 가지고 있으나 아직 등기하지 못하여 법인격을 취득하지 못한 재단을 말한다. 예를 들면, 법인격을 취득하지 못한 장학재단, 종교재단 등이 이에 해당한다.

2) 성립요건

첫째, 재단(비영리 목적을 위하여 출연된 재산을 운용하기 위한 조직체)이 존재하여야 한다. 그러므로 조직체 자체의 명칭을 가져야 하고, 대표기관이 있어야 한다. 그리고 재단법인의 정관의 필요적 기재사항이 정관이나 규칙으로 규정되어 있어야 한다. 그러나 반드시 성문이어야 하는 것은 아니다. 둘째, 재단법인의 설립등기가 되지 않아야 한다.

3) 법률관계

(1) 적용법규

재단법인에 관한 민법규정은 법인 아닌 재단에 유추적용된다. 그러나 법인설립등기를 전제로 하는 것은 제외된다.

---

63) 대법원 2005. 9. 15. 선고 2004다44971 전원합의체 판결.

(2) 소송에서의 당사자 능력

법인 아닌 재단으로서 대표자 또는 관리인이 있으면, 그 재단은 소송에서 당사자가 될 수 있다(민사소송법 제52조).

(3) 재산의 귀속과 공시

법인 아닌 재단에 속하는 부동산은 재단의 명의로 등기할 수 있다(부동산등기법 제26조). 따라서 법인 아닌 재단에도 등기능력이 인정되므로, 등기를 요하는 부동산에 관한 권리는 법인 아닌 재단의 단독 소유에 속한다.[64]

부동산 이외의 기타 재산의 귀속에 관한 규정은 없다. 법인 아닌 재단에는 구성원이 없으므로 총유관계를 인정할 수 없고, 법인 아닌 재단도 하나의 독립된 실체이므로 기타의 재산권도 법인 아닌 재단에 귀속한다.[65]

---

64) 대법원 1991. 6. 14. 선고 91다9336 판결.
65) 강태성, 395면; 김상용·전경운, 310면; 송덕수, 632면; 이영준 939면; 이은영, 251면.

제4장 권리의 객체

Ⅰ. 서설

권리는 일정한 대상을 전제로 하고 있다. 이러한 권리의 대상을 권리의 객체라고 한다. 예를 들면, 물권物權은 물건을 직접 지배해서 이익을 얻는 배타적 권리이고, 채권은 특정인에게 일정한 행위(급부)를 요구할 수 있는 권리이다. 따라서 물권의 객체는 물건이고, 채권의 객체는 특정인(채무자)의 일정한 행위(급부)이고, 상속권의 객체는 상속재산이다. 이처럼 권리의 객체는 권리의 종류에 따라 다르다.

민법에서는 권리의 객체는 다양함에도 불구하고 물권의 객체인 물건에만 통칙적 규정을 두고 있다. 왜냐하면 권리의 객체 전부를 규정하기는 곤란하고, 또한 물건은 물권의 객체일 뿐만 아니라 채권·형성권 그 밖의 권리의 객체에 간접적으로 관계되기 때문에, 물건에 관해서만 규정을 두고 있다.

Ⅱ. 물건

1. 의의
물건物件이라 함은 유체물 및 전기 그 밖의 관리할 수 있는 자연력을 말한다(제98조).

2. 요건

1) 유체물 또는 자연력 일 것

유체물은 공간의 일부를 차지하고 사람의 오감五感으로 지각할 수 있는 물질(예: 고체, 액체, 기체)이고, 무체물은 어떠한 형체가 없는 것(예: 빛, 열, 전기, 에너지, 음향)을 뜻한다.

2) 관리가능성

민법은 무체물인 자연력에 관해서만 관리가능할 것을 요구하고 있지만, 유체물도 관리 가능해야 한다. 따라서 유체물이라도 관리할 수 없는 것, 즉 배타적으로 지배할 수 없는 것은 물건이 아니며(예: 해, 달, 별, 관리 불가능한 해양), 무체물이라도 관리할 수 있는 것은 물건이다(예: 탱크 속에 모아둔 가스, 전기, 원자력).

3) 사람의 신체가 아닐 것

사람의 신체나 그 일부는 물건이 아니다. 인체에 인위적으로 부착된 의수義手, 의족義足, 치아齒牙, 의안義眼 등은 신체의 일부이다. 그러나 신체에서 분리된 혈액·모발·손톱·치아 등은 물건이고, 분리당한 사람의 소유이다.

시체屍體와 관련하여 판례는 '사람의 유체遺體·유골遺骨은 매장·관리·제사·공양의 대상이 될 수 있는 유체물'로 보고, '유체·유골은 민법 제1008조의3 소정의 제사용 재산인 분묘와 함께 그 제사주재자에게 승계'되는 것으로 보고 있다.[1] 제사주재자는 공동상속인들 사이에 협의가 이루어지지 않는 경우에는 제사주재자의 지위를 인정할 수 없는 특별한 사정이 있지 않는 한 피상속인의 직계비속 중 남녀·적서嫡庶를 불문하고 최근친의 연장자가 제사주재자가 된다.[2]

4) 독립한 물건일 것

물권의 객체인 물건은 하나의 독립한 존재이어야 한다. 물건의 독립성 여부는 물리적 형태에 의해서만 결정되는 것이 아니고, 거래관념 또는 사회관념에 따라 결정된다. 1개의 독립한 물건 위에는 1개의 물권만이 성립한다는 일물일권주의一物一權主義가 적용된다.

3. 물건의 분류

민법에는 부동산·동산, 주물·종물, 원물·과실로 분류하여 규정하고 있다. 그 밖에도 다른 표준에 의하여 분류하고 있다. 이하에서는 민법이 규정하고 있지 않은 분류를 소개한다.

1) 단일물·합성물

단일물單一物은 형체상 단일한 일체를 이루고 각 구성부분이 개성을 잃고 있는 물건(예: 1점의 도자기)이다. 단일물은 하나의 물건이다. 합성물合成物은 여러 개의 물건이 각각 개성을 잃지 않고 결합하여 단일한 형태를 이루는 물건을 말한다(예: 건물, 선박, 자동차, 보석반지, 컴퓨터). 합성물은 하나의 물건이다.

---

[1] 대법원 2008. 11. 20. 선고 2007다27670 전원합의체 판결.
[2] 대법원 2023. 5. 11. 선고 2018다248626 전원합의체 판결.

2) 융통물 · 불융통물

융통물融通物은 사법상 거래의 객체가 될 수 있는 물건이고, 불융통물不融通物은 사법상 거래의 객체가 될 수 없는 물건이다. 불융통물에는 공용물公用物, 공공용물公共用物, 금제품禁制品이 있다. 공용물(예: 관공서 건물, 공립학교 건물)과 공공용물(예: 공원, 하천 · 도로, 항만)은 공용폐지 후에는 사법상 거래의 객체가 될 수 있다. 금제품은 거래와 소지가 금지되는 것(예: 아편, 위조통화, 음란 도서)과 거래만 금지되거나 제한되는 것(예: 지정문화재, 등록문화재)이 있다. 지정문화재나 등록문화재는 지정 또는 등록 말소 후 사법상 거래의 객체가 될 수 있다.

3) 가분물 · 불가분물

가분물可分物은 물건의 성질이나 가격을 현저하게 손상하지 않고서도 분리(분할)할 수 있는 물건(예: 금전, 토지, 곡물)이고, 불가분물不可分物은 가분물이 아닌 물건(예: 소, 말, 건물)이다.

4) 소비물 · 비소비물

소비물消費物은 물건의 성질상 용도에 따라 1회 사용하면 다시 동일한 용도에 사용할 수 없는 물건(예: 술, 곡물, 식료품, 연료)이다. 비소비물非消費物은 반복해서 사용 · 수익할 수 있는 물건(예: 건물, 토지, 가구, 서적)이다.

5) 대체물 · 부대체물

이것은 물건의 개성이라는 객관적 기준에 의한 구별이다. 대체물代替物은 거래에 있어서 물건의 개성이 중요시되지 않고, 단순히 종류 · 품질 · 수량에 의하여 정하여진다. 따라서 같은 종류 · 품질 · 수량의 물건으로 바꾸어도 당사자에게 영향을 주지 않는 물건(예: 금전, 곡물, 술, 가전제품)은 대체물이다. 부대체물不代替物은 대체성이 없는 물건(예: 서화 능 장작 예술품, 골동품, 소, 말, 건물)이다.

6) 특정물 · 불특정물

특정물 · 불특정물은 당사자의 의사에 따른 주관적 구별이다. 특정물特定物은 거래에서 당사자가 구체적으로 특정한 물건이다. 예를 들면, "내 손에 들고 있는 신라면 5개를 너에게 주겠다."라고 한 경우에 그 신라면은 특정물이다. 불특정물不特定物은 거래에서 당사자가 물건의 종류 · 품질 · 수량만 정하고 어느 물건이라고 구체적으로 지정하지 않은 경우에서의 물건이다. 예를 들면, "당신에게 신라면 5개를 주겠다."라고 한 경우에 신라면은 불특정물이다.

Ⅲ. 부동산·동산

1. 부동산

부동산不動産은 토지 및 그 정착물이다(제98조 제1항).

1) 토지

토지란 지표와 정당한 이익 있는 범위 내에서 지표의 상하를 포함하는 자연물이다(제212조 참조). 따라서 토지의 구성부분(예: 암석, 토사, 지하수)은 토지의 일부분이며, 토지 소유권은 당연히 그 구성부분에 미친다. 미채굴의 법정광물(광업법 제3조)의 경우, 법정광물은 토지의 구성부분이지만 국가의 배타적인 탐사·채굴 허가권의 객체라고 하는 견해[3]와 법정광물은 토지의 구성부분이 아니며, 국유에 속하는 독립한 부동산이라는 견해[4]가 있다. 광업법 제2조에 의하면, 국가는 채굴되지 않는 광물을 채굴하고 취득할 권리(광업권)를 부여할 권능을 가지고 있으므로 법정광물은 토지 소유권과는 별개의 것이고, 미채굴 광물에 대한 채굴허가권을 국가가 가진다는 것은 법정광물이 국가 소유임을 전제로 하는 것이다. 따라서 법정광물은 토지 소유권과 별개로 국유에 속하는 것이다.

토지는 연속된 육지의 일부이나 편의상 인위적으로 구분하여 각 구역마다 번호(지번)을 부여한다(공간정보관리법 제66조). 지번地番이 부여된 토지가 하나의 물건으로서 1필의 토지가 된다. 일정한 토지가 지적공부(예: 토지대장, 임야대장, 지적도, 임야도)에 1필의 토지로 등록된 경우, 그 토지의 소재 지번·지목·지적 및 경계는 그 등록으로써 특정되고 그 토지의 소유권의 범위는 지적공부상의 경계에 의하여 확정된다.[5]

2) 토지의 정착물

정착물은 토지에 고정되어 쉽게 이동할 수 없는 물건으로서, 고정된 상태로 사용하는 것이 그 물건의 거래상 성질로 인정되는 것을 말한다. 토지의 정착물은 모두 부동산이지만, 토지와 별개의 독립한 부동산으로서 독립한 물권의 객체로 되는 것과 정착하는 토지에 관한 권리의 변동에 수반하는 토지의 일부에 불과한 것(예: 돌담, 도랑, 도로의 포장)이 있다.

---

[3] 김증한·김학동, 278면; 백태승, 280면; 이영준, 993면.
[4] 강태성, 420면; 곽윤직·김재형, 106면; 김상용·전경운, 323면; 송덕수, 715면.
[5] 대법원 1995. 6. 16. 선고 94다4615 판결.

(1) 건물

건물은 토지와 별개의 독립한 부동산이며, 별도의 건물 등기부를 두고 있다. 건물의 성립시기는 사회통념에 따라서 결정된다. 판례는 적어도 기둥과 지붕 그리고 주벽만이라도 갖추어야 한다고 한다.[6]

건물은 1동棟이 하나의 물건으로 되는 것이 원칙이다. 그러나 1동의 건물을 구분소유하는 경우에는 구분된 각각이 1개의 물건이 된다(집합건물법 제1조 참고). 1동의 건물에 대하여 구분소유가 성립하기 위해서는 객관적·물리적인 측면에서 1동의 건물이 존재하고, 구분된 건물부분이 구조상·이용상 독립성을 갖추어야 할 뿐만 아니라, 1동의 건물 중 물리적으로 구획된 건물부분을 각각 구분소유권의 객체로 하려는 구분행위가 있어야 한다. 여기서 구분행위는 건물의 물리적 형질에 변경을 가함이 없이 법률관념상 건물의 특정 부분을 구분하여 별개의 소유권의 객체로 하려는 일종의 법률행위로서, 그 시기나 방식에 특별한 제한이 있는 것은 아니고 처분권자의 구분의사가 객관적으로 외부에 표시되면 인정된다. 따라서 구분건물이 물리적으로 완성되기 전에도 건축허가신청이나 분양계약 등을 통하여 장래 신축되는 건물을 구분건물로 하겠다는 구분의사가 객관적으로 표시되면 구분행위의 존재를 인정할 수 있고, 이후 1동의 건물 및 그 구분행위에 상응하는 구분건물이 객관적·물리적으로 완성되면 아직 그 건물이 집합건축물대장에 등록되거나 구분건물로서 등기부에 등기되지 않았더라도 그 시점에서 구분소유가 성립한다.[7]

(2) 수목

토지에 정착하고 있는 수목樹木은 거래관념상 토지의 일부로서 토지와 법적 운명을 같이 한다. 그러나 입목법에 의하여 소유권 보존등기가 된 수목의 집단, 즉 입목은 토지와 별개의 부동산이다. 또한 명인방법을 구비한 수목의 집단 및 개개의 수목은 토지와 별개의 부동산이다.[8]

(3) 미분리 과실 및 농작물

미분리 과실果實은 원칙적으로 수목의 일부이다. 그러나 명인방법을 구비한 미분리 과실은 토지나 수목과는 별개의 부동산이다. 파종 후 몇 개월 후에 수확할 수 있는 농작물의 경

---

6) 대법원 1998. 9. 22. 선고 98다26194 판결.
7) 대법원 2013. 1. 17. 선고 2010다71578 전원합의체 판결.
8) 대법원 1998. 10. 28. 자 98마1817 결정.

우(예: 벼, 보리, 콩, 채소)에는 경작의 권원과 상관없이 토지와 별개의 물건으로서 경작자의 소유에 속한다. 따라서 타인 소유의 토지에 사용수익의 권한 없이 농작물을 경작한 경우에 그 농작물의 소유권은 경작한 사람에게 귀속되고, 토지 소유자가 이 농작물을 제거하면 재물손괴죄가 성립한다.[9]

2. 동산

동산動産은 부동산 이외의 물건이다(제99조 제2항). 따라서 관리할 수 있는 자연력도 동산에 해당한다. 다만, 20톤 이상인 선박 및 자동차, 항공기, 일정한 건설기계는 모두 동산이지만, 그 경제적 의의가 부동산과 비슷하므로 법적으로는 부동산과 같게 다루어진다. 즉 선박·자동차·항공기·일정한 건설기계 등은 등기·등록으로 그에 관한 관리 관계를 공시하고(선박법 제8조, 자동차관리법 제5조·제6조, 항공안전법 제7조·제9조, 건설기계관리법 제3조), 저당권을 설정할 수 있다.

금전은 국가에 의하여 강제통용력이 부여된 교환의 매개체로서 동산이다. 그런데 금전에 있어서는 그 물건 자체가 아니라 그것이 나타내는 객관적인 경제적 가치에 중점이 있으므로, 금전은 다른 동산과 크게 다르다. 금전의 소유권은 언제나 그 점유자에게 있고, 원래의 소유자는 그 점유자에 대하여 그 금액만큼의 반환을 청구할 수 있을 뿐이며(채권적 반환청구권), 그 특정 금전에 대한 반환청구권(물권적 반환청구권)은 없다.[10]

Ⅳ. 주물과 종물

물건의 소유자가 그 물건(A)의 상용常用에 공供하기 위하여 자기 소유의 다른 물건(B)을 이에 부속하게 한 경우에 그 물건(A)은 주물主物이고, 주물에 부속된 다른 물건(B)은 종물從物이다(제100조 제1항). 예를 들면, 배와 노, 자물쇠와 열쇠, 본채와 광, 주유소의 건물과 주유기[11], 농지와 그에 부속된 양수시설 등은 주물과 종물의 관계에 있다.

종물은 주물의 경제적 이용에 이바지하는 독립한 물건이므로, 독립성이 없고 물건의 일부에 불과한 물건의 구성부분과는 구별된다. 또한 종물은 주물의 경제적 이용에 이바지하는 관계에 있으므로, 주물과 종물은 법률적으로 운명을 같이한다. 즉 종물은 주물의 처분에

---
9) 대법원 1970. 3. 10. 선고 70도82 판결.
10) 강태성, 431면; 김용덕(2), 318면.
11) 대법원 2000. 10. 28. 자 2000마5527 결정.

따른다(제100조 제2항).

V. 원물과 과실

1. 의의

물건으로부터 생기는 수익(이익)을 과실果實이라 하고, 과실을 맺게 하는 물건을 원물元物이라 한다.

2. 천연과실

1) 의의

천연과실天然果實은 물건의 용법에 의하여 수취되는 산출물이다(제101조 제1항). 여기서 '물건의 용법에 의하여'는 원물의 경제적 용법에 따르는 것을 의미한다. 천연과실에는 원물의 본체를 해함이 없이 산출되는 물건(예: 가축의 새끼, 열매, 우유, 양모)과 원물의 본체가 일부 분리되어 산출되는 것(예: 토사, 석재, 광물)이 있다. 천연과실은 원물로부터 분리되기 전에는 원물의 구성부분이나 분리 후에는 독립한 물건이 된다.

2) 귀속

천연과실은 그 원물로부터 분리하는 때에 이를 수취할 권리자에게 귀속한다(제102조 제1항). 천연과실의 수취권자는 일반적으로 원물의 소유자이다. 예외적으로 선의의 점유자(제201조), 지상권자(제279조), 전세권자(제303조), 유치권자(제323조), 질권자(제343조), 저당권자(제359조), 목적물 인도 전의 매도인(제587조), 사용차주(제609조), 임차인(제618조), 친권자(제923조), 수증자(受贈者, 제1079조) 등에게도 과실수취권이 인정된다.

미분리의 천연과실은 원칙적으로 독립한 물권의 객체가 되지 못하므로, 이러한 미분리의 과실은 원물의 소유자에게 귀속한다. 예외적으로 미분리 과실이 명인방법을 구비한 경우에는 원물과 독립한 물건으로 된다. 그러므로 명인방법을 구비한 미분리 과실은 물권의 객체가 될 수 있으며, 그 공시방법이 구비된 때의 수취권자에게 귀속한다.

3. 법정과실

1) 의의

법정과실法定果實이란 물건의 사용대가로서 받는 금전과 그 밖의 물건이다($^{제101조}_{제2항}$). 물건의 사용대가는 타인에게 물건을 사용케 하고 그 사용 후에 원물 자체 또는 원물과 동종·동질·동량의 것을 반환하여야 할 법률관계에 있는 경우에 인정된다(예: 집세, 이자, 지료).

2) 귀속

법정과실은 그것을 수취할 수 있는 권리의 존속기간 일수의 비율로 취득한다($^{제102조}_{제2항}$). 과실수취권자는 천연과실의 경우와 동일하다. 건물을 사용함으로써 얻는 이득은 그 건물의 과실에 준하는 것이므로, 선의의 점유자는 비록 법률상 원인 없이 타인의 건물을 점유·사용하고 이로 말미암아 그에게 손해를 입혔다고 하더라도 그 점유·사용으로 인한 이득을 반환할 의무는 없다.[12]

---

12) 대법원 1996. 1. 26. 선고 95다44290 판결.

제5장 법률행위

제1절 권리의 변동

Ⅰ. 법률관계의 변동

다양한 사람의 생활관계 중에서 법에 의하여 규율되는 생활관계를 법률관계라고 한다. 사람의 생활관계는 다양한 모습으로 변화하며, 법률관계는 발생·변경·소멸의 모습으로 변동된다. 법률관계는 일정한 원인이 있으면 일정한 결과가 발생한다. 이러한 법률관계 변동의 원인을 법률요건이라고 하고, 그 결과를 법률효과라고 한다. 따라서 법률요건이 있으면 법률효과가 발생한다. 법률관계는 권리·의무의 관계이므로 법률관계의 변동, 즉 법률효과는 결국 권리·의무의 변동이 된다. 민법은 권리 중심으로 되어있으므로 법률효과는 권리변동, 즉 발생·변경·소멸의 모습으로 나타난다.

Ⅱ. 권리변동의 모습

권리의 변동은 권리주체의 입장에서는 권리의 취득·변경·상실이 된다.

1. 권리의 발생(취득)

1) 절대적 발생(원시취득)

절대적 발생(원시취득)은 이전에 없던 권리가 새로 발생하는 것이다. 건물 신축에 의한 소유권 취득, 무주물 선점(제252조)·습득(제253조)·취득시효($_{이하}^{제245조}$)·선의취득($_{이하}^{제249조}$)에 의한 소유권 취득, 인격권·가족권의 취득은 원시적 취득에 해당한다.

2) 상대적 발생(승계취득)

상대적 발생(승계취득)은 타인의 권리를 바탕으로 하여 권리를 취득하는 것으로 이전적 승계와 설정적 승계로 구분된다.

  이전적 승계는 구舊권리자에 속하고 있었던 권리가 그 동일성을 유지하면서 그대로 신新권리자에게 이전되는 것이다. 이전적 승계는 권리의 주체만이 바뀌는 것이다. 이전적 승계에는 개개의 권리가 각각의 취득원인에 의해 취득되는 특정승계(예: 매매에 의한 소유권 취득)와 하나의 취득원인에 의하여 다수의 권리가 일괄적으로 취득되는 포괄승계(예: 상속, 포괄 유증, 회사의 합병에 의한 권리 취득)가 있다. 설정적 승계는 구권리자의 권리는 그대로 존속하면서 그 권리의 내용 중 일부(사용, 수익, 처분)를 신권리자가 취득하는 것이다. 저당권·지상권의 설정에 따른 저당권·지상권의 취득은 설정적 승계에 해당한다. 승계취득은 이전에 존재한 제한과 흠도 그대로 승계한다는 점에서 제한 없는 권리를 취득하는 원시취득과 차이가 있다.

2. 권리의 소멸(상실)

1) 절대적 소멸(상실)
  절대적 소멸은 소유물의 멸실로 인한 소유권의 소멸과 같이 권리 자체가 승계되지 않고 사회로부터 영원히 없어지는 것이다.

2) 상대적 소멸(상실)
  상대적 소멸은 존재하던 권리가 타인에게 승계됨으로써 종래의 주체에게서 없어지는 것이다. 예를 들면, 매매·증여로 인한 소유권의 변동에서 구소유자 입장에서는 상대적 소멸이고, 신소유자 입장에서는 상대적 발생 즉 이전적 승계취득이다.

3. 권리의 변경
  권리의 변경은 권리의 동일성을 해하지 않는 범위에서 권리의 객체·내용·효력에 변화가 생기는 것이다. 주체의 변경은 이전적 승계와 동일하다. 내용의 변경은 권리의 내용이 질적 또는 양적으로의 변경되는 것이다. 예를 들면, 채무불이행으로 목적물 인도 의무가 손해배상채권으로 변경되는 경우는 질적 변경이고, 저당권에서 피담보채권의 이율이 변경되는 경우 또는 제한물권이 설정되어 소유권에 제한이 생기는 경우는 양적 변경이다. 작용의 변경은 권리의 작용(효력)에 관한 변경(예: 저당권 순위의 변경, 부동산임차권 등기로 대항력 취득)이다.

Ⅲ. 권리변동의 원인

1. 법률요건

법률요건은 일정한 법률관계를 변동하게 하는 요건(원인)이다. 즉 일정한 법률효과를 발생시키는 요건이다. 법규 중에 '어떠한 사실이 있으면 어떠한 법률효과가 생긴다.'고 규정한 경우에 전반부의 조건 명제가 법률요건이며, 후반부의 귀결 명제에 주어지는 효력이 법률효과이다. 따라서 법률요건과 법률효과 사이에는 원인과 결과의 논리적 관계가 있다. 이러한 법률요건에는 법률행위, 준법률행위, 사실행위(예: 사무관리와 무주물 선점), 위법행위(예: 불법행위와 채무불이행), 부당이득 등이 있다. 참고로 법률요건은 형법학의 범죄성립요건에 상응하는 개념이다.

2. 법률사실

1) 개념

법률사실은 법률요건을 구성하고 있는 개개의 사실이다. 법률요건은 1개의 법률사실로 구성되거나(예: 유언, 취소, 해제), 2개의 법률사실로 구성될 수 있다(예: 계약). 또한, 여러 개의 법률사실로 법률요건이 구성될 수도 있다(예: 사단법인의 설립행위). 법률요건이 구비되면 그에 따른 법률효과가 발생하게 된다. 매매의 경우에는 당사자 일방의 청약과 상대방의 승낙이라는 법률사실이 합치하면 계약이라는 법률요건이 성립하고, 그에 따라 매도인의 대금지급청구권과 매수인의 소유권이전청구권의 발생이라는 법률효과가 생긴다.

2) 법률사실의 분류

법률사실은 사람의 정신작용에 의거하는 사실(용태)과 그렇지 않은 사실(사건)로 분류하고 있다.

(1) 사람의 정신작용에 의한 법률사실

사람의 정신작용에 의한 법률사실을 용태容態라고 하는데, 용태에는 사람의 정신작용이 외부적으로 표현되는 외부적 용태와 외부적으로 표현되지 않는 내부적 용태가 있다. 외부적 용태는 사람의 행위, 즉 작위·부작위 형태로 나타난다. 법은 사람의 행위를 전제로 하고 있으나, 민법은 예외적으로 사람의 내부적 의식, 즉 내부적 용태에 대해서도 법률사실로 인정하고 있다.

① 외부적 용태

외부적 용태는 적법행위와 위법행위로 구분된다.

㉠ 적법행위

적법행위는 법적으로 가치 있는 것으로 평가되는 행위이다. 적법행위에는 의사표시와 준법률행위로 구분된다. 준법률행위는 당사자의 의사표시가 아니라 법률의 규정에 의하여 법률효과가 발생하는 것이고, 표현행위(의사의 통지, 관념의 통지, 감정의 표시)와 비표현행위(사실행위)로 나누어진다.

ⓐ 의사표시

의사표시는 법률효과의 발생을 목적으로 하는 의사의 표시이다. 의사표시는 법률요건 중 가장 중요한 법률행위 성립에 필수불가결한 요소가 되는 법률사실이다.

ⓑ 의사의 통지

의사의 통지는 자기 의사를 타인에게 통지하는 행위이다. 의사의 통지에는 제한능력자의 상대방에 대한 추인 여부의 확답 촉구(제15조 제2항), 청산인의 채권신고 최고(제88조) 및 제한능력자 상대방의 거절(제16조 제1항)과 같은 확답촉구·최고·거절 등이 있다.

ⓒ 관념의 통지

관념의 통지는 당사자 일방이 상대방에 대하여 어떤 사실을 알리는 것을 말한다. 예를 들면, 사원총회의 소집 통지(제71조), 대리권 수여의 통지(제125조) 등과 같은 사실의 통지는 관념의 통지에 속한다.

ⓓ 감정의 표시

용서와 같이 행위자의 감정을 표시하는 행위이다. 용서를 법률사실로 인정하는 것은 매우 드물다. 민법에서는 수증자의 패륜행위에 대한 증여자의 용서(제556조 제2항), 부정행위 배우자에 대한 사후 용서(제841조)를 법률사실로 인정하고 있다.

ⓔ 사실행위

사실행위는 행위자의 의사와 관계없이 행위 자체 또는 그 행위의 결과만이 법률에 의하여 일정한 의미가 있는 것으로 인정되는 행위이다. 사실행위에는 주소 설정(제18조), 가공(제259조), 매장물발견(제254조)과 같은 사람의 정신작용과 관계없는 순수비표현행위와 사무관리(제734조), 무주물선점(제252조)과 같이 일정한 정신작용을 수반하는 혼합비표현행위가 있다.

ⓛ 위법행위

위법행위는 법률이 허용할 수 없는 것으로 평가하여 행위자에게 불이익한 효과를 발생하게 하는 법률사실이다. 위법행위에는 채무불이행(제390조)과 불법행위(제750조)가 있다.

② 내부적 용태

내부적 용태는 내부적 의사 또는 내부적 관념(의식)을 말한다. 내부적 용태에는 관념적 용태(예: 선의·악의)와 의사적 용태(예: 소유의 의사)가 있다.

(2) 사람의 정신작용에 기하지 않는 법률사실

사람의 정신작용에 기하지 않은 법률사실을 사건事件이라고 한다. 예를 들면, 사람의 출생·사망, 실종, 시간의 경과, 물건의 생성과 소멸 등과 같이 사람의 정신작용과는 관계없는 사실이다. 사건은 법률에 의하여 그 법률효과가 부여되는 법률사실이다.

〈법률사실의 분류〉

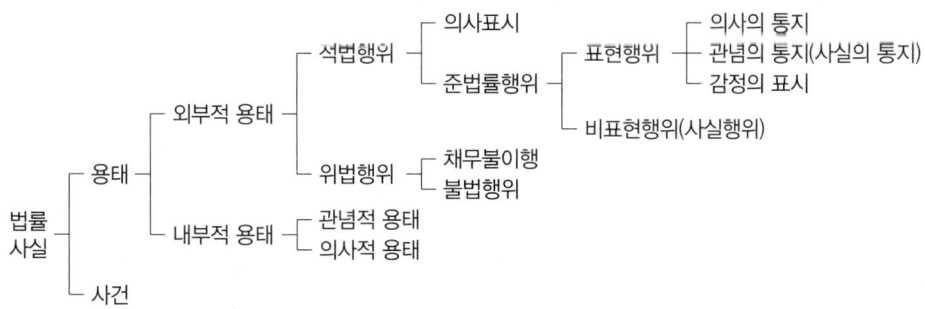

제2절 법률행위의 기초 이론

Ⅰ. 법률행위의 개념

　법률행위란 법률효과의 발생을 목적으로 하는 하나 또는 여러 개의 의사표시를 불가결의 요소로 하는 법률요건이다. 법률행위는 사적자치를 실현하는 수단이다. 법률행위에는 하나의 의사표시만을 요소로 하는 것(예: 취소, 동의)과 2개 이상의 의사표시를 요소로 하는 것(예: 계약)이 있다. 그러나 법률행위가 항상 의사표시만을 요소로 하는 것은 아니다. 즉 법률행위는 의사표시와 '의사표시 외의 법률사실' 모두를 요소로 할 수 있다. 예를 들면, 사단법인의 설립행위는 정관작성과 주무관청의 허가를 요소로 한다.
　법률행위 개념은 실무상 거래에서는 사용되지 않는다. 실무에서는 매매·임대차·혼인 등의 구체적 개념으로 존재한다. 법률행위는 이러한 구체적 유형의 공통적 요소인 의사표시를 중심으로 만들어진 추상적 개념이다.

Ⅱ. 법률행위와 의사표시의 관계

　의사표시는 법률행위에서 가장 중요한 요소이나 의사표시와 법률행위는 동일한 개념은 아니다. 따라서 법률행위와 의사표시는 구별하여 사용해야 하지만, 일반적으로 양자를 엄격하게 구별하여 사용하지 않는다. 민법전에서도 마찬가지이다.

Ⅲ. 사적자치와 법률행위자유의 원칙

　사적자치란 개인이 그의 자유로운 의사에 의하여 그의 사생활, 즉 사법관계를 형성하는 것이다. 법률행위자유의 원칙은, 개인이 자유로운 의사에 의하여 자신의 사생활을 형성하는 법률행위를 할 수 있다는 원칙이다. 법률행위에는 단독행위·계약·합동행위가 있는데, 그 중에서 계약이 가장 중요하기 때문에 법률행위자유의 원칙을 계약자유의 원칙이라고도 한다. 법률행위는 사적자치를 실현하는 한 수단으로서, 자유민주주의 국가에서는 법률행위자유의 원칙(계약자유의 원칙)이 인정된다. 이러한 계약자유의 원칙에는 체결의 자유·상대방 선택의 자유·내용 결정의 자유·방식의 자유가 인정되고 있다.

계약자유의 원칙은 그로 인한 경제발전에도 불구하고 사회 구성원 간의 경제력 차이로 발생한 생산수단의 독과점화·필수물품의 독과점화·약관의 대중화 등의 문제점으로 인하여 제한이 필요하게 되었다. 이러한 문제점을 해결하기 위하여, 민법에는 신의성실의 원칙(제2조 제1항) 등의 규정을 두고 있으며, 주택임대차보호법·이자제한법·약관규제법·근로기준법·노동조합법 등의 특별법을 두고 있다.

Ⅳ. 법률행위의 요건

법률행위가 법률효과를 발생하려면 어떤 요건을 구비해야 한다. 다수설에 의하면, 법률행위가 그 법률효과를 발생하려면 먼저 법률행위가 성립하여야 하고, 그 법률행위가 유효하여야 한다.[1] 즉, 다수설은 법률행위의 요건을 성립요건과 효력요건으로 구분하고 있다.

1. 성립요건
법률행위의 성립요건에는 모든 법률행위에 공통되는 일반적 성립요건과 개별 법률행위에 요구되는 특별성립요건이 있다.

1) 일반적 성립요건
법률행위가 성립하기 위하여는 당사자·목적·의사표시가 있어야 한다.

2) 특별성립요건
법률의 규정에 의하여 개별 법률행위에 요구되는 것이다. 예를 들면, 혼인에서 신고(제812조), 유언에서 방식(제1060조), 법인 설립에 있어서 주무관청의 허가(제33조) 등이 특별성립요건에 해당한다.

---

[1] 곽윤직·김재형, 260면; 김용덕(2), 414면; 송덕수, 156면; 양형우, 173면.

2. 효력요건

효력요건에는 모든 법률행위에 요구되는 일반적 효력요건과 일정한 법률행위에 요구되는 특별효력요건이 있다.

1) 일반적 효력요건

첫째, 당사자는 권리능력 · 의사능력 · 행위능력을 가지고 있어야 한다. 둘째, 법률행위의 목적(내용)은 확정 · 실현가능성 · 적법성 · 사회적 타당성을 가지고 있어야 한다. 셋째, 의사와 표시가 일치하고, 의사표시에 하자가 없어야 한다.

2) 특별효력요건

특별효력요건은 개별 법률행위에 당사자의 특약 또는 법률의 규정에 따라 요구되는 특유한 효력요건이다. 특별요건의 예로는, 대리행위에 있어서 대리권의 존재(제114조 이하), 조건부 · 기한부 법률행위에서 조건성취 · 기한 도래(제147조 이하), 유언에서 유증자의 사망(제1073조) 및 수유자의 생존(제1089조) 등이 있다.

제3절 법률행위의 종류

Ⅰ. 단독행위 · 계약 · 합동행위

단독행위 · 계약 · 합동행위는 의사표시의 수와 모습에 따른 분류이다.

1. 단독행위

단독행위는 1개의 의사표시로써 성립하는 법률행위이다. 단독행위에는 상대방이 있는 경우와 없는 경우가 있다. 상대방 있는 단독행위는 그 의사표시가 상대방에게 도달한 때에 효력이 발생한다. 그 예로는 동의(제5조)·상계(제492조)·추인(제130조, 제143조), 취소(제140조, 제141조), 채무면제(제506조), 해제와 해지(제543조) 등이 있다. 상대방 없는 단독행위는 의사표시를 받을 자가 특정되어 있지 않고, 의사표시와 동시에 효력이 발생한다. 상대방 없는 단독행위 중에서 재단법인 설립행위에는 법인설립등기한 때(제33조), 유언은 유언자가 사망한 때(제1073조)에 효력이 발생한다.

2. 계약

넓은 의미의 계약은 2개 이상의 서로 대립하는 의사표시의 일치에 의하여 성립하는 법률행위이다. 이 계약에는 채권계약, 물권계약, 준물권계약, 가족법상의 계약(예: 혼인, 협의이혼)이 있다. 좁은 의미의 계약은 채권계약만을 의미한다. 일반적으로 계약은 좁은 의미로 사용하고, 채권계약 이외의 계약은 합의라고 한다. 민법에는 일상생활에서 가장 많이 이용되고 있는 15종의 전형계약을 규정하고 있으나, 계약 자유의 원칙상 그 외의 종류도 인정된다.

3. 합동행위

합동행위는 평행적·구심적으로 방향을 같이하는 둘 이상의 의사표시의 일치로 성립하는 법률행위이다(예: 사단법인 설립행위).

Ⅱ. 요식행위 · 불요식행위

요식要式행위는 일정한 방식에 따라 해야만 효력이 인정되는 법률행위이고, 불요식不要式행위는 방식에 구속되지 않고 자유롭게 행하여질 수 있는 법률행위이다. 법률행위 자유의 원칙상 방식의 자유가 인정되므로 불요식행위가 일반적이다. 그러나 법률의 규정에서 요식행위로 규정하고 있는 경우가 있다. 구체적으로 당사자의 신중한 법률행위 또는 법률관계를 명확하게 하기 위하여 방식을 요구하는 경우(예: 유언(제1060조), 법인설립행위(제40조, 제43조), 인지(제859조), 입양(제859조), 혼인(제812조))와 외형을 신뢰하여 신속하고 안전하게 거래를 하기 위하여 방식을 요구하는 경우(예: 어음·수표 등의 유가증권에 관한 행위)가 있다.

Ⅲ. 재산행위 · 가족법상 행위

재산행위는 재산상의 법률관계에 관한 법률행위(예: 매매, 임대차)이고, 가족법상의 행위(신분행위)는 가족법상의 법률관계에 관한 행위(예: 혼인, 입양, 인지)이다.

Ⅳ. 채권행위 · 물권행위 · 준물권행위

채권행위는 채권을 발생시키는 법률행위(예: 증여, 매매, 임대차)이다. 채권행위가 있으면 채권자는 채무자에 대하여 일정한 행위(급부)를 청구할 수 있는 권리를 가진다. 물권행위는 물권의 변동을 목적으로 하는 의사표시(물권적 의사표시)를 요소로 하여 성립하는 법률행위(예: 소유권이전행위, 저당권설정행위)이다. 물권행위는 직접 물권을 변동시키고 이행의 문제를 남기지 않는다. 준물권행위는 물권 이외의 권리를 종국적으로 변동시키고 이행이라는 문제를 남기지 않는 법률행위(예: 채권양도, 지식재산권양도, 채무면제)이다.

Ⅴ. 출연행위 · 비출연행위

재산행위에 출연出捐행위와 비출연非出捐행위가 있다. 출연행위는 자기의 재산을 감소시키고 타인의 재산을 증가하게 하는 법률행위(예: 매매, 임대차, 소유권 양도, 저당권 설정, 채권양도 등의 보통의 재산행위)이고, 출재出財행위라고도 한다. 비출연행위는 타인의 재산을 증가하게 하지는 않고 자기의 재산을 감소시키거나 또는 직접 재산의 증감을 일어나게 하는 법률행위(예: 소유권 포기, 대리권 수여)이다.

1. 유상행위 · 무상행위

출연행위 중 자기의 출연(출재)에 대하여 상대방으로부터도 그것에 대응하는 출연(대가적 출연)을 받는 유상有償행위(예: 매매, 임대차, 고용)와 그렇지 않은 무상無償행위(예: 증여, 사용대차, 무이자부 소비대차)가 있다.

2. 유인행위 · 무인행위

출연행위에는 출연의 원인이 존재하지 않으면 그 효력도 생기지 않는 유인有因행위와 원인이 존재하지 않더라도 그대로 유효한 무인無因행위가 있다. 즉, 출연의 원인 유무에 따라, 유인행위는 출연의 원인이 존재하지 않으면 출연행위도 무효인 행위이고, 무인행위는 출연의 원인이 존재하지 않더라도 출연행위는 유효한 행위이다. 무인행위의 대표적인 예로는 어음행위가 있다. 예를 들면, 채무의 변제로 어음을 배서 · 교부하였으나 그 채무가 존재하지 않더라도 거래의 안전과 신속 때문에 어음채권은 유효하게 이전된다.

Ⅵ. 생전행위 · 사후행위

생전生前행위는 법률행위의 효력이 행위자의 생존 중에 효력이 생기는 법률행위이다. 사후死後행위는 행위자의 사망으로 인하여 효력이 발생하는 법률행위이다. 사후행위에는 유언(제1073조)과 사인증여(제562조)가 있다.

제4절 법률행위의 목적(내용)

Ⅰ. 의의

법률행위의 목적은 법률행위의 당사자가 법률행위에 의하여 달성하려고 하는 법률효과이며, 법률행위의 내용이라고도 한다. 예를 들면, X토지 매매의 경우에 그 목적은 매도인의 대금지급청구권과 매수인의 소유권이전청구권이다. 이러한 법률행위의 목적(내용)은 법률행위의 요소를 이루는 의사에 의하여 정해진다. 법률행위가 유효하기 위해서는 그 목적(내용)이 확정·실현 가능·적법·사회적 타당성이 있어야 한다.

Ⅱ. 목적의 확정

법률행위의 목적은 확정되어 있거나 또는 확정할 수 있는 것이어야 한다. 확정은 강제집행이 가능할 정도로 되어야 한다. 그러나 법률행위 당시에 이미 확정되어 있을 필요는 없고, 이행기에 확정할 수 있는 표준이 있으면 된다(예: 횟집에서 자연산은 시가에 의하는 경우). 법률행위의 내용이 명확하지 않은 경우에는 법률행위의 해석에 의하여 확정한다. 목적(내용)의 확정이 불가능한 법률행위는 무효이다.

Ⅲ. 목적의 실현 가능

1. 의의

법률행위가 유효하기 위해서는 확정된 법률행위의 내용이 실현 가능한 것이어야 한다. 목적 실현이 불가능한 법률행위는 무효이다. 가능이라 함은 법률상의 개념이므로 실현 가능성 여부는 물리적으로 판단하는 것이 아니고 거래관념에 의하여 결정된다. 또한, 불능은 확정적이어야 하며, 일시적 불능은 불능이 아니다.

2. 불능의 분류

1) 원시적 불능 · 후발적 불능

원시적 불능은 법률행위 당시에 이미 그 내용의 실현이 불가능한 것(예: 주택이 이미 화재로 소실된 사실을 모르고 그 주택의 매매계약을 체결한 경우)이고, 후발적 불능이란 법률행위 후에 그 내용의 실현이 불가능하게 된 것(예: 주택의 매매계약 체결 후 소유권 이전 전에 주택이 화재로 소실된 경우)이다.

원시적 불능이 있으면 법률행위는 무효이지만 계약체결상의 과실책임(제535조)의 문제가 될 수 있다. 후발적 불능의 경우에는 채무자의 유책사유가 있으면 채무불이행책임(제390조)이 성립하고, 채무자에게 책임 있는 사유가 없는 경우에는 위험부담(제537조)의 문제가 생긴다.

2) 전부불능 · 일부불능

전부불능이란 법률행위의 내용 전부가 실현 불가능한 것(예: 주택의 매매계약에서 주택 전부가 화재로 소실된 경우)이고, 일부불능이란 내용의 일부가 실현 불가능한 것(예: 주택의 매매계약에서 주택의 일부가 화재로 소실된 경우)이다. 법률행위 내용의 전부가 원시적 불능인 경우에 법률행위는 전부가 무효이고, 법률행위 내용의 일부가 원시적 불능인 경우에는 일부무효이다. 일부무효의 경우에는 법률행위는 전부 무효가 원칙이다. 그러나 그 불능 부분이 없더라도 법률행위를 하였으리라고 인정될 때에는 나머지 부분은 무효가 되지 아니한다(제137조).

Ⅳ. 목적의 적법성

1. 개설

법률행위는 그 목적이 적법適法하여야 유효하다. 적법은 모든 법에 위반하지 않아야 한다는 의미가 아니라, 강행법규(강행규정)에 위반하지 않아야 한다는 의미이다. 법률행위의 목적이 임의규성에 위반되는 경우에는 그 목적의 적법성이 인정되므로 유효하다. 따라서 법률행위 목적의 적법성은 강행규정 및 임의규정과 관련되어 있다.

2. 강행규정

1) 의의

강행규정은 법령 중의 선량한 풍속 기타 사회질서에 관한 규정으로 당사자의 의사에 의하여 그 적용을 배제할 수 없는 규정이다. 강행규정에 대비되는 개념이 임의규정이다. 임의규정은 법령 중의 선량한 풍속 기타 사회질서에 관계없는 규정으로 당사자의 의사에 의하여 그 적용을 배제할 수 있는 규정이다(제105조, 제106조 참조). 민법 제103조에 의하면, 선량한 풍속 기타 사회질서에 위반한 사항을 내용으로 하는 법률행위는 무효이다. 따라서 강행규정에 위반한 법률행위는 무효이고, 임의규정에 위반한 법률행위는 그 효력에 영향을 받지 않는다(제106조). 따라서 법률행위의 목적의 적법성에서의 법은 강행규정을 의미한다.

> **참조** 실정법 규정의 분류와 관련하여 다수설은 실정법 규정을 강행규정과 임의규정으로 분류한 후 강행규정을 다시 사법규정인 효력규정과 공법규정인 단속규정으로 구분한다.[2] 다수설은 강행규정을 당사자의 의사에 의하여 그 적용을 배제할 수 없는 규정이고, 강행규정은 선량한 풍속 기타 사회질서와 관계있는 규정이라고 한다. 그리고 임의규정은 선량한 풍속 기타 사회질서와 관계없는 규정이라고 한다. 이에 대하여 실정법 규정을 공법규정과 사법규정으로 구분하고, 사법규정에는 강행규정·임의규정, 공법규정에는 단속규정이 포함된다는 견해가 있다.[3] 다수설에 의하면, 단속규정은 당사자의 의사에 의하여 그 적용을 배제할 수 없다는 점에서는 강행규정이나, 선량한 풍속 기타 사회질서에 관계있는 규정이 아니므로 임의규정이라고 해석되는 문제점이 있다. 실정법 규정을 공법규정과 사법규정으로 구분하는 견해가 강행규정과 임의규정의 설명에 적합하다. 즉 강행규정은 선량한 풍속 기타 사회질서와 관계있는 규정이고, 당사자의 의사에 의하여 그 적용을 배제할 수 없다. 임의규정은 선량한 풍속 기타 사회질서와 관계없는 규정으로, 당사자의 의사에 의하여 그 적용을 배제할 수 있다. 강행규정을 위반한 법률행위는 무효이고, 임의규정을 위반한 법률행위는 유효하다. 따라서 법률행위의 적법성에서의 법은 강행규정을 의미한다.

2) 판정기준

강행규정 여부는 법률에 명시적으로 법률행위의 효력을 부인하는 규정을 두거나(예를 들면, …에 위반한 계약

---

[2] 곽윤직·김재형, 275면; 송덕수, 224면.
[3] 강태성, 525면.

은…그 효
력이 없다), 강행규정으로 규정한 경우(예: 제289조⁴⁾·
제608조·제652조)를 제외하고는 그에 관한 일반적인 판단
기준은 없다. 구체적인 경우에 그 규정의 종류·성질·입법목적 등을 고려하여 판단하여야
한다. 예를 들면, 사회의 기본적 윤리관을 반영하는 규정(예: 친족상속법의 규정)·가족관계의 질서
유지에 관한 규정(예: 친족상속법의 규정)·법률질서의 기본구조에 관한 규정(예: 민법의 능력에 관한 규정, 법인제도)·제3
자 내지 사회일반의 이해에 직접 중요한 영향을 미치는 규정(예: 물권법 규정)·거래의 안정을 위한
규정(예: 공시제도, 선의취득에 관한 규정, 유가증권에 관한 규정)·경제적 약자를 보호하기 위한 사회정책적인 규정(예: 제104조, 제608조, 주택임대차보호법, 약관법, 할부거래법)에 따라 강행규정 여부를 판단할 수 있다.

3) 단속규정

단속규정은 국가가 일정한 행위를 단속할 목적으로 그러한 행위를 금지하거나 제한하는 규정이다. 단속규정에 위반해도 형사처분을 받거나 행정상 불이익을 받을 뿐이고 위반행위의 사법상 효력에는 영향이 없다.

행정규정 특히 경찰규정은 단속규정이다. 예를 들면, 음식점영업을 하려는 자는 시장市長 등의 허가를 받거나 시장 등에게 신고해야 한다는 식품위생법 규정(제37조 제1항·제4항), 숙박업·목욕장업·이용업·세탁업 등을 하려는 자는 시장 등에게 신고해야 한다는 공중위생관리법 규정(제3조)은 단속규정이다. 따라서 이러한 규정을 위반한 무허가 음식점의 유흥영업행위 또는 음식물 판매 행위, 무허가 숙박업·목욕장업·이용업·세탁업 등을 하는 행위는 무효로 되지 않는다.

4) 탈법행위(간접적 위반)

탈법脫法행위는 강행규정을 직접적으로 위반하지는 않으나 강행규정이 금지하고 있는 것을 회피수단에 의하여 실질적으로 실현하는 행위이다. 탈법행위는 법률이 인정하지 않는 것을 실현할 목적으로 하는 행위이므로 무효이다. 법률에서 탈법행위를 금지하는 경우도 있다. 예를 들면, 금전대여자가 이자제한법에서 정한 최고이자율을 회피하기 위하여 일부 금액을 사례금 또는 수수료 명목으로 받는 경우에 그 사례금 또는 수수료는 이자로 의제되고, 제한이자를 초과하는 사례금 또는 수수료는 무효이다(이자제한법 제4조, 제2조 제3항).

그러나 법률이 금지하는 것을 회피수단으로 달성하는 행위가 모두 탈법행위가 되는 것은 아니다. 강행규정의 목적이 특정 결과가 아닌 특정 수단 또는 형식에 의한 결과의 발생을

---

4) 제289조(강행규정) 제280조 내지 제287조의 규정에 위반되는 계약으로 지상권자에게 불리한 것은 그 효력이 없다.

금지하려는 것인 때에는 그 회피행위는 탈법행위가 아니고 유효한 것으로 해석한다.[5]

V. 목적의 사회적 타당성

1. 개설

법률행위는 그 목적에 사회적 타당성이 있어야 유효하다. 이에 대하여 민법 제103조는 "선량한 풍속 기타 사회질서에 위반한 사항을 내용으로 하는 법률행위는 무효로 한다."라고 규정하고 있다. 따라서 법률행위가 강행규정에 위반하지 않더라도 선량한 풍속 기타 사회질서에 위반하면 무효로 된다. 여기서 선량한 풍속 기타 사회질서는 법률행위자유의 원칙을 제한하는 기능을 한다.

2. 사회질서의 의의

민법 제103조는 선량한 풍속 기타 사회질서를 법률행위 목적의 사회적 타당성 판단의 표준으로 규정하고 있다. 선량한 풍속은 사회의 일반적 윤리관념, 즉 국민들이 준수해야 할 최소한의 도덕규범이고, 사회질서는 국가와 사회의 공공질서 또는 사회생활의 평화와 질서를 유지하기 위하여 일반국민이 반드시 준수해야 할 일반규범이다. 선량한 풍속은 기타 사회질서의 일부이고, 사회질서는 선량한 풍속을 포함한다.

> **참조** 선량한 풍속과 사회질서의 관계에 대하여는 학설의 대립이 있다. 즉 사회질서는 선량한 풍속을 포함하는 상위개념이라는 견해[6], 양자는 병존 또는 대비되는 개념이라는 견해[7], 양자는 구별할 필요가 없다는 견해[8]가 있다. 민법 제103조의 제목이 '반사회질서의 법률행위'라는 점과 '선량한 풍속 기타 사회질서'라는 표현을 고려하면, 사회질서는 선량한 풍속을 포함하는 것으로 해석하여야 한다.

3. 사회질서 위반행위의 판단

사회질서 위반 여부를 판단할 때에는 법률행위의 목적이 사회질서에 반하는 외에 그 법

---

5) 곽윤직 · 김재형, 280면; 송덕수, 231면; 양형우, 184면.
6) 강태성, 531면; 곽윤직 · 김재형, 281면; 송덕수, 234면; 이은영, 367면; 지원림, 98면.
7) 이영준, 231면; 김상용 · 전경운, 419면.
8) 백태승, 338면.

률행위의 사회질서위반 여부에 대한 당사자의 인식은 필요하지 않다.[9] 또한, 어떤 법률행위가 사회질서에 위반하는지 여부는 그 법률행위가 이루어진 때를 기준으로 판단하여야 하고, 그 법률행위가 유효로 인정될 경우의 부작용 · 거래자유의 보장 및 규제의 필요성 · 사회적 비난의 정도 · 당사자 사이의 이익균형 등 제반 사정을 종합적으로 고려하여 사회통념에 따라 합리적으로 판단하여야 한다.[10]

4. 사회질서 위반행위

선량한 풍속 기타 사회질서의 개념은 시대나 사회 · 민족에 따라 부단히 변천하는 윤리규범 · 일반 규범이다. 따라서 사회질서 위반의 행위를 구체적으로 열거하는 것은 매우 어렵다. 사회질서 위반행위의 내용은 개별적 사안에서 재판을 통하여 구체화 되기 때문에 판례의 태도가 매우 중요하다.

1) 사회질서 위반행위의 유형

종래 판례에서 나타난 사회질서 위반행위는 다음과 같은 유형으로 분류된다.

사회질서 위반행위는 법률행위의 목적 그 자체가 사회질서에 위반하는 것(예: 살인 계약, 첩계약) · 법률행위의 내용 자체는 사회질서에 반하지 않으나 그것이 강제됨으로써 사회질서에 반하는 것(예: 과도한 위약벌 약정)[11] · 법률행위의 내용 자체는 사회질서에 반하지 않으나 금전적 이익과 결부됨으로써 사회질서에 반하는 것(예: 형사사건에 관한 성공보수 약정)[12] · 사회질서에 반하는 사항을 조건으로 하는 것(예: 행정관청의 허가를 조건으로 로비자금이 포함된 과도한 보수제공 약정)[13] · 동기가 불법한 것(표시되거나 상대방에게 알려진 법률행위의 동기의 경우)[14]으로 분류할 수 있다.

2) 사회질서 위반행위의 구체적 사례

(1) 윤리에 반하는 법률행위

윤리에 반하는 행위에는, 혼인질서에 반하는 행위(예: 첩계약, 대리모 계약), 가족질서에 반하는 행위

---

9) 대법원 1965. 11. 23. 선고 65사3 판결.
10) 대법원 2015. 7. 23. 선고 2015다200111 전원합의체 판결.
11) 대법원 1993. 3. 23. 선고 92다46905 판결.
12) 대법원 2015. 7. 23. 선고 2015다200111 전원합의체 판결.
13) 대법원 2016. 2. 18. 선고 2015다35560 판결.
14) 대법원 2002. 12. 27. 선고 2000다47361 판결.

(예: 자녀와 부모 또는 남편과 아내가 동거하지 않기로 하는 계약), 성도덕에 반하는 행위(예: 성(性)매매 계약, 포주와 매춘부의 고용계약) 등이 있다. 첩(妾)계약의 경우에 계약 단절을 조건으로 재산을 주기로 하는 계약은 무효이지만, 첩계약을 해소하면서 첩의 생계 등을 위하여 금전을 지급하기로 하는 약정은 사회질서에 반하지 않는다.[15]

(2) 정의에 반하는 행위

정의에 반하는 행위에는, 법률행위가 범죄행위에 해당하는 경우(예: 살인청부 계약, 공무원의 부정한 직무집행에 보수를 지급하기로 하는 계약, 보험금 부정취득 목적 보험계약, 부동산의 이중매매), 대가를 주고서 부정행위를 하지 않게 하는 경우(예: 통상적인 수준을 넘는 과도한 대가를 조건으로 증언하기로 하는 계약)가 있다. 부동산 이중매매=重賣買의 경우, 매도인의 중도금 수령 후 매도인의 제1매수인에 대한 배임행위에 제2매수인이 적극 가담하여 성립한 이중매매계약은 선량한 풍속 기타 사회질서에 위반하여 무효이다.[16] 그러나 양도소득세 회피 목적의 매매계약·실거래 가액보다 낮은 가액으로 작성된 매매계약·미등기 전매계약·명의신탁[17]은 사회질서에 반하지 않는다.

(3) 개인의 자유를 과도하게 제한하는 행위

개인의 자유를 과도하게 제한하는 행위는 사회질서에 반하는 행위이다. 예를 들면, 신체적·정신적 자유를 과도하게 제한하는 법률행위(예: 이혼을 하지 않겠다는 계약, 과도한 위약벌 약정), 경제적 자유를 과도하게 제한하는 행위(예: 과도한 경업(競業)금지계약, 업무상 해외파견 근로자의 귀국 후 일정기간 근무 약정)는 사회질서에 반하는 행위로서 무효이다.

(4) 생존의 기초가 되는 재산의 처분행위

예를 들면, 장래에 취득할 재산 전부를 양도한다는 계약, 사찰의 존립에 필수적인 재산을 증여하는 계약[18] 등은 생존 또는 존립을 위태롭게 하는 행위로서 무효이다.

(5) 과도한 사행행위

요행을 노리는 사행성射倖性이 과도한 경우에 그 사행행위는 사회질서에 반하는 행위가 된다.

---

15) 대법원 1980. 6. 24. 선고 80다458 판결.
16) 대법원 2009. 9. 10. 선고 2009다23283 판결.
17) 대법원 1992. 12. 22. 선고 91다35540, 35557 판결; 대법원 2007. 6. 14. 선고 2007다3285 판결; 대법원 1993. 5. 25. 선고 93다296 판결; 대법원 1991. 9. 13. 선고 91다16334, 16341(반소) 판결.
18) 대법원 1991. 8. 27. 선고 90다19848 판결.

도박계약이 대표적이다. 또한, 도박과 관련하여, 도박자금의 소비대차[19], 도박채무 이행 약정[20], 도박채무 이행을 위한 토지양도계약[21], 도박채무 담보를 위한 저당권설정계약[22] 등은 사회질서 위반행위에 해당한다.

(6) 폭리행위

폭리暴利행위는 사회질서 위반행위에 해당한다.[23] 민법은 폭리행위를 제104조에서 불공정한 법률행위로 규정하고 있다. 이에 대하여는 후술한다.

3) 사회질서위반의 효과

사회질서에 위반하는 사항을 내용으로 하는 법률행위는 무효이다. 법률행위의 일부만이 사회질서에 위반하는 경우에는 일부무효의 법리(제137조)에 의한다. 법률행위가 선량한 풍속 기타 사회질서 위반으로 무효이면 당사자가 그 무효임을 알고 추인하여도 새로운 법률행위의 효과가 발생하지 않는다.[24] 반사회질서의 법률행위가 물권행위이면 등기·인도를 갖추었더라도 물권변동은 생기지 않고, 채권행위라면 이행 전에는 이행할 필요가 없다. 그러나 이미 이행한 때에는 불법원인급여(제746조)의 문제가 된다. 즉 불법의 원인으로 인하여 재산을 급여하거나 노무를 제공한 자는 그 이익의 반환을 청구하지 못한다. 그러나 그 불법원인이 수익자에게만 있는 때에는 그 이익을 반환청구할 수 있다(제746조).

> **참조** 민법 제746조는 단지 부당이득제도만을 제한하는 것이 아니라 제103조와 함께 사법의 기본이념으로서, 그 주된 취지는 제103조의 선량한 풍속 기타 사회질서에 대응하여 사회적 타당성이 없는 행위로 인한 결과를 복구하려는 자에게 그 협력을 거절하는 데에 있다. 결국 사회적 타당성이 없는 행위를 한 사람은 스스로 불법한 행위를 주장하여 복구를 그 형식 여하에 불구하고 청구할 수 없다는 이상을 표현한 것이다. 그러므로 급여를 한 사람은 그 원인행위가 법률상 무효라 하여 상대방에게 부당이득반환청구를 할 수 없음은 물론 급여한 물건의 소유권은 여전히 자기에게 있다고 하여 소유권에 기한 반환청구도 할 수 없고 따라서 급여한 물건의 소유권은 급여를 받은 상대방에게 귀속된다.[25]

---

19) 대법원 1973. 5. 22. 선고 72다2249 판결.
20) 대법원 1966. 2. 22. 선고 65다2567 판결.
21) 대법원 1995. 7. 14. 선고 94다40147 판결.
22) 대법원 1994. 12. 22. 선고 93다55234 판결.
23) 대법원 1964. 5. 19. 선고 63다821 판결; 대법원 2004. 3. 25. 선고 2001다53349 판결.
24) 대법원 1973. 5. 22. 선고 72다2249 판결.
25) 대법원 1979. 11. 13. 선고 79다483 전원합의체 판결.

Ⅵ. 불공정한 법률행위

1. 의의

불공정한 법률행위(또는 폭리행위)는 당사자의 궁박·경솔 또는 무경험으로 인하여 현저하게 공정을 잃은 법률행위를 말한다. 불공정한 법률행위는 금전의 소비대차뿐만 아니라 모든 재산상의 유상행위에서 인정된다. 그러나 증여와 같이 아무런 대가관계 없이 당사자 일방이 상대방에게 일방적인 급부를 하는 법률행위(무상행위)는 불공정한 법률행위에 해당하지 않는다.[26]

민법은 불공정한 법률행위를 무효로 규정하고 있고(제104조), 유질계약금지(제339조)·대물변제예약(제607조·제608조)에 관한 규정을 두어 폭리행위를 금지하고 있다. 그 외에도 이자제한법(제2조), 가등기담보법(제4조), 대부업법(제8조) 등에서도 폭리행위를 금지하고 있다. 형법에서는 사람의 곤궁하고 절박한 상태를 이용하여 현저하게 부당한 이익을 취득한 자 또는 제3자로 하여금 부당한 이익을 취득하게 한 자를 부당이득죄로 처벌하고 있다(형법 제349조).

2. 요건

불공정한 법률행위는 객관적으로 급부와 반대급부 사이에 현저한 불균형이 존재하고, 주관적으로 균형을 잃은 거래가 피해 당사자의 궁박, 경솔 또는 무경험을 이용하여 이루어진 경우에 성립한다.[27]

1) 객관적 요건

불공정한 법률행위는 객관적으로 급부와 반대급부 사이에 현저한 불균형이 있어야 한다. 급부와 반대급부 사이의 '현저한 불균형'은 가치의 차이가 클 때 인정될 수 있으나, 단순히 시가와의 차액 또는 시가와의 배율로 판단할 수 있는 것은 아니고 구체적·개별적 사안에 있어서 일반인의 사회통념에 따라 결정하여야 한다.[28] 예를 들면, 정상적으로 받을 수 있는 손해배상금의 1/8만 받고 합의서를 작성한 경우,[29] 토지 매매가격이 시가의 5분의 1 또는

---

26) 대법원 2000. 2. 11. 선고 99다56833 판결.
27) 대법원 1998. 3. 13. 선고 97다51506 판결.
28) 대법원 2010. 7. 15. 선고 2009다50308 판결.
29) 대법원 1979. 4. 10. 선고 78다2457 판결.

8분의 1 정도인 경우[30], 700만원 상당의 유일한 생활 근거 주택을 267만원에 매도한 경우[31] 등에는 급부 사이에 현저한 불균형이 인정된다.

급부의 불균형은 법률행위 시를 기준으로 판단하여야 한다.[32]

2) 주관적 요건

(1) 피해자의 궁박 · 경솔 또는 무경험

궁박窮迫은 벗어날 수 없는 어려운 상태이고, 경제적인 어려움뿐만 아니라 심리적인 것도 포함한다. 당사자가 궁박 상태에 있었는지 여부는 그의 나이와 직업, 교육 및 사회경험의 정도, 재산 상태 및 그가 처한 상황의 절박성의 정도 등 제반 상황을 종합하여 구체적으로 판단하여야 한다.[33] 예를 들면, 사실과 다른 고소에 의하여 남편이 구속된 상태에서 병중病中에 있는 아내가 회사의 부도 위기 속에서 고소인의 주장대로 합의한 경우에 아내의 정신적 · 경제적 궁박이 인정된다.[34]

경솔은 의사를 결정함에 있어 그 행위의 의미 또는 결과에 대하여 보통인이 베푸는 주의를 하지 않은 심리상태를 말한다. 무경험은 일반적인 생활체험이 부족하다는 것이고, 어떤 특정영역에 있어서의 경험부족이 아니라 거래일반에 대한 경험부족을 의미한다. 무경험의 판단기준은 궁박 상태의 판단 기준과 동일하다.[35]

대리인에 의하여 법률행위가 이루어진 경우에 그 법률행위가 불공정한 법률행위에 해당하는지 여부를 판단함에 있어서, 경솔과 무경험은 대리인을 기준으로 하여 판단하고, 궁박은 본인의 입장에서 판단하여야 한다.[36]

(2) 폭리자의 악의

폭리자는 피해자가 궁박 · 경솔 또는 무경험의 상태에 있다는 사정을 알면서 이를 이용하려는 의사, 즉 폭리행위의 악의가 있어야 한다.[37]

---

30) 대법원 1994. 6. 24. 선고 94다10900 판결; 대법원 1977. 12. 13. 선고 76다2179 판결.
31) 대법원 1979. 4. 10. 선고 79다275 판결.
32) 대법원 2013. 9. 26. 선고 2013다26746 전원합의체 판결.
33) 대법원 1998. 3. 13. 선고 97다51506 판결; 대법원 2002. 10. 22. 선고 2002다38927 판결.
34) 대법원 1998. 3. 13. 선고 97다51506 판결.
35) 대법원 2002. 10. 22. 선고 2002다38927 판결.
36) 대법원 2002. 10. 22. 선고 2002다38927 판결.
37) 대법원 2002. 9. 4. 선고 2000다54406, 54413 판결.

3) 증명책임

법률행위가 현저하게 공정을 잃었더라도 그것만으로 피해자 측의 궁박·경솔 또는 무경험이 추정되지 않는다.[38] 불공정한 법률행위는 객관적 요건과 주관적 요건이 입증된 경우에 무효가 된다. 그에 대한 입증책임은 법률행위의 무효를 주장하는 측에서 입증하여야 한다. 즉, 법률행위의 무효를 주장하는 측에서 현저하게 공정을 잃은 그 법률행위가 궁박·경솔 또는 무경험으로 인한 것이라는 점과 상대방이 그 사정을 알고 이를 이용하여서 그 법률행위가 이루어지게 되었다는 점을 주장·입증하여야 한다.[39]

3. 효과

불공정한 법률행위는 무효이다. 따라서 무효인 채권행위가 아직 이행되지 않고 있으면 이행할 필요가 없다. 채권행위가 무효임에도 불구하고 이행된 경우에는, 피해자는 그 반환을 청구할 수 있다(제746조 제2문).

---

38) 대법원 1976. 4. 13. 선고 75다704 판결.
39) 대법원 1977. 12. 13. 선고 76다2179 판결.

제5절 법률행위의 해석

Ⅰ. 의의

법률행위의 해석은 법률행위의 내용을 확정하는 것이다. 법률행위는 의사표시를 요소로 하므로 법률행위의 해석은 결국 의사표시의 해석과 같다. 법률행위를 해석할 때에는 당사자의 내심의 의사가 어떤지에 관계없이 그 문언의 내용에 의하여 당사자가 그 표시행위에 부여한 객관적 의미를 합리적으로 해석하여야 한다.[40]

Ⅱ. 해석의 방법

법률행위의 해석은 일반적으로 법률행위의 의미를 밝히는 해석과 법률행위에서 정해지지 않는 부분을 보충하는 해석의 순서로 진행한다. 전자에는 자연적 해석과 규범적 해석으로 구분된다. 법률행위의 의미는 먼저 자연적 해석을 통하여 확정하고, 자연적 해석에 의하여도 당사자의 이해가 사실상 일치하는 것으로 확정될 수 없는 경우에는 규범적 해석을 한다.

1. 자연적 해석

자연적 해석은 의사와 표시가 일치하지 않는 경우에 표시행위의 문자적·언어적 의미에 구속되지 않고 의사표시자(표의자)의 실제 의사, 즉 진의를 밝히는 것을 말한다. 자연적 해석의 결과, 어떤 일정한 표시에 관하여 당사자들이 동일하게 인식한 경우에는 그 인식과 같은 효력이 인정된다. 자연적 해석은 로마법상의 오표시誤表示 무해無害의 원칙에서 발전한 것이다.

> **참조** 오표시 무해의 원칙(falsa demonstratio non nocet, 잘못된 표시는 해害가 되지 않는다)은 표의자 및 그 상대방이 표시행위를 본래의 의미대로 이해하지 않고, 양 당사자가 일치하여 이와 다른 의미로 이해한 때에는 그 법률행위는 표의자와 상대방이 실제로 이해한 의미대로 성립한다는 원칙이다. 예를 들면, 일본 유학 중인 한국 학생이 1천 엔円을 빌리면서 1천 원으로 잘못 말하였으

---

40) 대법원 2010. 10. 14. 선고 2009다67313 판결.

나 당사자가 모두 1천 엔으로 이해한 경우에는 1천 엔에 관한 금전소비대차계약이 성립한다. 또한, 부동산의 매매계약에 있어 쌍방 당사자가 모두 특정의 甲토지를 계약의 목적물로 삼았으나 그 목적물의 지번 등에 관하여 착오를 일으켜 계약을 체결함에 있어서는 계약서상 그 목적물을 甲토지와는 별개인 乙토지로 표시하였다 하여도 甲토지에 관하여 이를 매매의 목적물로 한다는 쌍방 당사자의 의사 합치가 있었던 이상 매매계약은 甲토지에 관하여 성립한 것이다.[41]

2. 규범적 해석

규범적 해석은 내심적 효과의사와 표시행위가 일치하지 않는 경우에 상대방의 시각에서 표시행위의 객관적 의미를 확정하는 것을 말한다. 규범적 해석은 자연적 해석에도 의사와 표시가 불일치하는 경우, 즉 당사자의 이해理解가 불일치하는 경우에 상대방의 이해가능성에 의하여 행하여져야 한다. 표의자가 생각한 의미가 상대방이 생각한 의미와 다른 경우, 판례도 의사표시를 수령한 상대방이 합리적인 사람이라면 표시된 내용을 어떻게 이해하였다고 볼 수 있는지를 고려하여 의사표시를 객관적·규범적으로 해석하고 있다.[42]

규범적 해석을 하는 경우에는 표시행위에 따른 여러 사정을 고려하여야 한다. 즉 문언의 객관적인 의미가 명확하게 드러나지 않는 때에는 당사자의 내심의 의사 여하에 관계없이 문언의 내용과 법률행위가 이루어지게 된 동기 및 경위, 당사자가 법률행위에 의하여 달성하려고 하는 목적과 진정한 의사, 거래의 관행 등을 종합적으로 고찰하여 사회정의와 형평의 이념에 맞도록 논리와 경험의 법칙, 그리고 사회 일반의 상식과 거래의 통념에 따라 당사자 사이의 계약 내용을 합리적으로 해석하여야 한다.[43] 여러 사정을 고려하였어도 법률행위의 내용을 확정할 수 없는 경우에는 관습·임의규정·신의성실의 원칙에 따라 법률행위의 내용을 해석하여야 한다. 임의규정과 다른 관습이 있는 경우에는 관습이 임의규정에 우선하여 해석의 표준이 된다.[44]

3. 보충적 해석

보충적 해석은 법률행위의 내용에 흠결이 있는 경우에 그 흠결을 보충하는 것을 말한다. 즉 자연적 해석 또는 규범적 해석에 의하여 법률행위가 성립된 후에 그 내용에 흠결이 있는

---

41) 대법원 1996. 8. 20. 선고 96다19581, 19598 판결.
42) 대법원 2017. 2. 15. 선고 2014다19776, 19783 판결.
43) 대법원 2014. 6. 26. 선고 2014다14115 판결.
44) 송덕수, 178면.

경우에는 보충적 해석을 한다. 법률행위 내용의 흠결은 제1차적으로 관습에 의하여 보충되고, 관습이 없는 경우에는 임의규정에 의하여 보충된다(제106조 참고). 임의규정도 없거나 임의규정에 의하여도 보충할 수 없는 경우에는 여러 사정을 고려하여 신의성실의 원칙에 따라 보충하여야 한다.[45]

---

45) 송덕수, 183면.

제6절 의사표시

Ⅰ. 서설

의사표시는 일정한 법률효과의 발생을 목적으로 하는 내적 의사를 외부적으로 표시하는 행위이다. 즉 의사표시는 의사의 표시로서 법률행위 성립에 필수불가결한 요소가 되는 법률사실이다. 따라서 법률행위가 유효하기 위해서는 의사표시에 흠이 없어야 한다. 의사표시에 흠이 있는 법률행위는 입법 정책상 무효 또는 취소로 규정할 수 있다.

흠(하자) 있는 의사표시에 대하여, 민법은 의사와 표시가 불일치하는 경우와 의사형성 과정에 흠이 있는 경우로 구분하여 규정하고 있다. 의사와 표시가 불일치하는 경우에는 그 불일치를 표의자가 아는 경우와 모르는 경우가 있다. 전자에는 진의 아닌 의사표시(제107조)와 통정한 허위의 의사표시(제108조), 후자에는 착오로 인한 의사표시(제109조)가 있다. 의사형성 과정에 흠이 있는 경우에는 사기·강박에 의한 의사표시(제110조)가 있다.

> **참조** 의사표시는 표의자·효과의사·표시행위의 3요소로 성립한다. 효과의사는 일정한 법률효과를 의욕하는 의사이다. 효과의사에는 내심적 효과의사와 표시상의 효과의사가 있다. 전자는 표의자가 진정으로 가지고 있는 효과의사이고, 후자는 표시행위를 통하여 추단(추측/판단)되는 효과의사, 즉 표의자가 가지고 있을 것으로 추단되는 효과의사이다. 의사표시의 요소가 되는 것은 표시상의 효과의사라는 견해[46]와 내심적 효과의사라는 견해[47]가 있다. 판례는 표시상의 효과의사가 의사표시의 요소라고 한다.[48] 그런데 내심적 효과의사와 표시상의 효과의사가 일치하지 않는 경우에 표시상의 효과의사에 따른 효과가 발생한다면 표의자에게 부당한 결과가 생길 수도 있다. 이에 민법에서는 의사와 표시가 불일치 하는 경우에 무효 또는 취소할 수 있는 것으로 규정하고 있다(제107조 ~ 제109조). 한편 표시행위는 효과의사의 표시로 인정되는 행위이다(예: 구두, 문자, 거동).

---

46) 강태성, 612면; 곽윤직·김재형, 259면.
47) 김상용·전경운, 360면; 송덕수, 151면.
48) 대법원 2002. 6. 28. 선고 2002다23482 판결.

Ⅱ. 진의 아닌 의사표시

1. 의의

진의 아닌 의사표시 또는 비진의표시非眞意表示는 표의자의 의사($^{내심적}_{효과의사}$)와 표시($^{표시상의}_{효과의사}$)가 일치하지 않는다는 것을, 표의자 스스로 알면서 하는 의사표시이다. 예를 들면, 근로자가 사용자의 지시에 따라 진의 아닌 사직의 의사표시를 하였고 사용자가 이러한 사정을 알면서 위 사직의 의사표시를 수리한 경우에 그 사직의 의사표시는 진의 아닌 의사표시에 해당한다.[49]

2. 요건

1) 의사표시의 존재

일정한 효과의사를 추측하여 판단할 만한 값어치가 있는 표시행위, 즉 의사표시가 있어야 한다. 사교적인 농담, 배우의 무대 위에서의 대사, 교수가 교실에서 학생에게 표본으로 보여 준 어음이나 수표 등과 같이 법률관계의 발생을 원하고 있지 않다는 것이 명백한 경우에는 의사표시로 인정되지 않으므로 비진의표시의 문제가 생기지 않는다. 그러나 표의자는 상대방이 농담으로 받아들일 것이라고 예상하고 농담으로 하였으나 상대방에게는 의사표시로 여겨질 가능성이 있는 경우에는 의사표시에 해당한다. 즉 비진의표시가 될 수 있다.

2) 진의와 표시의 불일치

진의와 표시가 일치하지 않아야 한다. 즉 표시행위의 의미($^{표시상의}_{효과의사}$)에 대응하는 의사($^{내심적}_{효과의사}$)가 존재하지 않아야 한다. 그러므로 진의는 내심적 효과의사이고, 표의자가 이상적·궁극적으로 바라고 있는 의도가 아니다.[50] 예를 들면, 표의자가 강박에 의하여 증여한 경우에 증여의 의사표시는 내심적 효과의사가 결여된 것으로 볼 수 없다.[51]

3) 표의자의 악의

표의자는 진의($^{내심적}_{효과의사}$)와 표시($^{표시상의}_{효과의사}$)의 불일치를 알고 있어야 한다.

---

49) 대법원 1992. 5. 26. 선고 92다3670 판결.
50) 대법원 2002. 12. 27. 선고 2000다47361 판결.
51) 대법원 2002. 12. 27. 선고 2000다47361 판결.

4) 표의자의 동기나 이유는 불문

표의자가 비진의표시를 하게 된 동기나 이유는 묻지 않는다.

3. 효과

1) 원칙

비진의표시는 유효하다(제107조 제1항 제1문). 즉 표의자의 진의에 상관없이 표시된 대로의 효력이 생긴다(표시주의). 예를 들면, 물의를 일으킨 사립대학교 조교수가 사직원이 수리되지 않을 것이라고 믿고 사태수습을 위하여 형식상 사직원을 제출한 경우에 학교법인은 그러한 사실을 알았거나 알 수 있었다고 할 수 없으므로 사직의 의사표시는 비진의표시로서 유효하다.[52]

2) 예외

상대방이 표의자의 진의 아님을 알았거나 알 수 있었을 경우에 비진의표시는 무효이다(제107조 제1항 제2문). 즉 상대방이 진의 아님을 알고 있는 경우, 즉 악의惡意인 경우와 알 수 있었을 경우, 즉 과실過失이 있는 경우에는 상대방을 보호할 필요가 없기 때문에 표의자의 진의를 존중하여 그 비진의표시를 무효로 하는 것이다. 상대방의 악의 및 과실 여부에 대한 입증책임은 무효를 주장하는 자에게 있다.[53]

3) 제3자와의 관계

비진의표시가 예외적으로 무효로 되는 경우에 그 무효는 '선의의 제3자'에게 대항하지 못한다(제107조 제2항). 이것은 거래의 안전을 위한 규정이다.

Ⅲ. 통정한 허위의 의사표시

1. 의의

통정通情한 허위虛僞의 의사표시(허위표시)는 상대방과 통정하여서 하는 진의 아닌 거짓의 의사

---
52) 대법원 1980. 10. 14. 선고 79다2168 판결.
53) 대법원 1992. 5. 22. 선고 92다2295 판결.

표시이다. 즉, 표의자가 진의 아닌 거짓의 의사표시를 하는 것에 상대방과의 사이에 합의가 있는 경우이다. 예를 들면, 매매로 인한 양도소득세를 감면받기 위하여 상대방과 합의하여 그 매매대금을 실제 금액보다 적게 하여 매매계약서를 작성한 경우에 그 청약과 승낙의 의사표시는 허위표시이다. 또한, 통정한 허위의 의사표시는 통정허위표시라고도 하고,[54] 허위표시를 요소로 하는 법률행위를 가장행위(예: 가장 매매)라고 부른다.

2. 요건

1) 의사표시의 존재
의사표시가 있어야 한다. 즉 일정한 효과의사를 추단케 할 수 있는 행위가 있어야 한다.

2) 진의와 표시의 불일치
진의와 표시가 불일치해야 한다. 즉 표시행위의 의미에 대응하는 표의자의 의사가 존재하지 않아야 한다.

3) 불일치에 관한 합의
진의와 표시가 불일치하는 것에 대해 표의자와 상대방 사이에 합의가 있어야 한다. 즉 진의와 다른 표시를 하는 것에 대하여 상대방과의 통정通情이 있어야 한다.

4) 동기나 이유는 묻지 않음
동기나 이유는 불문한다. 즉 제3자를 속이려는 의도 여부는 허위표시의 성립요건이 아니다.

3. 효과

1) 무효
허위표시는 당사자 사이에는 언제나 무효이다. 따라서 이행 전이면 이행할 필요가 없고, 이행한 경우에는 부당이득을 반환하여야 한다. 허위표시(예: 강제집행을 면하기 위하여 허위의 근저당권을 설정한 경우)는 선량한 풍속 기타 사회질서에 위반한 사항을 내용으로 하는 법률행위, 즉 불법이 아니므로 이행한

---

[54] 대법원 1991. 3. 22. 선고 90다6545 판결.

경우에는 불법원인급여(제746조)에 해당하지 않는다.[55]

2) 제3자에 대한 관계

민법에서는 허위표시를 모르는 제3자를 보호하기 위하여, "허위표시는 무효이지만, 그 무효로써 선의인 제3자에게 대항하지 못한다."라고 규정하고 있다.

(1) 제3자의 의의

제3자는 당사자와 그 포괄 승계인(예: 상속인, 합병회사) 이외의 자 모두를 의미한다. 그러나 민법 제108조 제2항에서 규정하고 있는 제3자는 허위표시의 당사자와 그 포괄승계인 이외의 자로서 허위표시를 기초로 하여 새로운 이해관계를 맺은 자를 의미한다. 제3자의 범위는 권리관계에 기초하여 형식적으로만 파악할 것이 아니라 허위표시행위를 기초로 하여 새로운 법률상 이해관계를 맺었는지 여부에 따라 실질적으로 파악하여야 한다.[56]

허위표시의 외형을 신뢰하여 새로운 이해관계를 맺게 된 제3자에는 가장매매의 매수인으로부터 그 목적부동산을 매수한 자[57], 가장매매의 매수인으로부터 저당권을 설정받은 자, 가장매매에 의한 대금채권의 양수인, 가장소비대차에 의한 채권의 양수인, 가장매매의 매수인에 대한 (가)압류채권자[58], 통정에 의하여 타인 명의로 된 예금통장의 명의인으로부터 예금채권을 양수한 자 등이 있다. 그러나 채권의 가장양도에 있어서의 채무자는 허위표시의 당사자로부터 독립한 이익을 갖는 법률관계에 들어간 자가 아니기 때문에 제3자에 속하지 않는다.

(2) 선의

법률에서 일반적으로 선의善意라 함은 어떤 사정을 알지 못하는 것, 악의惡意라 함은 어떤 사정을 알고 있는 것을 의미하며, 타인의 해칠 의도와는 무관하다. 여기서 선의란 제3자가 허위표시임을 모르는 것이다.

제3자의 선의·악의는 제3자가 허위표시를 기초로 하여 새로운 법률관계를 형성하는 때(예: 매매계약 체결 시)를 기준으로 결정한다. 따라서 선의의 제3자로부터 전득轉得한 자에 대하여는 전

---

55) 대법원 2004. 5. 28. 선고 2003다70041 판결.
56) 대법원 2000. 7. 6. 선고 99다51258 판결.
57) 대법원 1960. 2. 4. 선고 4291민상636 판결.
58) 대법원 2004. 5. 28. 선고 2003다70041 판결.

득자가 악의라고 하더라도 허위표시의 무효를 가지고 대항하지 못한다. 왜냐하면, 전득자는 선의의 제3자가 취득한 권리를 승계하고 있기 때문이다. 제3자는 특별한 사정이 없는 한 선의로 추정되므로, 제3자가 악의라는 사실에 관한 주장·입증책임은 그 허위표시의 무효를 주장하는 자(예: 허위표시자 또는 그 상대방)에게 있다.[59] 또한, 제3자는 선의이면 충분하고 무과실은 요건이 아니다.[60]

(3) 대항하지 못한다.

일반적으로 '대항하지 못한다'의 법률상 의미는 법률행위의 당사자가 제3자에 대하여 법률행위의 효력을 주장하지 못하지만, 제3자가 그 효력을 인정하는 것은 무방하다는 의미이다. 그러므로 여기서 '제3자에게 대항하지 못한다'는 것은 법률행위의 당사자가 제3자에게 허위표시의 무효를 주장할 수 없다는 의미이다. 따라서 선의의 제3자와의 관계에서는 표시된 대로 효력이 생긴다. 이때 무효를 주장할 수 없는 자는, 허위표시의 당사자와 표의자의 채권자 등이다. 그리고 제3자가 무효를 주장하는 것은 상관없다.

> **참조** 다른 행위를 하려는 의사를 감추고 가장행위를 하는 경우에 그 다른 행위를 은닉행위라 한다. 은닉행위가 법률행위로서의 요건을 구비하면 그 은닉행위는 유효하다. 예를 들면, 실질적으로 증여하면서도 탈세하기 위하여 매매계약서를 작성한 경우에 매매계약은 가장행위로 무효이지만 증여계약은 은닉행위로서 유효하다.[61]

Ⅳ. 착오로 인한 의사표시

1. 의의

착오에 의한 의사표시는 착오에 빠진 상태에서 한 의사표시이다. 일반적으로 착오란 진의와 표시의 불일치로서 표의자 스스로 그 불일치를 알지 못하는 것을 말한다.[62] 민법에서는 표의자의 이익과 상대방의 이익 및 거래의 안전을 고려하여, 일정한 경우에 착오로 인한 의사표시의 취소를 인정하고 있다(제109조).

---

59) 대법원 2006. 3. 10. 선고 2002다1321 판결.
60) 대법원 2004. 5. 28. 선고 2003다70041 판결.
61) 대법원 1991. 9. 10. 선고 91다6160 판결.
62) 대법원 1985. 4. 23. 선고 84다카890 판결.

> **참조** 착오에 의한 의사표시의 정의에 관하여는 동기의 착오의 포섭에 관한 문제로 견해가 일치하지 않고, 다양한 견해가 제기되고 있다. 그러나 어느 학설에 의하든 실제에 있어서는 큰 차이를 가져오지 않는다. 동기의 착오는 단순히 그 내심적 효과의사, 즉 진의의 형성과정에서의 문제일 뿐이고 내심적 효과의사와 표시상의 효과의사는 불일치가 없다고 할 것이므로, 엄격하게 말하면 동기의 착오에 의한 의사표시는 착오에 의한 의사표시가 아니다.[63] 그러므로 착오에 의한 의사표시는 진의(내심적 효과의사)와 표시상의 효과의사(표시로부터 추단되는 효과의사)가 불일치하는 의사표시로서 이 불일치를 표의자 자신이 모르는 것이다. 한편 동기의 착오에 의한 의사표시는 착오에 의한 의사표시는 아니지만(동기의 표시여부를 묻지 않고), 착오에 관한 민법규정을 적용하고 있다.[64]

2. 요건

민법 제109조 제1항에서 "의사표시는 법률행위의 내용의 중요부분에 착오가 있는 때에는 취소할 수 있다. 그러나 그 착오가 표의자의 중대한 과실로 인한 때에는 취소하지 못한다."라고 규정하고 있다. 제2항에서는 "착오에 의한 의사표시의 취소는 선의의 제3자에게 대항하지 못한다."라고 규정하고 있다. 따라서 착오로 인한 의사표시를 취소하기 위하여는 착오로 인한 의사표시가 존재하고, 법률행위 내용의 착오와 그 중요부분에 착오가 있어야 하고, 표의자에게 중대한 과실이 없어야 한다.

1) 착오로 인한 의사표시의 존재

표의자의 의사표시가 있어야 하고, 그 의사표시는 착오로 행하여져야 한다. 대리인에 의한 의사표시의 경우에는 대리인을 표준으로 착오유무를 판단하여야 한다(제116조). 착오의 존재여부는 의사표시 당시를 기준으로 판단하여야 하고, 착오의 대상에는 현재의 사실뿐만 아니라 장래의 불확실한 사실(예: 예상세금 외에 추가로 세금이 부과되는 사실)도 포함된다.[65] 그러나 장래의 미필적 사실은 포함되지 않는다. 즉 표의자가 행위를 할 당시 장래에 있을 어떤 사항의 발생이 미필적임을 알아 그 발생을 예기한 데 지나지 않은 때에는 착오가 있었다고 할 수 없다.[66]

---

63) 대법원 1985. 4. 23. 선고 84다카890 판결.
64) 대법원 2000. 5. 12. 선고 2000다12259 판결.
65) 대법원 1994. 6. 10. 선고 93다24810 판결.
66) 대법원 2013. 11. 28. 선고 2013다202922 판결.

2) 법률행위 내용의 착오

착오는 법률행위의 내용에 관한 것이어야 한다. 법률행위 내용의 착오는 의사형성 과정에서부터 상대방에게 도달하는 과정에서 발생할 수 있다. 즉 의사표시에는 의사형성 과정에서 착오(동기의 착오), 의사결정 과정에서 착오(의미 또는 내용의 착오), 표시행위 과정에서 착오(표시행위의 착오), 전달과정에서 착오(전달의 착오 또는 표시기관의 착오), 전달된 의사표시의 해석 과정에서 착오(상대방의 착오)가 발생할 수 있다.

먼저 동기의 착오는 진정한 의미의 착오가 아니고, 전달의 착오와 상대방의 착오는 표의자의 영역 밖에서 발생한 착오의 문제이므로 민법 제109조(착오에 의한 의사표시)가 적용될 여지가 없다. 따라서 의미(내용)의 착오와 표시행위의 착오만이 민법 제109조에서 규정하고 있는 법률행위 내용의 착오에 해당한다.

의미(내용)의 착오는 표시행위 자체에는 착오가 없으나 그 표시행위의 의미를 잘못 이해하는 것이다. 즉 의사를 표시하기 위한 기호의 결정과정에서의 착오이다. 예를 들면, 영국의 화폐인 파운드와 유럽의 통화인 유로를 동일가치의 것으로 오신하여 100파운드라고 적을 것을 100유로라고 적는 경우이다. 표시행위의 착오는 표시행위 자체를 잘못하는 것이다. 즉 표의자가 표시하고자 의욕한 것과 다른 표시를 하는 것을 말한다. 예를 들면, 98만원으로 쓰려고 하였으나 89만원으로 쓴 경우와 같은 오기誤記, 오담誤談 등이 이에 속한다.

> **참조** 동기의 착오는 민법 제109조에서 규정하고 있는 의미의 착오는 아니다. 그러나 판례는 동기가 법률행위의 내용이 된 경우에 동기의 착오에 의한 의사표시의 취소를 인정하고 있다. 즉 동기의 착오가 법률행위의 내용의 중요부분의 착오에 해당함을 이유로 표의자가 법률행위를 취소하려면 그 동기를 당해 의사표시의 내용으로 삼을 것을 상대방에게 표시하고 의사표시의 해석상 법률행위의 내용으로 되어 있다고 인정되면 충분하고 당사자들 사이에 별도로 그 동기를 의사표시의 내용으로 삼기로 하는 합의까지 이루어질 필요는 없지만, 그 법률행위의 내용의 착오는 보통 일반인이 표의자의 입장에 섰더라면 그와 같은 의사표시를 하지 아니하였으리라고 여겨질 정도로 그 착오가 중요한 부분에 관한 것이어야 할 것이다.[67]

3) 중요부분의 착오

의사표시에 착오가 있더라도 항상 취소할 수 있는 것은 아니고, 법률행위의 중요부분에

---
67) 대법원 1998. 2. 10. 선고 97다44737 판결; 대법원 2008. 2. 1. 선고 2006다71724 판결.

착오가 있어야 취소할 수 있다. 이것은 표의자의 이익과 상대방의 이익 및 거래안전을 조화시키기 위한 것이다.

(1) 중요부분 착오의 의미

착오로 인한 법률행위를 취소하기 위하여는 그 행위 내용에 착오가 있어야 하고, 그 착오도 중요부분에 관한 것이어야 한다. 즉 표의자가 법률행위로 달성하려고 하는 법률효과의 중요부분에 착오가 있어야 한다. 그런데 표의자가 착오로 인하여 경제적인 불이익을 입은 것이 아니라면 이를 법률행위 내용의 중요 부분의 착오라고 할 수 없다.[68]

(2) 중요부분의 판단

중요부분의 착오가 되려면 의사와 표시의 불일치가 현저하여야 하며, 그에 대한 판단은 주관적·객관적으로 이루어져야 한다.[69] 즉 법률행위의 중요부분의 착오라 함은 첫째, 표의자가 그러한 착오가 없었더라면 그 의사표시를 하지 않으리라고 생각될 정도로 중요한 것이어야 하고(주관적 요건), 둘째, 보통 일반인도 표의자의 입장이었다면 그러한 의사표시를 하지 않았으리라고 생각될 정도로 중요한 것이어야 한다(객관적 요건). 이때 착오를 이유로 의사표시를 취소하는 자는 법률행위의 내용에 착오가 있었다는 사실과 함께 착오가 의사표시에 결정적인 영향을 미쳤다는 점, 즉 만일 착오가 없었더라면 의사표시를 하지 않았을 것이라는 점을 증명하여야 한다.[70]

(3) 중요부분 착오의 모습

중요부분의 착오에 관한 개념은 추상적인 것에 불과하므로, 중요부분의 착오인가의 여부는 개별 법률행위에 있어서 재판에 의하여 결정된다. 판례에 나타난 것을 유형화하면 다음과 같다.

① 법률행위의 성질에 관한 착오

예를 들면, 임대차를 사용대차로 잘못 안 경우, 또는 연대보증을 일반보증으로 잘못 안 경우에는 일반적으로 중요부분의 착오가 된다.

---

68) 대법원 2006. 12. 7. 선고 2006다41457 판결.
69) 대법원 2020. 10. 15. 선고 2020다227523, 227530 판결.
70) 대법원 2020. 10. 15. 선고 2020다227523, 227530 판결.

② 사람에 관한 착오

사람이 누구인지가 중요한 법률행위(예: 증여, 신용매매, 대차, 위임, 고용)에서 사람의 동일성에 관한 착오는 중요부분의 착오가 된다. 사람의 속성, 즉 나이·직업·신분 등에 관한 착오는 동기의 착오에 해당한다. 그러나 이러한 속성이 중요한 의미를 가지는 법률행위에서는 중요부분의 착오가 된다. 예를 들면, 재건축조합이 재건축아파트 설계용역계약을 체결함에 있어서 상대방(건축연구소를 운영하는 건축학 전공 교수)이 건축사 자격을 가지고 있다고 오신한 경우에 재건축조합의 착오는 중요부분의 착오에 해당한다.[71]

③ 객체에 관한 착오

객체의 동일성에 관한 착오는 중요부분의 착오에 해당한다. 예를 들면, 甲말인줄 알고 乙말을 산 경우 또는 甲을 보증한다는 것이 乙을 보증한 경우에는 일반적으로 중요부분의 착오가 된다. 객체의 성상·내력에 관한 착오, 예를 들면, 가축을 매매하는 경우에 가축의 연령·수태능력을 오인하는 경우 및 기계를 매매하는 경우에 기계의 성질을 오인하는 경우는 동기의 착오에 해당한다. 그러나 이러한 속성이 중요한 의미를 가지는 법률행위에서는 중요부분의 착오가 된다. 객체의 수량·범위·가격 등에 관한 착오는 동기의 착오에 해당하며 일반적으로는 중요부분의 착오가 아니다. 그러나 그 객체의 객관적인 가격이나 예기된 수량, 범위와 상당히 큰 차이가 있는 경우에는 중요부분의 착오가 된다.

④ 객체의 법률상태에 관한 착오

객체의 법률상태에 관한 착오는 중요부분의 착오이다. 예를 들면, 2심에서의 승소판결이 확정된 사실을 모르고 화해계약을 체결한 경우 또는 귀속재산이 아닌 토지를 귀속재산으로 오인하여 국가와 증여계약을 체결한 경우에는 중요부분의 착오가 인정된다.[72] 그리고 교통사고에 피해자와 가해자의 과실이 경합함에도 불구하고 피해자에게만 과실이 있는 것으로 오신하여 합의한 경우에도 중요부분의 착오가 인정된다.[73]

---

71) 대법원 2003. 4. 11. 선고 2002다70884 판결.
72) 대법원 1978. 7. 11. 선고 78다719 판결.
73) 대법원 1997. 4. 11. 선고 95다48414 판결.

4) 표의자에게 중대한 과실이 없을 것

(1) 제109조 제1항 제2문
착오가 표의자의 중대한 과실에 기인하는 때에는 비록 중요부분의 착오가 있더라도, 표의자는 그의 의사표시를 착오를 이유로 취소하지 못한다. 이는 중대한 과실이 있는 표의자를 보호할 필요가 없으므로 상대방을 보호하려는 취지이다.

(2) 중대한 과실
중대한 과실이라 함은 표의자가 그의 직업, 행위의 종류·목적 등에 비추어 보통 요구되는 주의를 현저히 결여한 것을 말한다.[74] 여기서 과실은 추상적 과실을 말하며, 표의자가 선량한 관리자의 주의의무를 현저히 결여한 경우에는 중대한 과실이 인정된다. 예를 들면, 공장을 경영하는 자가 새로운 공장을 설립할 목적으로 토지를 매수하면서 그 토지에 공장을 건축할 수 있는지 여부를 관할관청에 알아보아야 할 주의의무를 다하지 않은 경우에는 중대한 과실이 인정된다.[75]

5) 증명책임
착오를 이유로 의사표시를 취소하는 자는 법률행위의 내용에 착오가 있었다는 사실과 함께 그 착오가 법률행위 내용의 중요부분에 존재한다 점을 증명하여야 한다.[76] 그러나 착오자에게 중대한 과실이 있다는 것에 대한 입증책임은 그 의사표시를 취소케 하지 않으려는 상대방에게 있다.[77]

3. 효과

1) 원칙
법률행위의 내용의 중요부분에 착오가 있는 때에는 그 의사표시를 취소할 수 있다(제109조 제1항 제1문). 즉 착오로 인한 법률행위를 취소하기 위한 요건이 구비되면 착오를 이유로 그 법률행위를

---
74) 대법원 1996. 7. 26. 선고 94다25964 판결.
75) 대법원 1993. 6. 29. 선고 92다38881 판결.
76) 대법원 2008. 1. 17. 선고 2007다74188 판결.
77) 대법원 2005. 5. 12. 선고 2005다6228 판결.

취소할 수 있다. 그 결과 법률행위는 소급적으로 무효로 된다(제141조). 법률행위의 일부분에 착오로 인한 취소사유가 있는 경우에 그 일부분만의 취소도 가능하며 그 일부의 취소는 법률행위의 일부에 관하여 효력이 생긴다.[78]

2) 예외

착오에 의한 의사표시의 취소는 선의의 제3자에게 대항하지 못한다(제109조 제2항). 거래의 안전을 위하여 둔 규정이다. 여기서 선의·제3자·대항하지 못한다는 것의 의미는 통정한 허위표시에서 설명한 것과 같다.

(3) 표의자의 배상책임

표의자가 중요부분의 착오를 이유로 그 의사표시를 취소한 경우에 그 상대방은 어떻게 보호할 것인가? 이에 관하여 독일민법 제122조는 착오를 이유로 취소한 표의자는 과실유무를 묻지 않고서 신뢰이익을 배상할 의무가 있는 것으로 규정하고 있다. 그러나 민법에는 이에 대한 명문규정이 없다. 이에 대하여 착오로 취소된 경우에 착오자의 손해배상책임에 관한 견해의 대립이 있다.[79] 판례는 착오로 인한 취소에 대한 손해배상책임을 부정하고 있다. 즉 판례는, 전문건설공제조합이 계약보증서를 발급하였으나 착오를 이유로 보증계약을 취소하는 것이 위법하지 않으므로 불법행위에 기한 손해배상책임의 성립을 부정하고 있다.[80]

4. 적용범위

민법 제109조는 의사표시 일반에 관한 통칙이므로 모든 의사표시에 적용되는 것이 원칙이다. 그러나 신분행위에는 당사자의 진정한 의사가 절대적으로 존중되어야 하므로, 민법 제109조는 적용되지 않는다. 정형적 집단행위는 일반적으로 다수인의 이해와 관계되며 또한 신속한 처리가 요구되는 것이므로, 일반재산행위와 다른 특색을 가진다. 따라서 정형적 집단행위에는 표시주의를 관철할 필요가 있다. 따라서 민법 제109조의 적용이 제한되는 수가 있다. 예를 들면, 회사성립 전에 주식을 인수한 자는 회사성립 후에는 착오를 이유로 그 인수를 취소하지 못한다(상법 제320조 제1항).

화해계약은 착오를 이유로 하여 취소하지 못한다(제733조 제1문). 그러나 화해계약 당사자의 자

---

78) 대법원 2002. 9. 10. 선고 2002다21509 판결.
79) 강태성, 666면~668면 참고.
80) 대법원 1997. 8. 22. 선고 97다13023 판결.

격 또는 화해의 목적인 분쟁 이외의 사항에 착오가 있는 때에는 취소할 수 있다(동조제2문). 공법행위의 경우에는 민법 제109조가 적용되지 않는다.

5. 다른 제도와의 관계

1) 착오와 사기의 관계

동일한 사실이 착오와 사기의 요건을 모두 충족시키는 경우가 생길 수 있다. 두 제도는 서로 요건과 효과가 다르므로 양 제도에 의한 취소권 경합이 인정된다.[81] 따라서 타인의 기망행위로 인하여 법률행위의 중요부분에 착오가 생긴 경우에 어느 제도이든 그 요건을 증명하여 권리를 행사할 수 있다.[82]

2) 착오와 담보책임의 관계

매매에 있어서 권리의 하자나 물건의 하자가 있는 경우에 매도인이 이러한 하자에 대하여 부담하는 책임을 담보책임이라 한다(제570조 이하). 그런데 권리의 하자나 물건의 하자가 있는 경우에는 그 법률행위의 중요부분에 착오가 있는 때도 있다(예: 타인의 물건의 매매). 착오로 인한 취소 제도와 매도인의 하자담보책임 제도는 취지가 서로 다르고, 요건과 효과도 구별된다. 따라서 매매계약 내용의 중요 부분에 착오가 있는 경우에 매수인은 매도인의 하자담보책임이 성립하는지와 상관없이 착오를 이유로 매매계약을 취소할 수 있다.[83]

Ⅴ. 사기・강박에 의한 의사표시

1. 서설

사기・강박에 의한 의사표시는 타인의 부당한 간섭으로 말미암아 의사표시가 방해된 상태에서 행하여진 의사표시이다. 사기・강박에 의한 의사표시에는 의사와 표시의 불일치는 존재하지 않고, 의사형성 과정에 타인의 부당한 간섭으로 하자가 존재한다. 사기・강박을 당한 피해자를 구제하기 위한 제도는 민법과 형법에 존재한다. 민법상 제도에는 사기・강

---

81) 강태성, 688면; 송덕수, 312면.
82) 대법원 1985. 4. 9. 선고 85도167 판결.
83) 대법원 2018. 9. 13. 선고 2015다78703 판결.

박에 의한 의사표시의 취소(제110조)와 불법행위에 의한 손해배상청구(제750조)가 있고, 형법상 제도에는 사기죄(제347조)와 공갈죄(제350조)가 있다.

2. 사기(詐欺)에 의한 의사표시의 의의 및 요건

1) 의의

사기에 의한 의사표시는 타인의 위법한 기망행위로 착오에 빠진 상태에서 하는 의사표시이다.

2) 요건

(1) 의사표시의 존재
사기에 의한 의사표시는 표의자의 의사표시를 전제로 한다.

(2) 사기자의 고의
사기자(상대방 또는 제3자)에게 고의가 있어야 한다. 사기자의 고의는 2단의 고의여야 한다. 즉 사기자에게 표의자를 기망하여 착오에 빠지게 하려는 고의와 그 착오에 기하여 표의자로 하여금 구체적인 의사표시를 하게 하려는 고의가 있어야 한다.

(3) 기망행위의 존재
기망행위란 표의자에게 그릇된 관념을 가지게 하거나 이를 강화 또는 유지하려는 모든 용태를 말한다. 적극적으로 허위의 사실을 표시하는 것뿐만 아니라 소극적으로 진실을 숨기는 것도 기망행위에 해당한다. 단순한 침묵은 기망행위가 아니다. 그러나 침묵된 사정에 관하여 행위자에게 설명의무가 있는 경우에는 기망행위가 된다. 예를 들면, 아파트 분양자가 아파트 단지 인근에 쓰레기 매립장 또는 공동묘지가 건설예정인 사실을 분양계약자에게 고지해야 할 신의칙상의 의무를 이행하는 않는 것은 부작위에 의한 기망행위에 해당한다.[84]

---

84) 대법원 2006. 10. 12. 선고 2004다48515 판결; 대법원 2007. 6. 1. 선고 2005다5812, 5829, 5836 판결.

(4) 기망행위의 위법성

기망행위는 위법해야 한다. 그런데 타인의 착오나 부지不知를 이용하는 것은 거래관행상 어느 정도 허용된다. 따라서 위법성 유무는 개별적 사정에서 신의칙 및 거래관념에 따라 판단하여야 한다. 예를 들면, 매매나 임대차에서는 위임이나 조합에서보다 정직함이 덜 요구되고, 매매의 경우에도 행위의 주체와 객체의 성질에 따라(예: 백화점과 노점상, 신제품과 중고물품의 매매) 정직성의 정도가 다르므로 이러한 점을 고려하여 위법성을 판단하여야 한다.

(5) 기망행위와 의사표시 사이의 인과관계

사기자의 기망행위와 표의자의 의사표시 사이에 2개의 인과관계가 있어야 한다. 즉 표의자는 사기자의 기망행위로 착오에 빠지고, 그 착오로 인하여 의사표시를 하여야 한다.

3. 강박에 의한 의사표시의 의의 및 요건

1) 의의

강박에 의한 의사표시는 표의자가 타인의 위법한 강박행위로 인한 공포심에 사로잡혀 행한 의사표시이다.

2) 요건

(1) 의사표시의 존재

표의자는 어느 정도의 의사 결정의 여지(자유)가 있는 상태에서 의사표시를 해야 한다. 표의자가 물리적 힘(절대적 폭력)에 의하여 의사결정의 자유를 완전히 상실한 상태에서 한 의사표시는 무효이다.[85]

(2) 강박자의 고의

강박자(상대방 또는 제3자)에게는 2개의 고의가 있어야 한다. 즉 강박자는 표의자에게 공포심을 일으키려는 고의와 그 공포심으로 인한 의사표시를 하게 하려는 고의를 가져야 한다.

---

85) 대법원 2003. 5. 13. 선고 2002다73708, 73715 판결.

(3) 강박행위의 존재

강박행위는 해악을 고지하여 공포심을 일으키게 하는 행위이다. 강박행위의 방법이나 해악의 종류에는 제한이 없다. 그러므로 작위는 물론이고 부작위나 침묵도 강박행위가 될 수 있다.

(4) 강박행위의 위법성

강박행위는 위법해야 한다. 정당한 권리행사는 공포심을 일으키더라도 위법성이 없다. 예를 들면, 채권자가 채무자에게 주택을 강제집행하겠다고 한 경우에는 위법성이 없다. 또한, 불법행위에 대한 고소·고발은 그것이 부정한 이익을 목적으로 하는 것이 아닐 때에는 정당한 권리행사가 되어 위법하지 않다.[86] 그러나 부정한 이익을 목적으로 하는 것일 때에는 위법하다.

(5) 강박행위와 의사표시 사이의 인과관계

강박행위와 의사표시 사이에는 2개의 인과관계가 있어야 한다. 즉 강박으로 인하여 표의자에게 공포심이 일어나야 하며, 그 공포로 인하여 의사표시를 해야 한다.

4. 사기·강박에 의한 의사표시의 효과

사기나 강박에 의한 의사표시의 효과는 같다(제110조).

1) 취소가능성

사기·강박에 의한 의사표시는 취소할 수 있다(제110조 제1항). 그러나 제3자의 사기·강박으로 인한 의사표시의 경우에는 취소를 제한하고 있다. 즉 상대방 있는 의사표시에 있어서 제3자가 사기나 강박을 행한 경우에 표의자의 상대방이 그 사실을 알았거나 알 수 있었을 경우에 한하여 그 의사표시를 취소할 수 있다(제110조 제2항). 따라서 강박으로 의사표시를 한 자는 상대방이 악의 또는 과실이 있는 경우에만 취소할 수 있다.

상대방의 선의·악의 및 과실유무는 의사표시 당시, 즉 의사표시를 상대방이 요지了知한 때를 기준으로 결정하여야 한다.[87] 제3자의 사기나 강박에 의하여 의사표시를 한 자는 상대

---

86) 대법원 1997. 3. 25. 선고 96다47951 판결.
87) 대법원 1990. 2. 27. 선고 89다카24681 판결.

방의 선의·무과실로 인하여 취소할 수 없는 경우에도 그 제3자에 대하여는 사기나 강박을 이유로 불법행위에 의한 손해배상청구권을 행사할 수 있다.[88]

2) 제3자에 대한 관계

사기나 강박을 이유로 한 취소는 선의의 제3자에게 대항하지 못한다(제110조 제3항). 선의·제3자·대항하지 못한다는 것의 의미는 통정한 허위표시에서 설명한 것과 같다. 제3자는 특별한 사정이 없는 한 선의로 추정되므로 제3자의 악의에 대한 입증책임은 표의자에게 있다.[89]

VI. 의사표시의 효력발생

1. 서설

상대방 없는 의사표시의 경우에는 특정의 상대방이 없으므로 표시행위를 완료한 때에 의사표시의 효력이 발생한다(표백주의 表白主義). 따라서 특별히 문제될 것이 없다. 그러나 상대방 있는 의사표시는 상대방과의 관계에서 문제가 있다. 구체적으로 의사표시의 효력발생시기, 의사표시의 수령능력 및 상대방 또는 상대방의 주소를 모르는 경우에 의사표시의 전달에 대한 문제가 있다.

2. 의사표시의 효력발생시기

상대방 있는 의사표시 중에서 직접 대화하는 자(대화자) 사이에서는 의사표시의 전달과정이 문제되지 않는다. 그러나 시간적·장소적 거리로 직접 대화하지 못하는 격지자(隔地者) 사이에서의 의사표시는 여러 과정을 거쳐 상대방에게 전달된다. 의사표시의 발생 시점에 따라 의사표시가 잘못 전달되거나 불착 또는 연착된 경우에 누가 위험을 부담할 것인지가 결정된다.

1) 입법주의

상대방 있는 의사표시는 다음과 같이 네 단계를 거쳐 상대방에게 전달된다. 예를 들면,

---

88) 대법원 1998. 3. 10. 선고 97다55829 판결.
89) 대법원 1970. 11. 24. 선고 70다2155 판결.

계약 해제의 의사표시를 우편으로 보내는 과정을 살펴보면, 첫째, 표의자는 서신을 작성하고(의사표시의 표백), 둘째, 서신을 우편함에 투입하고(의사표시의 발신), 셋째, 서신이 상대방에게 배달되고(의사표시의 도달), 넷째 상대방이 서신을 읽고 내용을 알게 된다(의사표시의 요지). 의사표시의 효력발생시기에 관한 입법은 이와 같은 의사표시의 전달 단계에 따라 표백주의·발신주의·도달주의·요지주의로 구분된다.

2) 도달주의 원칙

민법은 도달주의를 원칙으로 하고 있다. 즉 민법 제111조 제1항에서 "상대방 있는 의사표시는 상대방에게 도달한 때에 그 효력이 생긴다."라고 규정함으로써 도달주의를 채택하고 있다. 다만, 격지자간의 계약의 성립시기에 관하여, 민법 제531조에 "격지자간의 계약은 승낙의 통지를 발송한 때에 성립한다."라고 규정하여, 발신주의를 취하고 있다.

(1) 도달의 개념

의사표시의 도달이란, 의사표시가 상대방의 지배영역으로 들어가 사회통념상 상대방이 그 내용을 요지了知할 수 있는 상태로 되는 것이다(요지가능성설). 즉 도달이라 함은 사회통념상 상대방이 통지의 내용을 알 수 있는 객관적 상태에 놓여 있는 경우를 가리키는 것으로서, 상대방이 통지를 현실적으로 수령하거나 통지의 내용을 알 것까지는 필요로 하지 않는다.[90]

구체적으로 상대방의 주소 기타 상대방이 사실상 요지가능한 장소인 거소·관청·사무소 등의 우편함에 투입되거나, 또는 본인 이외의 동거 가족·고용인처럼 상대방을 위하여 수령함을 이해할 수 있고, 사실상 본인에게 전달할 수 있는 것으로 인정되는 자에게 교부되면 도달된 것으로 본다. 또한, 상대방이 정당한 사유 없이 통지의 수령을 거절한 경우에는 상대방이 그 통지의 내용을 알 수 있는 객관적 상태에 놓여 있는 때에 의사표시의 효력이 생긴다.[91] 그리고 상대방에게 기대되는 시기보다 이른 시점에 요지하게 되었다면 실제 요지하게 된 때에 도달된 것으로 보아야 할 것이다. 그러나 도달은 상대방이 요지할 수 있는 상태가 생겨야 하므로, 문서를 슬그머니 수령자의 주머니에 넣거나 쉽게 발견할 수 없는 상태로 문서를 삽입한 상품을 송부한 경우에는 의사표시의 도달이 있다고 할 수 없다.

---

90) 대법원 2008. 6. 12. 선고 2008다19973 판결.
91) 대법원 2008. 6. 12. 선고 2008다19973 판결.

(2) 전자적 의사표시의 도달 시기

전자적 의사표시도 의사표시에 포함되므로, 그 의사표시가 상대방의 지배권 내에 진입하여 상대방이 사회통념상 요지할 수 있는 상태에 있는 때에 도달한 것으로 인정된다. 예를 들면, 해지 통고를 E-Mail로 송부하는 경우에 그 의사표시는 그 다음날 근무시작시간에 요지할 수 있는 상태에 있으므로 그 때에 도달된 것으로 보아야 한다.

우리나라에는 전자문서 및 전자거래 기본법(전자문서법)에서 컴퓨터 등에 의한 전자문서의 도달 시기를 규정하고 있다. 그러나 이는 기술상의 도달 시점을 말하는 것이지 법률상의 도달을 의미하는 것은 아니다. 따라서 수신자가 요지할 것을 포기한 사정이 발견되지 않는 한, 예를 들면, 수신자가 24시가 요지상태라고 고지하지 않는 한, 수신자의 컴퓨터에 수록되고 수신자가 거래통념에 비추어 요지할 상태에 있을 때에 도달한 것으로 보아야 한다.

3) 도달주의의 효과

(1) 의사표시의 철회

의사표시는 상대방에게 도달한 때에 효력이 생긴다. 따라서 의사표시 발신 후 상대방에게 도달하기 전에는 그 의사표시의 효력이 발생하기 전이므로 표의자는 임의로 그 의사표시를 철회할 수 있다. 그러나 철회의 의사표시는 늦어도 철회될 의사표시와 동시에 도달하여야 한다.

(2) 의사표시의 불착·연착

도달주의 원칙상 의사표시가 도착하지 않거나 늦게 도착한 경우에는 그 의사표시의 효력이 생기지 않으므로 그에 따른 불이익은 표의자가 입게 된다. 따라서 의사표시 도달의 입증책임은 불착·연착으로 인한 불이익을 입게 되는 표의자가 진다. 우편물이 등기취급의 방법으로 발송된 경우에는 반송되는 등의 특별한 사정이 없는 한 그 무렵 수취인에게 도달된 것으로 본다.[92] 그러나 내용증명우편이나 등기우편과는 달리, 보통우편의 방법으로 발송된 경우에는 그 우편물이 상당한 기간 내에 도달하였다고 추정할 수 없고, 송달의 효력을 주장하는 측에서 증거에 의하여 이를 입증하여야 한다.[93]

---

92) 대법원 2007. 12. 27. 선고 2007다51758 판결.
93) 대법원 2002. 7. 26. 선고 2000다25002 판결.

(3) 발송 후의 사정변경

의사표시가 도달한 후에는 표의자가 의사표시의 발송 후 사망하거나 제한능력자가 되어도 그 의사표시의 효력에 영향을 미치지 않는다(제111조 제2항).

3. 의사표시의 공시송달

상대방 있는 의사표시의 경우에 표의자가 과실 없이 상대방을 알지 못하거나 상대방의 소재를 알지 못하는 경우에 의사표시는 공시송달에 의하여 송달할 수 있다(제113조). 공시송달은 민사소송법의 공시송달의 규정에 의한다(민사소송법 제194조~제196조). 즉 공시송달은 법원사무관 등이 송달할 서류를 보관하고 그 사유를 법원게시판에 게시하거나, 그 밖에 대법원규칙이 정하는 방법(관보·공보 또는 신문게재, 전자통신매체를 이용한 공시)에 따라서 하여야 한다(민사소송법 제195조). 공시송달에 의한 의사표시는 게시한 날로부터 2주일이 경과한 때에 상대방에게 도달한 것으로 간주된다(민사소송법 제196조 제1항).

4. 의사표시의 수령능력

의사표시가 상대방에게 도달한 것으로 되기 위해서는 상대방이 의사표시의 내용을 요지할 수 있는 능력이 있어야 한다. 상대방의 이러한 능력을 의사표시의 수령능력이라 하고, 민법은 제한능력자의 의사표시 수령능력을 제한하고 있다. 즉 "의사표시의 상대방이 의사표시를 받은 때에 제한능력자인 경우에는 의사표시자는 그 의사표시로써 대항할 수 없다."라고 규정하고 있다(제112조 제1문). 이 경우에 제한능력자가 그 의사표시의 도달을 주장하는 것은 상관없다. 그러나 제한능력자의 법정대리인이 의사표시가 도달한 사실을 안 후에는 의사표시자도 그 의사표시로써 대항할 수 있다(제112조 제2문). 이 경우에 의사표시자는 의사표시의 도달 또는 효력발생을 주장할 수 있다.

제7절 법률행위의 대리

Ⅰ. 서설

1. 의의
대리는 타인(대리인)이 본인의 이름으로 법률행위(의사표시)를 하거나 의사표시를 수령함으로써 그 법률효과가 직접 본인에게 생기는 제도이다. 법률행위의 효과는 원칙적으로 의사표시를 하는 표의자에게 귀속하는 것이 원칙이다. 그러나 대리는 법률효과가 예외적으로 표의자 이외의 자에게 귀속되는 제도이다.

2. 연혁 및 기능

1) 연혁

대리제도는 봉건적·신분적 예속관계에 있던 근대 이전에는 발달하지 못하였다. 근대에 경제활동의 영역이 확대되고 거래관계가 복잡해지게 됨에 따라 타인을 통한 활동영역의 확대가 요구되었다. 그리하여 대리제도는 17세기경부터 독일에서 독립된 제도로 인정되기 시작하였고, 19세기 이후에 각국의 입법에서 일반적으로 승인받게 되었다.

2) 기능

본인은 대리인을 통하여 복잡하고 다양한 법률관계를 처리할 수 있으므로, 대리제도는 사적자치를 확충하는 기능을 한다. 또한, 제한능력자에 대한 능력의 보충은 대리인을 통하여 이루어지므로 대리제도는 사적자치를 보충하는 기능을 한다. 전자는 주로 임의대리의 기능이고, 후자는 주로 법정대리의 기능이다.

3. 대리의 본질
대리에서 그 법률행위의 법률효과는 직접 본인에게 귀속된다. 이에 대한 이론적 근거, 즉 대리의 본질에 대한 학설이 존재한다. 우리나라에서는 대리인행위설과 통일요건설(종합요건설)이 대표적인 학설이다. 먼저 대리인행위설은 대리인을 행위 당사자로 보고, 대리인의 법률행위의 효과는 민법 제114조 이하의 규정에 의하여 본인에게 귀속하는 것으로 본다.[94] 통일요건설은 대리인이 상대방에게 하는 의사표시가 대리인과 본인의 공동행위라고 본다.[95] 민법은 대리인행위설의 입장에서 대리행위의 하자는 대리인을 표준으로 하여 결정한다고 규정하고 있다(제116조).

4. 대리가 인정되는 범위

대리는 법률행위에서 인정된다. 즉 대리는 의사표시를 하거나(능동대리) 의사표시를 수령하는 것(수동대리)에 한하여 인정된다. 본인의 의사결정이 중시되는 친족상속법상의 법률행위(예: 혼인, 이혼, 입양, 유언)에는 대리가 허용되지 않고, 사실행위(예: 선점, 습득) 또는 불법행위에도 인정되지 않는다.

의사의 통지(예: 최고)나 관념의 통지(예: 채권양도의 통지)와 같은 준법률행위는 표의자의 의사와 관계없이 일정한 법률효과가 발생되는 점에서 의사표시와 구분되나 표의자의 의사나 표현은 존재하므로 의사표시에 가깝다. 따라서 그 성질이 허용하는 한 의사표시 내지 법률행위에 관한 규정이 유추적용되므로 대리도 준법률행위에 유추적용된다.

5. 대리와 구별하여야 할 제도

1) 간접대리

간접대리는 행위자(간접대리자)가 자신의 이름으로 법률행위를 하여 그 법률효과가 행위자 자신에게 귀속되도록 한 후에, 그 법률효과를 타인(간접본인)에게 이전하여야 할 의무를 부담하는 제도이다. 그 예로는 위탁매매업(상법 제101조)과 운송주선업(상법 제114조) 등이 있다.

2) 대표

법인 대표의 법률행위의 효과는 법인에 귀속된다. 즉, 법인이 직접 권리와 의무를 취득한다는 점에서 대표는 대리와 비슷하다. 그러나 대표는 법인과 별개의 지위에 있지 않고, 대리와는 달리 법률행위·사실행위·불법행위에 있어서도 인정된다. 그러므로 대표와 대리는 독립성 및 인정범위 등에 있어서 차이가 있다. 그러나 대표는 대리와 비슷한 면도 많으

---

94) 강태성, 713면; 곽윤직·김재형, 336면; 송덕수, 339면; 지원림, 153면.
95) 김상용·전경운, 553면; 백태승, 439면.

므로, 법인의 대표에 관하여는 대리에 관한 규정을 준용한다.

3) 사자

사자(使者)는 본인이 표시한 의사를 상대방에게 전달하거나 본인이 결정한 의사를 상대방에게 그대로 표시하는 자이다. 사자에 있어서는 본인이 의사를 결정한다는 점에서, 대리인이 결정하는 대리와는 다르다.

6. 대리의 종류

1) 임의대리 · 법정대리

임의대리는 본인의 수권행위에 의하여 대리권이 부여된 대리이고, 법정대리는 법률의 규정에 의하여 대리권이 부여된 대리이다.

2) 능동대리 · 수동대리

능동대리는 본인을 위하여 제3자에게 의사표시를 하는 대리이고, 수동대리는 본인을 위하여 제3자의 의사표시를 수령하는 대리이다. 능동대리권을 가지는 대리인은 특별한 사정이 없는 한 그 대리권의 범위에서 수동대리권도 가진다.[96]

3) 유권대리 · 무권대리

대리행위를 하는 자에게 대리권이 있으면 유권대리이고, 대리행위를 하는 자에게 대리권이 없으면 무권대리이다.

7. 대리의 삼면관계

대리에 있어서는 본인과 대리인, 대리인과 상대방 그리고 상대방과 본인 사이의 관계로 구성되어 있다. 본인과 대리인 사이의 관계에서는 대리권이 발생하고, 대리인과 상대방 사이의 관계에서는 대리행위가 이루어지며, 상대방과 본인 사이의 관계에서는 권리변동이라는 법률효과가 발생한다. 대리에서는 이러한 본인 · 대리인 · 상대방 사이의 3면 관계가 중심이 된다.

---

96) 대법원 1994. 2. 8. 선고 93다39379 판결.

Ⅱ. 대리권

1. 대리권의 의의

대리권이란 대리인이 본인의 이름으로 의사표시를 하거나 의사표시를 받음으로써 본인에게 그 법적 효과를 귀속시킬 수 있는, 대리인의 본인에 대한 법률상의 지위 또는 자격을 말한다.

2. 발생원인

1) 법정대리권의 발생원인

법정대리권의 발생원인은 세 가지로 유형으로 구분된다. 첫째, 본인과 일정한 지위에 있는 자가 법률의 규정에 의하여 대리인이 되는 경우이다. 부부의 일상가사대리권(제827조), 친권자(제911조, 제920조) 등이 이에 속한다. 둘째, 지정권자의 지정에 의하여 대리인이 되는 경우이다. 예를 들면, 미성년자의 지정후견인(제931조), 지정유언집행자(제1093조, 제1094조) 등이 있다. 셋째, 법원의 선임에 의하여 대리인이 되는 경우이다. 예를 들면, 부재자의 재산관리인(제23조, 제24조), 제한능력자의 후견인(제932조, 제936조, 제959조의3·4·9·11), 상속재산관리인(제1023조, 제1040조, 제1044조, 제1047조, 제1053조) 및 유언집행자(제1096조) 등이 이에 포함된다.

2) 임의대리권의 발생원인

임의대리권은 본인이 대리인에게 대리권을 수여하는 행위, 즉 수권행위授權行爲에 의하여 성립한다.

(1) 수권행위와 기초적 법률관계의 관계

대리권은 기초적 내부관계를 설정하는 계약(내부관계설정계약, 예: 위임, 고용, 도급, 조합)에 수반하여 발생한다. 이러한 내부관계설정계약과 대리권의 발생원인, 즉 수권행위와의 관계가 문제가 된다. 통설과 판례에 의하면, 수권행위는 내부관계설정계약 그 자체는 아니며, 그것과는 별개의 독립된 대리권의 발생만을 목적으로 하는 법률행위라고 한다.[97] 즉 수권행위에는 독자성이 인정된다.

내부관계설정계약 중에서 위임을 예를 들면, 위임과 대리권 수여, 즉 수권행위는 별개의

---

97) 대법원 1962. 5. 24. 선고 4294민상251, 252 판결.

독립된 행위라고 하더라도 이는 관념적인 구분에 불과하고 두 행위가 항상 별도로 행해지는 것은 아니다. 수권행위가 위임과 합쳐서 하나의 행위로 행하여지는 것이 보통이다. 그러나 위임 없이 수권행위만 있는 경우도 있고, 위임이 있더라도 수권행위가 없는 경우도 있다.

(2) 수권행위의 방식

수권행위는 불요식행위이다. 따라서 구두에 의한 수권행위도 가능하고, 명시적·묵시적으로도 가능하다. 수권행위는 불요식행위이지만, 거래계에서는 실제로 대리인에게 위임장을 주는 것이 일반적이다. 위임장은 위임사항을 적고 본인이 서명 등을 하는 방식으로 작성된다.

3. 대리권의 범위

1) 법정대리권의 범위

법정대리권은 법률의 규정에 의하여 발생하므로, 법정대리권의 범위는 그 법률규정이나 그 해석에 의하여 개별적으로 정해진다.

2) 임의대리권의 범위

임의대리권은 본인의 대리인에 대한 수권행위에서 발생하므로, 임의대리권의 범위는 결국 그 수권행위나 그 해석에 의하여 정해진다.

3) 대리권의 범위에 관한 보충규정

대리권이 존재하는 것은 분명하지만, 그 범위가 불명한 경우에 관하여 민법은 제118조에서 보충규정을 두고 있다. 즉 권한을 정하지 아니한 대리인은 관리행위, 즉 보존·이용·개량행위만을 할 수 있고, 처분행위는 하지 못한다(제118조).

(1) 보존행위

보존행위는 물건이나 권리의 현상을 그대로 유지하는 행위이다. 예를 들면, 건물의 수선, 권리의 소멸시효 중단 및 미등기 부동산의 보존등기 등은 보존행위로서 대리인은 이를 제한 없이 할 수 있다. 보존행위인가의 여부는 실질적으로 판단한다. 따라서 형식적으로는 처분행위이지만 실질적으로는 현상유지를 위한 행위, 예를 들면, 부패하기 쉬운 물건의 매각이나 기한이 도래한 채무의 변제 또는 기한이 도래한 채권의 추심 등은 보존행위에 해당한다. 그러나 채무를 소멸시키기 위하여 하는 대물변제나 경개는 보존행위가 아니다.

(2) 이용행위 · 개량행위

이용행위는 물건이나 권리를 사용 · 수익하는 행위이다. 예를 들면, 본인의 물건을 임대하거나 금전을 이자부로 대여하는 것이다. 개량행위란 물건이나 권리의 가치를 증대시키는 행위이다. 예를 들면, 주택의 개량을 내용으로 하는 계약, 무이자부 채권을 이자부 채권으로 하는 계약, 본인 부동산에 설정된 저당권의 말소등기 신청 등이 이에 해당한다. 개량행위는 물건이나 권리에 변경을 가한다는 점에서 이용행위와 다르다.

대리인의 이용행위와 개량행위는 물건이나 권리의 성질을 변하게 하지 않는 범위에서 허용된다(제118조 제2호). 물건이나 권리의 성질 변화 여부는 사회통념에 따라 판단한다. 예를 들면, 예금으로 주식을 구입하거나 가격 하락이 예상되는 물건을 처분하여 가격상승이 예상되는 물건을 구입하는 것은 개량행위에 해당하지만, 권리나 물건의 성질을 변하게 하므로 대리가 허용되지 않는다.

(3) 유의점

대리인의 구체적 개별적인 행위가 보존행위, 이용 · 개량행위에 해당하는지 여부는 그 행위의 성질에 의하는 것이므로 그 행위의 결과로 본인에게 이익이 발생하였는지 여부와 관계없이 결정하여야 한다. 따라서 대리인의 보존행위로 본인에게 불이익이 발생하더라도 대리행위로서 유효하다. 이 경우에 대리인은 본인에 대하여 기초적 내부관계에 기한 손해배상책임을 부담한다.

4. 대리권의 제한

1) 자기대리 · 쌍방대리 금지

(1) 자기대리 · 쌍방대리 금지의 원칙

대리인이 한편으로는 본인을 대리하고, 다른 한편으로는 자기 개인의 자격으로 혼자서 본인과 대리인 사이의 법률행위를 대리하는 것을 자기대리($^{자기계약\ 또는}_{상대방대리}$)라고 한다. 쌍방대리란 동일인이 하나의 법률행위에 있어서 당사자 쌍방의 대리인이 되어 대리행위를 하는 것을 말한다. 민법은 이러한 자기대리와 쌍방대리를 원칙적으로 금지하고 있다(제124조). 그 이유는 본인($^{자기대리의}_{경우}$) 또는 본인 일방($^{쌍방대리의}_{경우}$)의 이익이 대리인에 의하여 부당하게 침해되는 것을 방지하기 위해서이다. 즉 본인을 보호하기 위해서이다.

(2) 자기대리 · 쌍방대리가 허용되는 경우

자기대리 · 쌍방대리는 본인의 이익을 보호하기 위하여 금지되는 것이므로 본인의 이익을 침해하지 않는다면 예외적으로 허용된다. 따라서 본인이 미리 자기대리 · 쌍방대리를 허락하거나 채무이행의 경우에 자기대리 · 쌍방대리가 허용된다. 채무이행은 이미 성립하고 있는 이해관계를 결제할 뿐 새로운 이해관계를 창설하는 것은 아니기 때문이다.

(3) 금지위반의 효과

자기대리 · 쌍방대리 금지에 관한 민법 제124조를 위반한 대리행위는 확정적 무효가 아니고, 무권대리로 다루어진다. 따라서 본인이 사후에 자기대리 · 쌍방대리 행위를 추인하면 완전히 유효한 행위가 된다(제130조).

2) 공동대리

(1) 의의

공동대리란 수인(數人)의 대리인이 공동으로만 대리할 수 있는 것을 말한다. 민법은 대리인이 여러 명 있는 때에는 각자가 본인을 대리하는 것으로 규정하고 있다(제119조). 즉 여러 명 있는 때에는 단독대리를 원칙으로 하고 있다. 따라서 대리인이 여러 명 있는 때에 법률의 규정($^{예:\ 부부의\ 친권}_{공동행사}$) 또는 수권행위의 해석에 따라 공동대리해야 하는 경우에는 대리권의 제한이 된다. 또한, 공동대리의 경우에 1인의 대리인이 대리행위에 참여하지 않거나 대리인 1인의 행위에 의사의 결함이 있으면 대리행위 자체에 결함이 있게 된다. 그러므로 공동대리는 각 대리인에게 있어서 대리권의 제한이 된다.

(2) 공동대리위반의 효과

공동대리를 해야 하는 경우임에도 불구하고 공동대리를 하지 않는 경우에 그 대리행위는 무권대리행위가 된다. 따라서 본인의 추인이 있으면 그 대리행위는 소급적으로 유효한 것으로 된다(제133조).

5. 대리권의 소멸

대리권의 소멸 사유에는 임의대리와 법정대리에 공통한 사유와 각각의 대리에 특유한 사유가 있다.

1) 공통한 소멸원인

(1) 본인의 사망

본인의 사망으로 대리권은 소멸한다(제127조 제1호). 즉 법정대리에서는 본인의 사망으로 대리가 필요 없고, 임의대리에서는 본인의 신임을 기초로 선임된 것이므로 본인의 대리인이 그대로 상속인의 대리인이 되는 것은 적절하지 않기 때문이다.[98] 그러나 임의대리에서는 예외가 있다. 첫째, 임의대리의 내부관계설정계약(예: 위임, 고용, 도급, 조합)이 본인의 사망에도 불구하고 존속하는 경우에는 그 효력이 존속하는 범위에서 대리권은 소멸하지 않는다. 예를 들면, 위임은 당사자 일방의 사망으로 종료하지만(제690조), 위임종료의 경우에 급박한 사정이 있는 때에는 수임인은 위임인의 상속인이 위임사무를 처리할 수 있을 때까지 그 사무처리를 계속하여야 한다(제691조 제1문). 따라서 위임이 존속하는 범위에서 대리권도 존속한다. 둘째, 본인과 대리인 사이에 본인이 사망하더라도 대리권이 소멸하지 않는다는 내용의 합의, 즉 대리권 불소멸의 합의가 있는 경우에는 이 합의는 유효하다. 셋째, 상행위의 위임에 의한 대리권, 즉 상사대리권은 본인의 사망으로 인하여 소멸하지 않는다(상법 제50조). 넷째, 소송대리권은 당사자(본인)의 사망으로 인하여 소멸하지 않고(민사소송법 제95조 제1호), 당사자가 사망하여도 소송대리인이 있는 경우에는 소송이 중단되지 않는다(민사소송법 제238조).

(2) 대리인의 사망

대리인이 사망하면, 그 대리권은 소멸한다(제127조 제2호). 대리인의 상속인이 본인을 대리하는

---

98) 곽윤직·김재형, 350면.

것은 부당하기 때문이다.

(3) 대리인의 성년후견개시 또는 파산

피성년후견인이나 파산자도 의사능력이 있는 한 대리인이 될 수 있다(제117조). 그러나 대리인으로 선임된 후에 성년후견개시 선고를 받거나 파산한 때에는 그 신임관계와 경제적 신용도 사라지게 되므로 대리권도 소멸한다.

2) 법정대리에 특유한 소멸원인

법정대리에 특유한 소멸원인은 각각의 법정대리에서 규정하고 있다. 즉 부재자재산관리인의 대리권은 부재자재산관리인의 선임취소와 해임(제22조 제2항, 제23조), 친권자의 법정대리권은 친권상실선고(제924조)·친권자의 대리권 상실선고(제925조)·친권자의 대리권사퇴(제927조), 후견인의 대리권은 후견인 결격사유의 발생(제937조)·후견인의 사퇴(제939조)·후견사무의 종료(제957조)에 의하여 소멸한다. 또한, 대리권 발생의 원인이 된 사실관계가 소멸(예: 성년, 성년후견 또는 한정후견 선고의 취소)된 때에도 대리권은 소멸한다.

3) 임의대리에 특유한 소멸원인

임의대리권은 원인된 법률관계의 종료, 수권행위의 철회, 본인의 파산으로 소멸한다. 즉 임의대리권은 그 원인된 법률관계, 즉 내부관계설정계약의 종료에 의하여 소멸하고(제128조 제1문), 본인이 내부관계설정계약 종료 전에 본인이 수권행위를 철회하면 임의대리권은 소멸한다(제128조 2문). 또한, 본인이 파산하면 내부관계설정계약(예: 위임)이 종료하므로, 임의대리권은 제128조 제1문에 따라 소멸한다.

Ⅲ. 대리행위

1. 대리의사의 표시(현명주의)

1) 의의

대리인은 본인을 위한 것임을 표시하여 대리행위를 하여야 한다. 이와 같이 대리의 경우에 본인을 위한 것음을 밝혀서 의사표시하여야 한다는 것을 현명주의顯名主義라고 한다. 민법도 현명주의를 취하고 있다. 즉, 민법은 "대리인이 그 권한 내에서 본인을 위한 것임을 표시한 의사표시는 직접 본인에게 대하여 효력이 생긴다."라고 규정하고 있으며(제114조 제1항), 이 규정을 대리인에 대한 제3자의 의사표시에 준용하고 있다(제114조 제2항).

대리인이 본인을 위한 것임을 표시하여야 한다는 것은 그 행위의 법률적 효과를 본인에게 귀속시키려고 하는 것이다. 따라서 '본인을 위한 것'임을 표시하여야 한다는 것은 본인을 밝혀서, 즉 본인의 이름으로 법률행위를 하라는 것이지, '본인의 이익을 위하여'라는 것은 아니다.

2) 현명의 방법

현명의 방법에는 제한이 없다. 따라서 서면 또는 구두로 할 수 있다. 대표적인 현명 방법은 서면으로 '갑의 대리인 을'이라고 하는 것이다. 현명주의는 상대방 보호를 목적으로 하므로, 현명은 주위 사정에 비추어 본인을 위한 것임이 인정되면 충분하다. 예를 들면, 대리인이 본인 명의로 법률행위를 하거나[99] 회사 대표가 자신의 직명만을 기재하여 법률행위를 한 경우[100]에도 본인을 위한 것으로 본다.

3) 대리권 남용의 문제

대리인은 본인을 위한 것임을 밝히고 대리행위를 하여야 한다. 따라서 대리인이 본인의 이름으로 자신의 이익을 위하여 대리행위를 한 경우에도 대리적 효과의사의 표시는 있으므로, 원칙적으로 대리행위의 법률효과는 본인에게 귀속한다. 다시 말하면, 대리인이 그 자신이나 제3자의 이익을 위하여 대리권의 범위에서 대리행위를 하는 경우, 즉 대리권을 남용하는 것은 대리인의 본인에 대한 배임행위에 해당한다. 그러나 대리권의 취지는 상대방을 보호하기 위한 것이므로 대리권의 남용이 있더라도 상대방은 보호되어야 한다. 따라서 대리권을 남용한 대리행위도 유효하다. 다만, 그 상대방을 보호할 필요가 없는 경우에는 대리행위의 효력을 부인하여 본인을 보호하는 것이 타당하다.

대리권남용이론은 상대방을 보호할 가치가 없을 때 대리행위의 효력을 부정하여 본인을 보호하기 위한 것이다. 대리권남용이론에는 민법 제107조 제1항 제2문을 유추적용하여 대리

---

99) 대법원 1963. 5. 9. 선고 63다67 판결.
100) 대법원 1994. 10. 11. 선고 94다24626 판결.

행위의 상대방이 대리권남용을 알았거나 알 수 있었던 경우에는 무효라는 견해[101], 대리행위의 상대방이 대리권남용을 알았거나 정당한 이유 없이 알지 못한 경우에는 무권대리가 되어 무효라는 견해[102],' 대리행위의 상대방에게 대리권남용에 대한 악의나 중과실이 있어서 상대방의 행위가 신의칙에 위반하여 무효가 된다는 견해[103]가 있다. 판례는 대리행위의 상대방이 대리권의 남용을 알았거나 알 수 있었을 경우에는, 민법 제107조 제1항 제2문을 유추적용한다. 따라서 대리행위의 상대방이 대리권의 남용을 알았거나 알 수 있었을 경우에 대리행위는 무효이다.[104] 이 경우에 상대방이 알았거나 알 수 있었는지 여부는 대리인과 상대방 사이에 있었던 의사표시의 형성과정과 내용 및 그로 인하여 나타나는 효과 등을 객관적 사정에 따라 합리적으로 판단하여야 한다.[105]

4) 현명하지 않은 행위

대리인이 본인을 위한 것임을 표시하지 않고서 한 의사표시는 그 대리인 자신을 위한 것으로 본다(제115조 제1항). 이는 대리인의 착오에 의한 취소를 금지함으로써 상대방을 보호하고 거래안전을 꾀하려는 것이다. 그러나 상대방이 대리인으로서 한 것임을 알았거나 알 수 있었을 때에는 그 의사표시는 대리행위로서 효력을 발생한다(제115조 제2문). 민법 제115조는 능동대리에만 적용되고, 수동대리에는 적용되지 않는다. 즉 상대방이 본인을 위한 의사표시임을 표시하지 않고 대리인에게 의사표시를 한 경우에는 의사표시의 해석에 의하여 유효여부가 결정된다. 일반적으로는 의사표시가 도달하지 않은 것으로 해석된다.[106]

5) 현명주의의 예외

상행위의 경우에 대리인이 본인을 위한 것임을 표시하지 아니하여도 그 행위는 본인에 대하여 효력이 있다(상법 제48조). 민법상의 법률행위 가운데 대리인 개인을 중시하지 않는 거래의 경우, 예를 들면, 일상용품의 현실매매 등의 경우에는 거래안전과 법률관계의 명확성을 위하여 현명주의의 예외를 인정하는 것이 타당하다.

---

101) 김상용·전경운, 584면.
102) 이영준, 553면~554면.
103) 곽윤직·김재형, 349면; 강태성, 785면.
104) 대법원 2007. 4. 12. 선고 2004다51542 판결.
105) 대법원 2007. 4. 12. 선고 2004다51542 판결.
106) 강태성, 794면.

2. 대리행위의 하자

대리에 있어서 법률행위를 하는 자는 대리인이므로, 의사표시 내지 법률행위의 요건은 본인이 아니라 대리인을 표준으로 한다. 즉 의사의 흠결(예: 비진의표시, 허위표시, 착오), 사기·강박 또는 어느 사정을 알았거나 과실로 알지 못한 것으로 인하여 영향을 받은 경우에는 그 사실의 유무는 대리인을 표준으로 하여 결정한다(제116조 제1항). 그리고 이러한 대리행위의 하자로 인하여 생기는 법률효과(취소 또는 무효)는 본인에게 귀속한다.

대리의 경우에 본인은 법률행위의 당사자는 아니지만 대리행위의 법률효과는 직접 본인에게 귀속한다. 그러므로 대리인이 선의일지라도 본인이 악의인 때에는 본인을 보호할 필요가 없다. 민법은 "특정한 법률행위를 위임한 경우에 대리인이 본인의 지시에 좇아 그 행위를 한 때에는 본인은 자기가 안 사정 또는 과실로 인하여 알지 못한 사정에 관하여 대리인의 부지를 주장하지 못한다."라고 규정하고 있다(제116조 제2항). 이 경우에도 대리인을 표준으로 법률행위를 해석하게 되면, 대리인이 선의이면 악의의 본인도 보호된다. 특히 본인이 불이익을 회피하기 위하여 선의의 대리인을 선임한 경우에도 본인은 보호되는 부당함을 방지하기 위하여 두고 있는 예외규정이다.

3. 대리인의 능력

민법 제117조에 "대리인은 행위능력자임을 요하지 아니한다."라고 규정되어 있다. 대리인은 대리행위의 법률효과를 받지 아니할 뿐만 아니라 본인이 원하여 제한능력자를 대리인으로 선정한 이상 그로부터 생기는 불이익은 본인이 이를 감수해야 한다. 따라서 제한능력자도 타인의 대리인이 될 수 있다. 제한능력자에게 의사능력이 없는 경우에 그 대리행위는 당연히 무효이다. 법정대리의 경우에는 법정대리인의 행위능력을 제한하는 개별규정을 민법에 두고 있다. 예를 들면, 미성년자는 그 자구의 친권자가 되지 못하고(제910조, 제948조), 제한능력자는 후견인이나 유언집행자가 될 수 없다(제937조, 제1098조).

Ⅳ. 대리행위의 효과

1. 법률효과 본인 귀속

대리행위의 법률효과는 '직접' 본인에게 귀속한다(제114조). 따라서 대리행위의 본래의 법률효과뿐만 아니라 부수적 법률효과도 본인에게 귀속한다. 예를 들면, 토지 매도를 대리한 경우에 대금지급청구권과 소유권이전의무는 본인에게 귀속하고, 대리인이 사기를 당해 매도한 경우에 그 취소권도 직접 본인에게 귀속한다. 그러나 대리인의 사실행위 또는 불법행위에 대한 효과는 본인에게 발생하지 않는다. 이러한 행위에 대하여는 대리가 인정되지 않으므로 대리행위로 인한 불법행위의 효과는 대리인에게 귀속할 뿐이다.

2. 본인의 능력

본인은 스스로 법률행위를 하는 것은 아니므로 의사능력 및 행위능력을 가질 필요는 없다. 그러나 본인은 스스로 권리를 취득하는 것이므로 반드시 권리능력은 가지고 있어야 한다. 본인이 수권행위를 하기 위해서는 의사능력과 행위능력이 있어야 한다. 따라서 수권행위가 본인의 의사무능력이나 제한능력으로 인하여 무효 또는 취소되면, 대리행위는 당연히 무권대리가 된다.

V. 복대리

1. 복대리의 의의

복대리復代理란 복대리인에 의한 대리를 말한다. 복대리인은 대리인이 자신의 대리권 내의 행위를 하도록 대리인 자신의 이름으로 선임한 본인의 대리인이다. 이러한 복대리인을 선임할 수 있는 대리인의 권한을 대리인의 복임권復任權이라 하고, 대리인이 복대리인을 선임하는 행위를 대리인의 복임행위復任行爲라고 한다.

2. 대리인의 복임권과 책임

1) 임의대리인

(1) 복임권

임의대리인은 본인의 신임을 받은 자이며 언제든지 사임할 수 있으므로 원칙적으로 임의대리인의 복임권은 인정되지 않는다. 그러나 임의대리인은 본인의 승낙이 있거나 부득이한 사유(예: 본인의 소재불명 등으로 본인의 승낙을 얻을 수 없거나 사임할 수 없는 사정이 있는 경우)가 있으면 복대리인을 선임할 수 있다(제120조). 따라서 본인의 승낙이나 부득이한 사유가 없음에도 복대리인을 선임한 경우에 대리인이 한 복임행위는 무효이다. 이 경우에 그 복대리인의 대리행위는 무권대리행위가 된다.

(2) 책임

임의대리인은 본인의 승낙이나 부득이한 사유가 있는 경우에 복대리인을 선임할 수 있고, 복대리인을 선임한 때에는 본인에 대하여 그 복대리인의 선임감독에 관한 책임이 있다 (제121조 제1항). 즉, 부적당한 자를 선임하거나 또는 그 감독을 게을리하여 본인에게 손해를 끼친 때에는 이를 배상할 책임을 진다. 그러나 대리인이 본인의 지명에 의하여 복대리인을 선임한 경우에는 그 부적임 또는 불성실함을 알고 본인에 대한 통지나 그 해임을 태만한 때가 아니면 책임이 없다(제121조 제2항). 즉 이 경우에는 그 책임을 경감하고 있다.

2) 법정대리인

(1) 복임권

법정대리인은 본인과의 신임관계에 있지 않고 사임이 쉽지도 않으며 그 대리권의 범위는 넓다. 따라서 법정대리인에게 복임권을 인정할 필요가 있다. 민법에서는 "법정대리인은 그 책임으로 복대리인을 선임할 수 있다."라고 규정하고 있다(제122조 제1문). 따라서 법정대리인은 아무런 제한 없이 복대리인을 선임할 수 있다.

(2) 책임

법정대리인은 제한 없이 복대리인을 선임할 수 있음에 따라 그에 대한 모든 책임을 지게 된다. 그러나 부득이한 사유로 복대리인을 선임한 경우에는, 그 선임·감독에 과실이 있는 경우에만 책임이 있다(제122조 제2문).

3. 복대리에서의 법률관계

1) 복대리인과 대리인의 관계

복대리인은 대리인의 복임권에 의하여 선임된 자이므로 대리인의 감독을 받을 뿐만 아니라 그 대리권도 대리인의 대리권의 존재 및 범위에 의존한다. 따라서 대리인의 대리권보다 그 범위가 넓을 수 없고, 대리인의 대리권이 소멸하면 복대리인의 대리권도 소멸한다. 그러나 복대리인의 선임으로 대리인의 대리권이 소멸하는 것은 아니며 대리인과 복대리인 모두 본인을 대리하게 된다. 대리인이 임의대리인이거나 법정대리인이거나 불문하고 선임된 복대리인은 모두 임의대리인이다.

2) 복대리인과 본인의 관계

복대리인은 대리인이 자기의 명의로 선임하는 자이지만, 복대리인은 그 권한 내에서 본인을 대리한다(제123조 제1항). 즉 복대리인은 본인의 대리인이다. 그 외에 본인과 복대리인 사이에는 이론상 기초적 내부관계가 존재하지 않지만 양자 사이의 법률관계 설명을 위해서는 인정하는 것이 편리하다. 그래서 민법에서는 "복대리인은 본인에 대하여 대리인과 동일한 권리의무가 있다."라고 규정하고 있다(제123조 제2항). 예를 들면, 본인과 대리인 사이의 기초적 내부관계설정계약이 위임인 경우에 복대리인도 본인에 대하여 수임인으로서의 권리·의무(예: 선관주의의무(제681조), 보수청구권(제686조), 비용상환청구권(688조))를 가지게 된다.

3) 복대리인과 상대방의 관계

복대리인은 본인의 대리인이므로(제123조 제1항), 복대리인은 본인의 이름으로 대리한다. 이 경우에 복대리인이 본인을 위한 것임을 표시하지 않은 경우에는 자기를 위한 것으로 본다(제115조). 또한, 복대리행위에 하자가 있는 경우에는 그에 대한 판단 등은 복대리인을 기준으로 한다(제116조). 복대리인은 제3자에 대한 관계에 있어서 대리인과 동일한 권리의무가 있다(제123조 제2항).

4) 기타

대리인과 본인의 관계에 있어서 복대리인의 선임으로 대리인의 대리권은 소멸하지 않는다. 따라서 대리인과 복대리인은 각자 본인을 대리하게 된다. 또한 복대리인도 임의대리인의 복임권과 같은 범위에서 타인을 복대리인으로 선임할 수 있다. 즉 복대리인의 복임권도 인정된다.

4. 복대리권의 소멸

복대리권은 대리권의 일반적 소멸사유(제127조), 대리인과 복대리인 수권관계의 소멸 또는 대리인의 대리권 소멸에 의하여 소멸한다.

Ⅵ. 무권대리

1. 서설

무권대리는 대리권 없이 행한 대리행위이므로, 그 행위의 법률효과가 본인에게 귀속될 수 없다. 또한, 무권대리는 대리의사에 기한 행위이므로 그 법률효과를 대리인에게 귀속시킬 수도 없다. 무권대리인의 상대방은 본인이나 무권대리인에 대하여 대리행위의 법률효과에 따른 책임을 물을 수 없고, 무권대리인에 대하여 불법행위책임을 물을 수 있을 뿐이다. 그 결과 무권대리인의 상대방의 지위는 불안정해지게 되고, 대리제도는 사회적 신용을 상실하여 대리거래는 원활하지 않게 될 수 있다. 그러므로 본인의 이익을 부당하게 해하지 않으면서 대리행위의 상대방의 위험을 최소한도로 할 수 있는 제도가 필요한데, 무권대리제도가 이러한 기능을 하고 있다.

민법에서는 무권대리제도를 두 유형으로 구분하여 규정하고 있다. 첫째, 대리인이 무권대리를 한 것에 대하여 본인에게도 책임의 일부가 있다는 특별한 사정이 있는 경우에는 본인이 책임을 지도록 하여 상대방과 거래안전을 보호하고 있다(표현대리제도: 제125조, 제126조, 제129조). 둘째, 본인이 무권대리행위에 대하여 전혀 책임이 없는 경우에는 그 행위를 당연무효로 하지 않고 본인의 추인이 없으면 무권대리인이 그 무권대리행위에 대하여 책임을 지게 하고 있다(협의의 무권대리제도: 제130조 이하). 즉 무권대리에는 표현대리와 협의의 무권대리가 있다.

2. 표현대리

1) 의의

표현대리제도는 대리인에게 대리권이 없음에도 불구하고 대리권이 있는 것과 같은 외관이 존재하고 그러한 외관에 대하여 본인에게 어느 정도의 책임이 있는 경우에 그 무권대리행위에 대하여 본인이 책임을 지게 하는 제도이다. 즉 표현대리제도는 본인의 이익을 희생하여 상대방 및 거래의 안전을 보호하는 제도이다.[107] 표현대리에는 대리권 수여의 표시에 의한 표현대리(제125조), 권한을 넘은 표현대리(제126조), 그리고 대리권 소멸 후의 표현대리(제129조)가 있다.

2) 대리권 수여의 표시에 의한 표현대리

(1) 의의

대리권 수여의 표시에 의한 표현대리(제125조의 표현대리)는 본인이 대리인에게 대리권을 수여하지 않았으면서 그에게 대리권을 수여하였다고 제3자에게 표시한 경우에 그 대리인이 행한 대리이다. 이 대리의 경우에는 원칙적으로 대리권 수여의 표시를 한 자, 즉 본인이 책임을 지는 것으로 규정하고 있다(제125조).

(2) 요건

① 대리권 수여의 표시

본인이 제3자, 즉 대리행위의 상대방이 될 자에 대하여 어떤 자에게 대리권을 수여하였음 표시하여야 한다. 표시는 위임장에 의하는 것이 일반적이나 표시의 방법에는 제한이 없다. 따라서 서면이나 구두로 할 수 있으며, 특정의 제3자에 대하여 뿐만 아니라 신문광고 등으로 불특정의 제3자에 대하여도 할 수 있다. 대리권 수여의 표시는 명시적·묵시적으로도 가능하다. 따라서 본인에 의한 대리권 수여의 표시는 반드시 대리권 또는 대리인이라는 말을 사용하여야 하는 것이 아니라 사회통념상 대리권을 추단할 수 있는 직함이나 명칭 등의 사용을 승낙 또는 묵인한 경우에도 대리권 수여의 표시가 있는 것으로 볼 수 있다.[108] 또한, 수임인을 백지로 한 백지위임장을 특정인에게 교부하여 거래의 상대방에게 제시토록 하여도 표시의 방법으로 인정된다.

대리권 수여의 표시는 대리인이 대리행위를 하기 전에는 언제든지 철회할 수 있다. 철회는 대리권 수여의 표시와 동일한 방법으로 하여야 한다. 예를 들면, 위임장을 준 후에 대리권 수여의 의사표시를 철회하였으나 그 회수를 게을리하여 위임장이 제3자에게 제시된 경

---

107) 대법원 1983. 12. 13. 선고 83다카1489 전원합의체 판결.
108) 대법원 1998. 6. 12. 선고 97다53762 판결.

우에는 제125조의 요건을 충족한다.

② 대리권이 없을 것
대리인으로서 행위하는 자에게 대리권이 없어야 한다.

③ 표시된 대리권의 범위에서 대리행위를 할 것
대리인으로 행위하는 자(무권대리인)는 표시된 대리권의 범위에서 대리행위를 하여야 한다. 이 범위를 넘어 대리행위를 하는 경우에는 권한을 넘은 표현대리(제126조)가 된다.

④ 대리행위의 상대방은 통지를 받은 자일 것
대리행위는 본인이 대리권 수여의 표시를 한 자와의 사이에서 행하여졌어야 한다. 특정인에게 표시한 경우에는 그 특정인만이 보호를 받는 상대방이 된다.

⑤ 상대방은 선의·무과실일 것
상대방은 무권대리인에게 대리권이 없음을 알지 못하고, 알지 못하는 데에 과실이 없어야 한다. 즉 상대방은 선의·무과실이어야 한다. 상대방의 과실유무는 계약 성립 당시의 제반사정을 객관적으로 판단하여 결정하여야 하고, 상대방의 선의·무과실에 대한 입증책임은 본인이 부담한다.

(3) 적용범위
민법 제125조의 표현대리는 임의대리에만 적용된다. 따라서 복대리에도 민법 제125조가 적용될 수 있다.

(4) 효과

① 대리행위에 대한 책임
본인은 무권대리인의 대리행위에 대하여 책임이 있다($^{제125조}_{제1문}$). 따라서 그 무권대리의 효과는 본인에게 귀속되며, 그 결과 본인은 의무를 부담할 뿐만 아니라 권리도 취득한다.

② 상대방의 주장

표현대리는 상대방만이 주장할 수 있고, 본인은 표현대리를 주장하지 못한다. 본인은 상대방이 무권대리행위를 철회하기 전에 무권대리를 추인함으로써 동일한 효과를 발생시킬 수 있다(제130조, 제134조). 한편 유권대리에 관한 주장 속에 무권대리에 속하는 표현대리의 주장이 포함되어 있다고 볼 수 없다.[109] 따라서 상대방은 표현대리를 주장하여야 하며, 이 경우에는 무권대리인과 표현대리에 해당하는 무권대리 행위를 특정하여 주장하여야 한다.[110]

③ 무권대리로서의 효과

표현대리는 무권대리의 성질을 가지고 있으나 상대방 보호와 거래안전을 보호하기 위하여 인정된 제도이다. 따라서 표현대리에도 무권대리의 효과가 적용되므로 표현대리의 상대방은 철회권(제134조)을 가지며, 본인은 추인하여 상대방의 철회권을 소멸시킬 수 있는 등(제130조, 제134조)의 권리가 있다. 상대방에 대한 무권대리인의 책임에 관한 규정(제135조)이 표현대리에 적용되는지 여부에 대하여는 긍정하는 견해[111]와 반대하는 견해[112]가 있다. 표현대리는 무권대리의 일종이고, 상대방이 표현대리의 성립요건을 증명하는 것은 쉬운 일이 아니다. 따라서 표현대리가 성립하는 경우에도 무권대리인의 책임을 인정할 필요성이 있다. 따라서 상대방은 선택적으로 표현대리를 주장하여 본인에게 책임을 묻거나 무권대리를 주장하여 무권대리인에게 책임을 물을 수 있다.

④ 표현대리인의 책임

표현대리의 성립으로 본인에게 손해가 생긴 경우에 본인은 표현대리인에 대하여 기초적 내부관계에서 부담하는 의무위반 또는 불법행위를 이유로 손해배상을 청구할 수 있다.

3) 권한을 넘은 표현대리

(1) 의의

권한을 넘은 표현대리(제126조의 표현대리)라 함은 대리인이 기본대리권은 가지고 있으나 그 대리권

---

109) 대법원 1983. 12. 13. 선고 83다카1489 전원합의체 판결.
110) 대법원 1984. 7. 24. 선고 83다카1819 판결.
111) 강태성, 853면; 곽윤직·김재형, 377면.
112) 김상용·전경운, 626면; 송덕수, 398면.

의 범위를 넘어 한 대리를 말한다. 민법은 그 대리권을 신뢰하여 거래한 자를 보호하기 위하여 본인이 책임을 지는 것으로 규정하고 있다(제126조). 대리권의 범위는 불명확한 경우가 많으므로 실무에서 가장 많은 분쟁이 발생하는 표현대리 유형이다.

(2) 요건

① 기본대리권의 존재

제126조의 표현대리는 대리인의 기본대리권을 전제로 한다. 대리권이 없는 자의 대리행위에는 제126조의 표현대리가 성립할 여지가 없다.[113] 예를 들면, 인감과 등기필정보를 훔친 자가 이것을 이용하여 대리행위를 하는 경우에 제126조의 표현대리는 성립하지 않는다. 어떠한 권한도 없는 무권대리임에도 불구하고 제3자를 보호하는 것은 지나치게 본인을 해하는 것이므로 본인 보호를 위한 최소 요건으로 보아야 한다.[114]

구체적인 경우에 기본대리권의 존재유무를 파악하는 것은 쉽지 않다. 특히 임의대리에서는 인장印章을 교부·보관하도록 한 경우에 기본대리권이 존재하는지가 문제되는 경우가 많다. 판례에 의하면, 단순 보관·출생신고·회사업무처리 목적으로 인장을 교부하는 경우 또는 인감증명서만을 교부한 경우에는 기본대리권이 부인된다.[115] 그러나 특정한 거래관계를 위임한 경우, 본인과 대리인 사이에 특별한 가족관계가 있는 경우, 영업 등 포괄적인 행위와 관련하여 인장을 교부한 경우(예: 동업자에게 인장을 맡긴 경우)에는 기본대리권이 인정된다. 다만, 가족관계에 있어서 부부 사이에서는 기본대리권이 인정되는 경우가 많으나 부자 사이에는 기본대리권이 부인된다.[116]

② 권한을 넘은 대리행위

대리인이 권한을 넘은 대리행위를 하였어야 한다. 여기서 권한을 넘은 대리행위는 반드시 기본대리권에 부여된 행위와 같은 종류이거나 비슷한 것이어야 하는 것은 아니다.[117] 따라서 등기신청을 할 수 있는 대리권을 가진 대리인이 그 권한을 넘어 대물변제를 한 경우에 민법

---

113) 대법원 1984. 10. 10. 선고 84다카780 판결.
114) 곽윤직·김재형, 368면.
115) 대법원 1968. 11. 5. 선고 68다1501 판결; 대법원 1978. 10. 10. 선고 78다75 판결.
116) 대법원 1967. 3. 28. 선고 64다1798 판결; 대법원 1964. 5. 26. 선고 63다955 판결.
117) 대법원 1963. 8. 31. 선고 63다326 판결; 대법원 1969. 7. 22. 선고 69다548 판결.

제126조의 표현대리가 인정될 수 있다.[118]

대리권 수여의 표시에 의한 표현대리(제125조)와 대리권 소멸 후의 표현대리(제129조)의 성립범위를 넘는 경우에도 권한을 넘은 표현대리가 성립할 수 있다.[119]

③ 정당한 이유

제3자, 즉 대리행위의 상대방이 대리인에게 대리행위를 할 수 있는 권한이 있다고 믿을 만한 정당한 이유가 있어야 한다. 정당한 이유의 존부存否는 대리행위가 행하여질 때에 존재하는 모든 사정을 객관적으로 관찰하여 판단하여야 한다.[120]

(3) 적용범위

임의대리와 법정대리 모두에 제126조의 표현대리가 성립할 수 있다. 판례에 의하면, 제126조는 거래 안전을 도모하여 거래상대방의 이익을 보호하려는 데에 그 취지가 있으므로 법정대리에도 적용된다.[121] 따라서 부부 사이에 일상가사대리권이 있고 문제된 사안에서 상대방에게 대리권이 있었다고 믿었음을 정당화할 만한 객관적인 사정이 있으면 제126조의 표현대리가 성립한다.[122]

(4) 효과

제126조의 표현대리의 효과는 제125조의 표현대리의 효과와 동일하다. 그러나 양적으로 분할이 가능한 권한을 넘은 표현대리의 경우에 제126조의 요건을 충족하지 못하면 일부무효의 법리에 따라 해결하여야 한다. 예를 들면, 100만원의 수표를 발행할 수 있는 권한을 가진 대리인이 200만원의 수표를 발행하였으나 권한을 넘은 표현대리가 성립하지 않는 경우에 본인은 수권의 범위(100만원)에서만 책임을 진다.[123]

---

118) 대법원 1978. 3. 28. 선고 78다282, 283 판결.
119) 강태성, 873면; 곽윤직·김재형, 369면; 대법원 2008. 1. 31. 선고 2007다74713 판결.
120) 대법원 2009. 11. 12. 선고 2009다46828 판결.
121) 대법원 1997. 6. 27. 선고 97다3828 판결.
122) 대법원 2009. 12. 10. 선고 2009다66068 판결.
123) 대법원 2001. 2. 23. 선고 2000다45303, 45310 판결.

4) 대리권 소멸 후의 표현대리

(1) 의의

대리권 소멸 후의 표현대리($_{표현대리}^{제129조의}$)라 함은 대리권을 가지고 있던 자가 대리권이 소멸한 후에 하는 대리를 말한다. 대리권 소멸을 외관상 쉽게 알기 어렵고, 오히려 상대방은 대리권이 존속하는 것으로 오신하는 경우가 많으므로 선의·무과실의 상대방을 보호하기 위하여 인정되는 표현대리제도이다.

(2) 요건

① 대리권 소멸 후의 대리행위

대리인이 이전에는 대리권을 가지고 있었으나 대리행위를 할 때에는 그 대리권은 소멸하고 있어야 한다. 처음부터 전혀 대리권이 존재하지 아니하였던 경우에는 제129조의 표현대리는 성립되지 않는다.[124] 대리행위는 소멸한 대리권 범위 내에서 행해졌어야 한다. 이전에 존재하던 대리권의 범위를 넘어 대리행위를 한 경우에는 제126조의 표현대리($_{표현대리}^{권한을 넘은}$) 성립의 문제이다.

② 상대방의 선의·무과실

상대방은 선의·무과실이어야 한다. 즉 상대방은 대리행위 당시에 대리인의 대리권이 소멸하였다는 사실을 모르고, 그 모르는 것에 대하여 과실이 없어야 한다.

(3) 효과

제129조는 법정대리인의 경우에도 적용된다.[125] 대리권 소멸 후의 표현대리가 성립하면, 본인은 상대방에 대하여 대리권의 소멸을 대항하지 못한다(제129조). 즉 제125조 및 제126조의 경우와 마찬가지로 본인은 무권대리인의 행위에 대하여 책임을 진다. 제129조의 표현대리가 성립하는 범위를 넘은 경우에는 제126조의 권한을 넘은 표현대리에 관한 규정이 적용된다.

---

124) 대법원 1977. 5. 24. 선고 76다2934 판결.
125) 대법원 1975. 1. 28. 선고 74다1199 판결.

3. 협의의 무권대리

무권대리란 대리권 없이 행한 대리행위, 즉 대리행위의 다른 요건을 갖추고 있지만 대리권이 없는 행위를 말한다. 무권대리 중 표현대리를 제외한 것을 협의의 무권대리라고 한다. 민법은 단독행위의 경우에도 일정한 경우 무권대리에 관한 규정을 준용하고 있다(제136조).

1) 계약의 무권대리

대리관계에는 본인과 상대방, 상대방과 대리인, 대리인과 본인 사이의 3면 관계가 있다.

(1) 본인과 상대방의 관계

무권대리에서 상대방은 본인에 대해 대리행위의 효과를 주장하지 못하고, 무권대리는 본인의 추인(제132조, 제133조)이 없으면 무효인 법률행위이다. 그러므로 민법은 상대방의 불안정한 지위를 고려하여 상대방에게 최고권(제131조)과 철회권(제134조)을 인정하고 있다.

① 본인의 추인권

협의의 무권대리는 원칙적으로 본인에 대하여 효력이 없다. 그러나 본인이 무권대리의 효력 발생을 원하면 그의 추인으로 그 효과를 발생하게 할 수 있다(제130조). 따라서 협의의 무권대리의 효력은 본인의 추인 여부에 따라 유효·무효로 될 수 있는 유동적 무효流動的 無效이다.

㉠ 추인의 성질

추인은 무권대리행위가 있음을 알고 그 행위의 효과를 자기에게 귀속시키도록 하는 상대방 있는 단독행위다.[126] 추인은 대리권의 흠결을 보충하는 데에 불과하므로 사후의 대리권의 수여행위가 아니며, 추인권은 형성권의 일종이다.

㉡ 추인의 방법

추인은 특별한 방식을 요구하지 않으므로 명시적인 방법만 아니라 묵시적인 방법으로도 할 수 있다. 그러나 묵시적 추인을 인정하기 위해서는 본인이 그 행위로 처하게 된 법적 지위를 충분히 이해하고 그럼에도 진의에 기하여 행위의 결과가 자기에게 귀속된다는 것을 승

---

126) 대법원 2014. 2. 13. 선고 2012다112299, 112305 판결.

인한 것으로 볼 만한 사정이 있어야 할 것이다.[127] 추인의 의사표시는 무권대리인 또는 그 상대방에 대하여 할 수 있다.[128] 그러나 무권대리인에게 추인한 경우에는 그 상대방이 추인이 있었음을 알지 못하는 때에는 그 상대방에 대하여 추인의 효력을 주장하지 못한다(제132조).

ⓒ 추인의 효과

무권대리를 추인하면 그 대리행위는 원칙적으로 계약시에 소급하여 유효한 것으로 된다. 즉 소급적으로 본인에 대하여 효력이 있다(제130조, 제133조). 그러나 추인의 소급효를 배제하는 다른 의사표시가 있으면, 추인의 소급효는 배제된다(제133조 제1문). 또한, 추인의 소급효는 제3자의 권리를 해하지 못한다(제133조 제2문). 예를 들면, 무권대리인 B가 A의 채권을 C에게 양도한 후에 A가 그의 채권을 D에게 양도하고, 그 후에 A가 B의 무권대리행위를 추인하였다면 그 추인의 소급효는 제한되므로 제3자인 D의 권리는 침해되지 않는다.

② 본인의 추인거절권

무권대리의 추인 여부는 본인의 자유이므로 본인은 추인을 거절할 수도 있다. 무권대리행위를 추인하지 않더라도 본인에게는 아무런 법률관계가 발생하지 않는다. 그런데 본인이 추인거절의 의사를 적극적으로 표시한 경우에 그 무권대리행위는 본인에게 효력이 생기지 않는 것으로 확정된다(확정적 무효). 즉 추인거절 후에 본인은 추인할 수 없고, 상대방도 권리(최고권, 철회권)를 행사할 수 없다.

③ 본인의 지위와 무권대리인의 지위가 동일인에게 귀속하는 경우

본인의 지위와 무권대리인의 지위가 동일인에게 귀속하는 경우에 무권대리의 효력과 본인의 추인거절권 행사여부가 문제된다.

첫째, 무권대리인이 본인을 상속한 경우에 자기가 한 무권대리행위의 효력을 부인하는 것은 허용되지 않는다. 예를 들면, 대리 권한 없이 타인의 부동산을 매도한 자가 그 부동산을 상속한 후에 소유자의 지위에서 자신의 대리행위가 무권대리로 무효임을 주장하여 등기말소 등을 구하는 것은 금반언원칙이나 신의칙상 허용될 수 없다.[129] 둘째, 본인이 무권대리인

---

127) 대법원 2014. 2. 13. 선고 2012다112299, 112305 판결.
128) 대법원 1981. 4. 14. 선고 80다2314 판결.
129) 대법원 1994. 9. 27. 선고 94다20617 판결.

을 상속한 경우에 본인은 추인거절권을 행사할 수 있다.[130] 상속으로 인하여 본인의 지위와 상속인의 지위가 1인에게 귀속하여도 혼동으로 소멸하지는 않으므로 양 지위는 병존한다. 또한, 본인에게는 어떠한 잘못이 없으므로 무권대리인의 지위를 상속하였다고 하여 추인거절권을 박탈하는 것은 부당하다. 따라서 무권대리인의 상속인, 즉 본인은 무권대리행위의 추인을 거절할 수 있다. 만약 본인이 추인을 거절한 경우에는 상대방에 대하여 계약의 이행 또는 손해를 배상할 책임을 진다(제135조).

④ 상대방의 최고권·철회권

㉠ 상대방의 최고권

무권대리인이 타인의 대리인으로 계약을 한 경우에 상대방은 상당한 기간을 정하여 본인에게 그 추인 여부의 확답을 최고(독촉)할 수 있다($^{제131조}_{제1문}$). 상대방의 최고에 대하여 본인이 그 기간 내에 확답($^{추인\ 또는}_{추인거절}$)을 하면, 그 확답에 따른 법률효과($^{추인\ 또는}_{추인거절}$)가 발생한다. 상대방의 최고가 있었음에도 불구하고 본인이 그 기간 내에 확답을 발하지 않은 때에는 추인을 거절한 것으로 본다($^{제131조}_{제2문}$).

㉡ 상대방의 철회권

무권대리행위의 상대방은 본인의 추인이 있을 때까지 본인이나 그 무권대리인에 대하여 그 계약을 철회할 수 있다($^{제134조}_{제1문}$). 그러나 계약 당시에 상대방이 대리권 없었음을 안 때에는 계약을 철회하지 못한다($^{제134조}_{제2문}$). 철회한 경우에는 유동적 무효인 계약은 확정적 무효가 된다. 따라서 철회 후에는 본인은 추인권을 행사할 수 없고 상대방은 최고권을 행사할 수도 없고 무권대리인에게 책임을 물을 수도 없다. 다만 상대방은 무권대리인에게 계약체결상의 과실책임에 따른 신뢰이익의 배상을 청구할 수 있다.[131]

---

130) 강태성, 839면; 곽윤직·김재형, 375면.
131) 강태성, 844면; 김상용·전경운, 660면.

(2) 상대방과 대리인의 관계

① 무권대리인의 책임

무권대리인의 대리행위가 표현대리로 인정되는 경우 또는 협의의 무권대리가 된 경우에 본인의 추인이 있으면 상대방은 원하는 대로 목적을 달성할 수 있다. 그러나 협의의 무권대리에서 본인의 추인이 없으면 상대방은 손해를 입을 수 있다. 이에 대하여 민법은 상대방 및 거래안전을 보호하고 대리제도의 신용을 유지하기 위하여 무권대리인에게 법정의 무과실 책임을 지우고 있다.[132] 즉 타인의 대리인으로서 계약을 맺은 자가 그 대리권을 증명하지 못하거나 본인의 추인을 받지 못한 경우에 무권대리인은 상대방의 선택에 따라 계약을 이행할 책임 또는 손해를 배상할 책임을 진다(제135조).

② 책임발생 요건

첫째, 타인의 대리인으로 계약을 체결한 자가 자기의 대리권을 증명할 수 없어야 한다(제135조 제1항). 이에 대한 증명책임은 무권대리책임을 면하려는 무권대리인이 부담한다.

둘째, 본인의 추인을 받지 못해야 한다(제135조 제1항). 상대방의 최고에 대하여 본인이 거절한 경우, 즉 본인의 추인을 받지 못한 경우에 그에 대한 입증책임은 상대방이 진다

셋째, 상대방이 철회권을 행사하지 않고 있어야 한다. 상대방이 철회권을 행사한 후에는 무권대리가 확정적으로 무효가 되어 무권대리책임을 묻는 것이 불가능하기 때문이다.

넷째, 상대방은 선의·무과실이어야 한다. 즉 상대방은 무권대리인에게 대리권 없음을 알지 못하고 또 알지 못하는 데에 대하여 과실이 없어야 한다(제135조 제2항). 이 경우에 상대방이 대리권이 없음을 알았다는 사실 또는 알 수 있었는데도 알지 못하였다는 사실, 즉 상대방의 악의·과실은 무권대리인이 주장·입증하여야 한다.[133]

다섯째, 무권대리인은 행위능력자이어야 한다. 무권대리인이 제한능력자인 경우에는 상대방에 대한 무권대리인의 책임이 생기지 않는다(제135조 제2항).

③ 책임의 내용

무권대리인은 상대방의 선택에 좇아 이행 또는 손해배상의 책임을 진다(제135조 제1항). 여

---

132) 대법원 2014. 2. 27. 선고 2013다213038 판결.
133) 대법원 2018. 6. 28. 선고 2018다210775 판결.

기서 손해배상은 이행이익의 배상을 의미하며, 선택은 상대방이 한다.

(3) 본인과 대리인의 관계

협의의 무권대리는 본인이 추인하지 않으면 본인에게 효력이 생기지 않으므로 본인과 무권대리인 간에는 어떠한 법률관계도 생기지 않는다. 본인의 추인이 있으면 소급적으로 무권대리인은 유권대리인으로 된다.

2) 단독행위의 무권대리

(1) 상대방 없는 단독행위

상대방 없는 단독행위($^{예:\ 소유권의\ 포기,\ 재단법인의}_{설립행위,\ 상속의\ 승인이나\ 포기}$)를 무권대리인이 대리한 경우에는 언제나 확정적으로 무효이다. 따라서 본인의 추인이 있더라도 아무런 효력이 생기지 않고 무권대리인의 책임도 생기지 않는다.

(2) 상대방 있는 단독행위

상대방 있는 단독행위($^{예:\ 계약해제,}_{채무면제}$)는 원칙적으로 무효이다. 그러나 능동대리의 경우에 상대방이 대리인이라 칭하는 자의 대리권 없는 행위에 동의하거나 그 대리권을 다투지 않는 경우에만 민법 제130조~제135조의 규정이 적용된다($^{제136조}_{제1문}$). 수동대리의 경우에 무권대리인의 동의를 얻어서 상대방이 법률행위를 한 경우에도 민법 제130조~제135조의 규정이 적용된다. 무효로 취급되지 않고 계약의 무권대리와 동일한 효과가 인정된다($^{제136조}_{제1문}$).

제8절 법률행위의 무효와 취소

Ⅰ. 서설

법률행위가 완전한 효력을 발생하기 위해서는 여러 가지 요건을 충족하여야 한다. 법률행위의 무효 또는 취소는 법률행위의 요소인 의사표시에 결함이 있음을 이유로 그 법률행위의 효력을 부인하는 또는 부인할 수 있게 하는 제도이다.

법률행위의 무효와 취소의 근본적인 차이는, 취소에는 특정인이 특히 그 효력을 잃게 하기 위한 주장이나 의사표시가 있어야 비로소 효력이 없게 되지만, 무효에서는 누구의 주장이나 의사표시를 기다릴 것 없이 당연히 처음부터 효력이 없다는 점이다. 그러나 취소할 수 있는 법률행위를 취소하게 되면 그 효력이 법률행위 시에 소급하여 소멸하게 되므로 결과에 있어서는 무효와 다름없게 되어 무효와 취소는 서로 접근하는 면도 있다. 또한, 어떤 구체적인 법률행위가 무효와 취소의 원인을 모두 포함하고 있는 경우(예: 의사능력 없는 미성년자의 법률행위)에 당사자는 그 요건을 각각 증명하여 무효 또는 취소를 주장할 수 있다. 민법은 법률행위 또는 의사표시의 무효와 취소에 관하여 제137조~제146조에서 통칙적인 규정을 두고 있다.

Ⅱ. 법률행위의 무효

1. 무효의 의의와 일반적 효과

1) 의의

법률행위의 무효無效라 함은 일단 성립한 법률행위가 누구의 주장이 없더라도 당연히 효력이 없게 되는 것을 말한다. 법률행위의 무효는 법률행위의 불성립과는 구별된다. 무효의 예로는 의사무능력자의 법률행위, 강행규정이나 기타 사회질서에 반하는 행위(제103조), 불공정한 법률행위(제104조), 상대방이 표의자의 진의를 알았거나 알 수 있는 경우의 비진의표시(제107조 제1항 제2문), 허위표시(제108조 제1항) 등이 있다.

2) 무효의 일반적 효과

법률행위에 무효원인이 있으면 법률행위의 효과가 발생하지 않는다. 즉 당사자 간에서는 무효인 법률행위가 물권행위이면 물권변동은 일어나지 않고, 채권행위이면 채권이 생기지 않는다.

무효인 법률행위에 의하여 이미 이행된 것은 반환을 청구할 수 있다. 그 범위는 일반적으로 부당이득의 법리에 의하고, 특히 그 이득이 불법원인급여에 해당하는 경우에는 민법 제746조에 의하여 그 반환을 청구할 수 없다. 법률행위 무효의 효과는 원칙적으로 제3자에 대하여도 주장할 수 있다. 그러므로 무효행위로 인해 외형상 생긴 채권의 양수인에 대하여도 이행의무가 없고, 사실상 이행한 물건을 전득한 자에 대해서도 그가 무권리자임을 주장할 수 있다. 다만, "허위표시의 무효는 선의의 제3자에게 대항하지 못한다."는 규정과 같이 거래의 안전을 위하여 선의의 제3자에게 무효를 주장할 수 없는 경우도 있다(제107조 제2항, 제108조 제2항).

2. 무효의 종류

1) 절대적 무효 · 상대적 무효

절대적 무효란 누구나 주장할 수 있고 누구에게나 주장할 수 있는 무효를 말한다. 예를 들면, 의사무능력자의 의사표시, 법률행위의 내용이 불확정이거나 불능인 경우, 법률행위의 내용이 사회적 타당성을 결여한 경우(제103조)에는 절대적 무효이다.

상대적 무효란 특정인에게는 주장할 수 없는 무효이다. 예를 들면, 허위표시와 비진의표시에 있어서의 무효는 선의의 제3자에게 대항하지 못한다. 일반적으로 무효는 절대적 무효를 의미하고, 상대적 무효는 예외적으로 인정된다.

2) 확정적 무효 · 유동적 무효

확정적 무효는 무효가 확정적이므로 추인이 인정되지 않거나 추인이 인정되더라도 그 추인으로 무효인 의사표시 자체가 유효로 될 수 없는 무효이다. 일반적으로 무효는 확정적 무효이다. 유동적 무효란 의사표시가 무효이기는 하지만 추인 등에 의하여 그 의사표시가 소급하여 유효로 될 수 있는 무효이다. 예를 들면, 무권대리인의 대리행위나 무권리자의 처분행위는 유동적 무효이고, 이러한 무효는 추인함으로써 그 행위 시에 소급하여 유효로 된다. 판례에 따르면, 국토이용관리법상 규제지역 내의 토지매매계약을 체결하려면 행정관청의 허가를 받아야 하는바, 그 허가를 받지는 않았으나 허가받을 것을 전제로 체결한 토지매매계약은 유동적 무효이고, 토지매매계약 후에 허가를 받으면 그 매매계약은 소급해서 유효로 된다.[134]

3) 당연 무효 · 재판상 무효

무효는 원칙적으로 법률상 당연히 무효이고, 법률행위를 무효로 하기 위하여 특별한 절차나 행위를 필요로 하지 않는다. 이를 당연무효라고 한다. 그러나 무효로 인하여 제3자에게 중대한 영향을 미치는 경우에는 법률관계의 획일적 확정을 위하여 재판에 의해서만 무효를 주장하는 것이 허용되는 경우가 있다. 이를 재판상 무효라고 한다. 예를 들면, 회사설립의 무효(상법 제184조), 회사병합의 무효(상법 제236조)는 재판상 무효에 속한다.

4) 전부무효 · 일부무효

법률행위 내용의 전부에 무효원인이 존재할 때에는 당연히 그 법률행위는 전부가 무효이다. 이러한 무효를 전부 무효라고 한다. 무효원인이 법률행위의 일부에만 존재하는 경우에는 일부무효라고 한다. 일부무효는 민법 제137조에 따라 전부무효를 원칙으로 한다(제137조 제1문). 다만, 그 무효 부분이 없더라도 법률행위를 하였을 것이라고 인정될 때에는 나머지 부분은 무효가 되지 않는다(제137조 제2문).

3. 무효행위의 추인

무효행위는 법률행위의 효과가 발생하지 않는 것으로 확정되어 있으므로 사후에 추인을 하더라도 유효로 되지 않는다. 그러나 민법은 당사자가 그 무효임을 알고 추인한 때에는 새로운 법률행위를 한 것으로 보아 비소급적 추인을 인정하고 있다(제139조). 그 외에도 민법에 규정은 없으나, 판례에 의하여 무권리자의 처분행위에 소급적 추인이 인정되고 있다.

1) 무효행위의 비소급적 추인

(1) 민법 규정

무효인 법률행위는 추인하여도 그 효력이 생기지 아니한다(제139조 제1문). 그러나 당사자가 그

---

134) 대법원 1991. 12. 24. 선고 90다12243 전원합의체 판결.

무효임을 알고 추인한 때에는 새로운 법률행위로 본다(제139조 제2문). 예를 들면, 가장매매의 경우에 당사자가 추인을 하면 그때부터 유효한 매매가 된다.

(2) 요건

① 무효인 법률행위의 존재

법률행위의 무효원인은 불문한다. 따라서 의사무능력자의 법률행위, 강행규정이나 기타 사회질서에 반하는 행위(제103조), 불공정한 법률행위(제104조), 상대방이 표의자의 진의를 알았거나 알 수 있는 경우의 비진의표시(제107조 제1항 제2문), 허위표시(제108조 제1항) 등 민법에 규정된 것과 그 이외의 것도 무효의 원인이 된다.

② 무효원인 소멸 후 추인할 것

객관적으로 무효원인이 소멸한 후에 추인하여야 한다. 예를 들면, 의사무능력으로 인하여 무효인 경우에는 의사능력을 회복한 후에 추인하여야 한다(허위표시와 비진의 표시도 동일함). 그러나 강행규정이나 기타 사회질서에 반하는 행위 또는 불공정한 법률행위로서 무효인 경우에는 무효원인이 해소되지 않고 있으므로 추인에 의하여 유효하게 될 수 없다.[135] 다만, 강행규정이나 기타 사회질서에 변동이 생겨서 강행규정이나 기타 사회질서에 반하지 않게 된 경우에는 추인할 수 있다.

③ 무효임을 알고 추인할 것

당사자는 무효임을 알고 추인하여야 한다. 추인은 묵시적으로도 가능하나, 묵시적 추인을 인정하기 위해서는 본인이 그 행위로 처하게 된 법적 지위를 충분히 이해하고 진의에 기하여 그 행위의 결과가 자기에게 귀속된다는 것을 승인한 것으로 볼만한 사정이 있어야 한다.[136] 예를 들면, 당사자가 이전의 법률행위가 존재함을 알고 그 유효함을 전제로 하여 이에 터 잡은 후속행위를 하였다고 해서 그것만으로 이전의 법률행위를 묵시적으로 추인하였다고 단정할 수는 없고, 묵시적 추인을 인정하기 위해서는 이전의 법률행위가 무효임을 알거나 적어도 무효임을 의심하면서도 그 행위의 효과를 자기에게 귀속시키도록 하는 의사로

---

135) 대법원 1973. 5. 22. 선고 72다2249 판결; 대법원 1994. 6. 24. 선고 94다10900 판결.
136) 대법원 2014. 3. 27. 선고 2012다106607 판결.

후속행위를 하였음이 인정되어야 한다.[137]

④ 추인은 유효할 것

추인은 유효하여야 한다. 따라서 추인 자체에 무효원인이 있으면 그 추인을 새로운 의사표시로 볼 수 없다.

(3) 효과

민법은 추인을 새로운 의사표시로 본다(제139조 제2문). 즉 추인은 무효인 의사표시 자체를 소급하여 유효하게 하는 것이 아니라 새로운 의사표시로 의제된다. 따라서 그 추인한 때로부터 새로운 의사표시는 유효하다. 즉 소급효가 없다.

2) 무권리자에 의한 처분행위의 소급적 추인

무권리자가 타인의 권리를 처분하는 경우는 두 가지로 구분할 수 있다. 먼저 무권리자가 본인의 이름으로 처분하는 경우에는 무권대리가 성립한다. 이 경우에는 본인이 추인하면 소급적으로 유효가 된다(제130조). 둘째, 무권리자가 자기의 이름으로 처분한 경우에는 처분권한이 없으므로 무효이다. 민법상 규정은 없으나, 학설과 판례에 의하면, 본인이 추인을 하면 무권리자의 처분행위는 소급적으로 유효하게 된다.[138] 특히 판례는 무권리자의 처분에 대한 추인과 무권대리에 대한 본인의 추인 사이의 이익 상황이 유사하므로, 무권대리의 추인에 관한 민법 제130조·제133조 등을 무권리자의 추인에 유추적용하고 있다.[139]

4. 무효행위의 전환

1) 의의

무효행위의 전환이란 무효인 법률행위가 다른 법률행위의 요건을 구비하고 당사자가 그 무효를 알았더라면 다른 법률행위를 하는 것을 의욕하였으리라고 인정될 때에는 다른 법률행위로서 효력을 인정하는 것을 말한다(제138조). 예를 들면, A라는 법률행위로는 무효이지만 그 법률행위가 B라는 법률행위의 요건을 갖추고 있으면, 무효인 A 대신에 B의 효력을

---
137) 대법원 2014. 3. 27. 선고 2012다106607 판결.
138) 강태성, 911면; 곽윤직·김재형, 387면; 김용덕(3), 487면; 송덕수, 443면.
139) 대법원 2017. 6. 8. 선고 2017다3499 판결.

인정하는 것이다(예: 무효인 약속어음을 당사자 사이에 준소비대차가 성립한 것으로 보는 경우).

2) 요건

(1) 무효인 제1의 법률행위가 제2의 법률행위의 요건 구비

무효인 제1의 법률행위가 제2의 법률행위의 요건을 구비하고 있어야 한다. 그런데 방식이 필요한 경우에는 구분이 필요하다. 먼저 제2의 법률행위가 불요식행위인 경우에는 제1의 법률행위가 불요식행위이든 요식행위이든 상관없이 전환할 수 있다. 둘째, 제1의 법률행위가 불요식행위이고 제2의 법률행위가 요식행위인 경우에는 전환을 인정하기 어렵다. 셋째, 제1의 법률행위와 제2의 법률행위가 모두 요식행위인 경우, 일정한 형식 그 자체를 필요로 요식행위(예: 어음행위)로의 전환은 허용되지 않으나, 일정한 의사가 서면에 기재될 것으로 요하는 행위로의 전환은 허용된다. 예를 들면, 비밀증서에 의한 유언이 그 방식에 흠결이 있는 경우에 그 증서가 자필증서의 방식에 적합한 때에는 자필증서에 의한 유언으로 본다(제1071조). 또한 부父가 혼인 외의 자녀에 대하여 친생자출생의 신고를 한 때에는 그 신고는 인지의 효력이 있고(가족관계등록법 제57조 제1항), 입양의 경우에 입양의 실질적 요건이 모두 구비되어 있다면 입양신고 대신 친생자출생신고를 한 형식상 잘못이 있어도 입양의 효력이 인정된다.[140]

(2) 당사자가 제2의 법률행위를 하는 것을 의욕하였을 것이라고 인정될 것

당사자가 제1의 법률행위의 무효를 알았더라면 제2의 법률행위를 하는 것을 의욕意欲하였을 것이라고 인정되어야 한다. 즉 당사자의 전환의 의사가 있어야 한다. 이 의사는 법률행위 당시에 무효임을 알았다면 의욕하였을 가정적 효과의사로서, 당사자가 법률행위 당시와 같은 구체적 사정 아래 있다고 상정하는 경우에 거래관행을 고려하여 신의성실의 원칙에 비추어 결단하였을 바를 의미한다.[141]

---

140) 대법원 2018. 5. 15. 선고 2014므4963 판결.
141) 대법원 2022. 5. 26. 선고 2016다255361, 255378, 255385 판결.

Ⅲ. 법률행위의 취소

1. 취소의 개념

1) 의의

법률행위의 취소란 일단 유효하게 성립한 법률행위를 무능력 또는 의사표시의 결함 (착오·사기·강박)을 이유로 특정인(취소권자)의 의사표시에 의하여 소급적으로 그 효력을 소멸시키는 것을 말한다. 유동적 무효에 대비하여 취소할 수 있는 법률행위를 유동적 유효라고 한다. 즉 취소권자가 취소할 때까지는 모든 사람은 그 행위를 유효한 것으로 다루게 되고, 취소권자의 취소 또는 취소권의 포기(추인)·소멸에 의해 그 행위가 소급하여 무효로 되거나 유효로 확정되기 때문이다.

2) 구별개념

(1) 원칙적 취소와 구별되는 취소

총칙편의 제140조 이하의 취소에 관한 일반적 규정은 원칙적 취소, 즉 제한능력 또는 착오나 사기·강박을 이유로 법률행위를 취소하는 경우에만 적용된다. 그런데 민법은 여러 곳에서 취소라는 용어를 규정하고 있으나 이는 원칙적 취소와는 다르며, 제140조 이하의 규정은 적용되지 않는다. 구체적으로 원칙적인 취소와 구별되는 경우는 다음과 같다.

① 재판 또는 행정처분의 취소

성년후견종료·한정후견종료의 심판(제11조·제14조), 부재자재산관리에 관한 명령의 취소(제22조), 실종선고의 취소(제29조), 법인설립허가의 취소(제38조) 등의 재판 또는 행정처분의 취소는 공법상의 취소에 해당한다.

② 완전한 법률행위의 취소

영업허락의 취소(제8조 제2항), 사해행위의 취소(제406조) 등은 착오나 사기·강박이 없는 완전한 법률행위의 취소이므로 원칙적 취소와 구별된다.

③ 가족법상의 법률행위 취소

혼인의 취소($^{제816조}_{이하}$), 이혼의 취소(제838조), 친생자 승인의 취소(제854조), 입양의 취소(제884조), 인지취소(제861조), 부양관계의 취소(제978조), 부담부 유증의 취소(제1111조) 등은 가족법상의 법률행위의 취소이다. 따라서 민법 제140조 이하의 규정은 적용되지 않는다.

(2) 취소와 구별해야 할 개념

① 철회

철회는 법률행위 또는 의사표시의 효과가 확정적으로 생기기 이전에 그 법률행위나 의사표시가 없었던 것으로 하는 일방적 의사표시이다. 따라서 철회는 일단 효력을 발생하고 있는 법률행위의 효력을 소멸시키는 취소와는 다르다. 철회의 예에는 제한능력자 상대방의 철회(제16조), 수권행위의 철회($^{제128조}_{제2문}$), 무권대리인의 상대방의 철회(제134조), 선택채권에 있어서의 선택의 철회($^{제382조\ 제2항,}_{제383조\ 제2항}$), 해제나 해지의 철회(제543조), 청약의 철회(제527조), 유언의 철회(제1108조) 등이 있다. 미성년자의 경우 그 법정대리인의 동의나 허락의 취소($^{제7조,}_{제8조\ 제2항}$), 상속의 포기나 승인의 취소($^{제1024조}_{제1항}$)에서의 취소도 실질적으로 철회에 해당한다.

② 해제·해지

해제란 일회적 급부를 목적으로 하는 계약($^{예:\ 부동산}_{매매}$)의 효력을 소급적으로 소멸케 하는 일방적 의사표시이며, 해지는 계속적 급여를 목적으로 하는 계약($^{예:}_{임대차}$)의 효력을 장래를 향하여 소멸시키는 일방적 의사표시이다. 이러한 해제와 해지는 형성권의 일종이므로 원래의 취소와 같다. 그러나 해제와 해지는 채무불이행을 원인으로 한다는 점에서 제한능력·착오·사기·강박을 원인으로 하는 원래의 취소와 다르다.

2. 취소권자

취소할 수 있는 법률행위는 제한능력자, 착오로 인하거나 사기·강박에 의하여 의사표시를 한 자, 그의 대리인 또는 승계인만이 취소할 수 있다(제140조).

1) 제한능력자

제한능력자도 단독으로 유효하게 자신이 한 법률행위를 취소할 수 있다. 이 경우 법정대리인의 동의가 없음을 이유로 다시 취소하지 못한다. 이는 제한능력자가 법정대리인의 동의 없이 한 법률행위를 취소할 수 있다는 일반원칙에 대한 예외가 된다. 그 이유는 첫째, 제한능력자가 그의 법정대리인의 동의 없이 한 법률행위를 단독으로 유효하게 취소할 수 있다고 해도 제한능력자에게 불리하지 않고, 둘째, 제한능력자의 취소를 법정대리인의 동의가 없다는 이유로 취소할 수 있다고 하면 법률관계가 복잡해짐으로써 상대방은 물론이고 거래안전을 해치기 때문이다.

2) 착오 · 사기 · 강박에 의하여 의사표시를 한 자

착오로 인하여 의사표시를 한 자 또는 사기 · 강박에 의하여 의사표시를 한 자는 취소할 수 있다.

3) 대리인

제한능력자와 착오 · 사기 · 강박에 의하여 의사표시를 한 자의 대리인도 취소할 수 있다. 임의대리의 경우에 대리인의 의사표시에 취소 사유가 있으면 그 취소권은 직접 본인에게 귀속한다. 따라서 임의대리인은 취소에 관한 본인의 수권행위가 있어야 취소할 수 있다. 법정대리인은 본인의 고유한 취소권이 있다.

4) 승계인

제140조에서 규정하고 있는 승계인은 제한능력자 또는 착오 · 사기 · 강박에 의하여 의사표시를 한 자의 승계인이다. 포괄승계인(예: 상속인, 포괄수유자, 합병회사)은 원칙적으로 취소권을 승계취득한다. 그리고 특정승계의 경우에는, 취소권만의 승계는 인정되지 않으며, 취소할 수 있는 행위에 의하여 성립한 법적 지위나 권리를 양수한 특정승계인만이 취소권을 승계취득한다. 예를 들면, 토지소유자가 사기를 당하여 지상권을 설정한 후 그 토지를 양도한 경우에 그 토지의 양수인은 승계인으로서 지상권설정계약을 취소할 수 있다. 왜냐하면 취소권만의 분리양도를 허용하는 것은 법률관계를 복잡하게 하고 또한 취소권은 취소로써 법률이 보호하려고 하는 법적 지위나 권리를 떠나서는 존재의의가 없기 때문이다.

3. 취소의 방법과 상대방

1) 취소의 방법
취소권은 형성권이므로, 취소는 취소권자의 단독의 의사표시로 한다. 또한, 취소는 불요식행위이므로 명시적 또는 묵시적으로도 할 수 있다. 취소의 의사표시는 특별히 재판상 행하여짐이 요구되는 경우 이외에는 특정한 방식이 요구되는 것이 아니고, 취소의 의사가 상대방에 의하여 인식될 수 있다면 어떠한 방법에 의하더라도 무방하고, 법률행위의 취소를 당연한 전제로 한 소송상의 이행청구나 이를 전제로 한 이행거절 가운데는 취소의 의사표시가 포함되어 있다.[142] 취소에는 조건을 붙이지 못한다. 단독행위인 취소에 조건을 붙이면 상대방이 불안한 지위에 놓이기 때문이다.

2) 취소의 상대방
취소할 수 있는 법률행위의 상대방이 확정되어 있는 경우에 그 취소는 상대방에 대한 의사표시로 하여야 한다(제142조). 그러므로 취소할 수 있는 행위의 상대방이 그 행위로 취득한 권리를 타인에게 양도한 경우에도 취소의 의사표시는 원래의 상대방에 하여야 한다.

취소의 상대방이 확정되어 있지 않은 경우, 예를 들면, 강박으로 인하여 그 의사표시를 대자보 등을 통하여 불특정한 일반인에게 한 경우에는 취소의 의사표시를 도달시킬 수 없다. 따라서 객관적으로 취소의 의사표시로 인정되는 행위를 하면 취소로 인정된다. 앞의 사례에서는 대자보를 통하여 취소할 수 있다.

4. 취소의 효과

1) 소급효
취소한 법률행위는 처음부터 무효인 것으로 본다(제141조 제1문). 즉 일단 발생한 효과는 전혀 발생하지 않았던 것으로 된다. 이 효과는 제한능력으로 인한 취소에는 절대적이나, 사기·강박·착오로 인한 취소의 경우에는 거래 안전을 위하여 선의의 제3자에게 대항하지 못하는 것으로 규정하고 있다(제109조 제2항, 제110조 제3항).

법률행위의 일부가 취소된 경우에는 일부무효의 법리(제137조)에 의하여 해결한다. 판례

---
142) 대법원 1993. 9. 14. 선고 93다13162 판결.

에 의하면, 하나의 법률행위라 하더라도 가분성이 있거나 그 목적물의 일부가 특정될 수 있다면 그 일부만의 취소도 가능하고 그 일부의 취소는 법률행위의 일부에 관하여 효력이 생긴다.[143]

2) 부당이득반환의무

취소된 법률행위는 소급적으로 무효이므로, 채무가 이행되기 전에 취소된 경우에는 이행할 필요가 없고, 채무가 이미 이행된 후에 취소된 경우에는 부당이득반환의무(제741조)가 생긴다. 부당이득의 반환범위는 수익자의 선의 여부에 따라 다르다(제748조). 다만, 제한능력자의 반환범위에 관해서는 특칙이 있다. 즉 제한능력자는 취소할 수 있는 법률행위로 인하여 받은 이익이 현존하는 한도에서 상환할 책임이 있다(제141조 제2문). 이 규정은 제한능력자를 보호하기 위한 것이다. 따라서 제한능력을 이유로 법률행위가 취소된 경우에 제한능력자는 그 선의여부를 불문하고 현존이익만 반환하면 된다. 즉 제한능력자는 악의인 경우에도 현존이익만 반환하면 된다.

현존이익은 취소할 수 있는 의사표시에 의하여 얻은 사실상의 이익이 그대로 남아 있는 것 또는 변형되어 남아 있는 것을 말한다. 따라서 받은 이익을 소비해 버린 경우에는 이익이 현존하지 않으나, 필요한 비용(예: 생활비, 교육비)에 충당한 경우에는 다른 재산의 소비를 면한 것이므로 그 한도에서 이익은 현존하는 것이 된다. 제한능력자 측의 특별한 수완에 의하여 이익이 증가한 경우에 그 증가된 이익은 반환하지 않아도 된다. 왜냐하면 이 증가된 이익은 취소할 수 있는 의사표시에 의하여 얻은 사실상의 이익이 아니라, 제한능력자 측의 수완에 의한 것이기 때문이다. 판례에 따르면, 그 취득한 것이 금전상의 이득인 때에는 그 금전은 이를 취득한 자가 소비하였는가의 여부를 불문하고 현존하는 것으로 추정된다.[144]

현존이익은 취소 시를 기준으로 판단한다. 판례에 의하면, 금전상의 이득은 특별한 사정이 없는 한 현존하는 것으로 추정되므로 현존이익에 대한 입증책임은 제한능력자가 진다.[145] 왜냐하면 제한능력자는 현존이익만 반환하고 현존이익에 대한 입증책임은 상대방이 지게 된다면, 제한능력자는 지나치게 보호받게 되어 불공평하기 때문에 그 입증책임은 제한능력자가 부담해야 한다.

---

143) 대법원 1992. 2. 14. 선고 91다36062 판결.
144) 대법원 1996. 12. 10. 선고 96다32881 판결.
145) 대법원 2005. 4. 15. 선고 2003다60297, 60303, 60310, 60327 판결.

5. 취소권의 소멸과 부인

취소권은 취소권자의 포기, 즉 추인(제143조, 제144조)에 의하여 상실될 수 있다. 그리고 상대방과 제3자를 보호하기 위하여 법률의 규정에 의하여 소멸되거나 부인되는 법정추인(제145조)과 취소권의 소멸(제146조)을 규정하고 있다. 특히 제한능력의 경우, 앞에서 설명한 바와 같이 상대방의 확답촉구권(제15조), 철회권과 거절권(제16조) 행사로 취소권은 소멸하게 되고, 제한능력자가 사술詐術을 쓴 경우에는 취소권을 부인하고 있다(제17조). 이하에서는 취소 사유에 공통된 취소권 소멸과 부인否認의 원인이 되는 추인·법정추인·취소권 소멸에 관하여 보기로 한다.

1) 취소할 수 있는 법률행위의 추인

(1) 의의

취소할 수 있는 법률행위의 추인은 취소할 수 있는 법률행위를 취소하지 않겠다는 의사표시, 즉 취소권의 포기이다.

(2) 추인의 요건

① 추인권자의 추인

추인권자가 추인을 하여야 한다. 추인권자는 취소권자이다(제143조). 즉 제한능력자, 착오로 인하거나 사기·강박에 의하여 의사표시를 한 자, 그의 대리인 또는 승계인만이 추인할 수 있다(제140조).

② 취소원인 소멸 후 추인

추인은 취소의 원인이 종료한 후에 하여야 한다(제144조 제1항). 즉 제한능력자는 능력자가 된 후, 착오에 의한 의사표시를 한 자는 착오의 사실을 안 후, 사기 또는 강박에 의한 의사표시를 한 자는 기망당한 사실을 안 후 또는 강박 상태를 벗어난 후에 추인하여야 한다. 즉 추인은 정상적 판단이 가능할 때 하여야 하므로 취소원인의 종료 전에 한 추인은 무효이다(제144조 제1항). 제한능력자의 경우, 미성년자와 피한정후견인은 능력자가 되기 전이라도 법정대리인의 동의를 얻어 추인할 수 있으나 피성년후견인은 동의가 있더라도 추인할 수 없다. 법정대리인은 취소원인이 종료하지 않은 때에도 언제든지 추인할 수 있다($^{제144조}_{제2항}$).

③ 취소 가능성의 인식

추인은 취소권의 포기이므로, 추인하려면 그 의사표시를 취소할 수 있다는 것을 인식하여야 한다.[146]

(3) 추인의 방법

추인은 취소와 동일한 방법, 즉 상대방에 대한 의사표시로 하여야 한다($^{제143조\ 제2항\ \cdot}_{제142조}$). 추인은 명시적·묵시적으로 가능하다. 따라서 취소권자가 취소원인이 있음을 알면서도 취소하지 않고 취소할 수 있는 의사표시에 의하여 취득한 물건을 사용한 경우에는 묵시적 추인이 인정된다.

(4) 추인의 효과

주인이 있으면 취소할 수 있는 법률행위를 다시 취소할 수 없고($^{제143조}_{제1항\ 제2문}$), 그 법률행위는 처음부터 유효한 것으로 확정된다.

2) 법정추인

(1) 의의

법정추인이란 취소할 수 있는 법률행위에 일반적으로 추인이라고 인정되는 일정한 행위가 있으면 추인권자의 추인의사와 상관없이 그 법률행위를 법률이 추인으로 의제하는 것을 말한다. 법정추인은 상대방의 지위와 거래안전을 보호하기 위한 제도이다. 즉 추인은 명시적·묵시적으로 가능한데, 묵시적 추인의 인정에 대한 분쟁이 발생하면 상대방의 지위와 거래안전을 해할 수 있기 때문에 이를 방지하기 위하여 법정추인이 인정되고 있다.

---

146) 대법원 1997. 5. 30. 선고 97다2986 판결.

(2) 법정추인의 요건

① 법정추인사유

취소할 수 있는 법률행위에 법정法定사유 중 하나가 존재해야 한다(제145조). 민법 제145조에서 규정한 법정추인사유에는 전부나 일부의 이행, 이행의 청구, 경개, 담보의 제공, 취소할 수 있는 행위로 취득한 권리의 전부나 일부의 양도, 강제집행이 있다.

법정추인사유 중 전부나 일부의 이행, 경개, 담보의 제공, 강제집행은 취소권자가 채무자로서 한 경우뿐만 아니라 채권자로서 한 경우에도 법정추인이 인정된다. 구체적으로 전부나 일부의 이행 및 경개는 취소권자가 채무자 또는 채권자로서 한 경우이다. 담보의 제공은 취소권자가 채무자로서 담보제공을 하거나 채권자로서 담보제공을 받는 경우이고, 강제집행은 취소권자가 채권자로서 강제집행을 하거나 채무자로서 강제집행을 받은 경우이다. 이행의 청구, 취소할 수 있는 행위로 취득한 권리의 전부나 일부의 양도는 취소권자가 청구하거나 양도한 경우에만 법정추인이 인정된다.

② 취소원인 소멸 후 법정추인사유 발생

민법 제145조에서 규정하고 있는 법정추인사유는 취소권자가 추인할 수 있는 후, 즉 취소원인이 종료한 후에 생긴 것이어야 한다(제145조). 제한능력자의 경우, 제한능력자가 법정대리인의 동의를 받아 위의 행위(예: 전부나 일부의 이행)를 하거나 법정대리인이 위의 행위(예: 전부나 일부의 이행)를 한 때에는 취소원인이 종료하기 전에 하였더라도 법정추인이 된다.

③ 이의를 보류하지 않았을 것

취소권자가 위의 행위를 하면서 이의를 보류한 경우에는 법정추인이 되지 않는다(제145조 제2문). 이의의 보류란 추인하는 것이 아님을 나타내는 의사표시이다.

(3) 효과

법정추인의 요건이 구비되면 추인한 것으로 본다(제145조). 따라서 법정추인이 있으면 취소할 수 있는 법률행위를 다시 취소할 수 없고(제143조 제1항 제2문), 그 법률행위는 처음부터 유효한 것으로 확정된다.

3) 취소권의 단기 소멸

(1) 민법 규정

민법은 취소할 수 있는 법률행위에 있어서, 상대방이나 이해관계 있는 제3자의 불안정을 빨리 제거함으로써 법률관계를 되도록 빨리 확정하기 위하여 취소권에 단기의 존속기간을 규정하고 있다. 즉 취소권은 추인할 수 있는 날로부터 3년 내에 또는 법률행위를 한 날로부터 10년 내에 행사하여야 한다(제146조).

(2) 취소권의 존속기간

① 기간의 성질

민법 제146에서 규정하고 있는 기간은 제척기간이고, 제척기간의 도과여부는 당사자의 주장에 관계없이 법원이 당연히 조사하여 고려하여야 할 사항이다.[147]

② 기간의 기산점

취소권은 '추인한 날로부터 3년 내' 또는 '법률행위를 한 날로부터 10년 내'에 행사하여야 한다. 추인할 수 있는 날은 취소의 원인이 종료한 날을 의미한다. 따라서 3년의 기산점은 제한능력자가 능력자가 된 날, 착오에 의한 의사표시를 한 자가 착오의 사실을 안 날, 사기 또는 강박에 의한 의사표시를 한 자가 기망당한 사실을 안 날 또는 강박 상태를 벗어난 날이다. 제한능력자의 법정대리인의 경우에는 법정대리인이 제한능력자가 의사표시를 했다는 사실을 안 날이다. 하나의 법률행위에 다수의 취소원인이 존재하고 그에 따라 다수의 취소권이 존재하는 경우, 각 취소권에서의 기산점이 다를 수 있다.

③ 기간 도래의 효과

민법 제146조의 기간이 도래하면 취소권은 소멸한다. 추인할 수 있는 날로부터 3년과 법률행위를 한 날로부터 10년, 즉 두 개의 기간 중에서 하나의 기간이 먼저 도래하면 취소권은 소멸한다. 1개의 법률행위에 다수의 취소원인으로 다수의 취소권이 발생한 경우에는 하나의 취소권이 기간 도래로 소멸하더라도 다른 취소권은 당연히 소멸하지 않는다. 1개의 법

---
147) 대법원 1996. 9. 20. 선고 96다25371 판결.

률행위에 다수의 취소권자가 있는 경우, 예를 들면, 제한능력자와 법정대리인이 취소권을 가지는 경우에는 어느 일방의 취소권이 소멸하면 다른 일방의 취소권도 소멸한다.

(3) 취소로 인한 부당이득반환청구권의 존속기간

취소할 수 있는 법률행위를 이행한 후에 취소한 경우에 부당이득반환청구권이 발생한다. 이 경우 부당이득반환청구권의 존속기간에 대하여, 취소로 인한 부당이득반환청구권도 민법 제146조의 기간 내에 행사하지 않으면 소멸한다는 견해[148]와 취소로 인한 부당이득반환청구권은 취소권 행사 후 10년이 지나야 소멸시효한다는 견해[149]가 있다. 취소권을 단기소멸하는 것으로 규정한 취지는 법률관계의 조속한 확정을 통한 거래 안전을 보호하기 위한 것이다. 그러나 부당이득반환청구권은 취소권 행사로 법률관계 확정 후에 발생한 것이므로 민법 제146조의 기간의 경과로 소멸하지 않는 것으로 해석해야 한다.

---

148) 곽윤직·김재형, 398면·427면; 김상용·전경운, 705면.
149) 강태성, 956면; 송덕수, 462면.

제9절 법률행위의 부관

Ⅰ. 개념

법률행위가 유효하게 성립하면 법률행위의 효과가 발생한다. 그러나 사적자치의 원칙에 따라 당사자는 법률행위 효력의 발생 또는 소멸을 장래의 일정한 사실과 결부시킬 수 있다. 이처럼 법률행위의 효과를 제한하기 위하여 법률행위의 내용으로 덧붙여지는 약관을 강학상 부관附款이라고 한다. 법률행위의 부관에는 법률행위의 효력을 장래의 불확실한 사실에 의존케 하는 조건과 확실한 사실에 의존케 하는 기한이 있다. 조건과 기한에 관하여는 민법총칙편 제5장 제5절 이하에서 일반규정을 두고 있다.

Ⅱ. 조건

1. 의의

조건條件은 법률행위 효력의 발생 또는 소멸을 장래의 불확실한 사실의 성부成否에 의존하게 하는 법률행위의 부관으로서 해당 법률행위를 구성하는 의사표시의 일체적인 내용을 이루는 것이다. 그러므로 의사표시의 일반원칙에 따라 조건을 붙이고자 하는 의사 즉 조건의사와 그 표시가 필요하며, 조건의사가 있더라도 그것이 외부에 표시되지 않으면 법률행위의 동기에 불과할 뿐이고 그것만으로는 법률행위의 부관으로서의 조건이 되지는 않는다.[150] 조건을 붙이고자 하는 의사의 표시는 그 방법에 관하여 일정한 방식이 요구되지 않으므로 묵시적 의사표시나 묵시적 약정으로도 할 수 있다.[151]

2. 특질

첫째, 조건이 되는 사실은 장래에 발생 여부가 객관적으로 불확실한 것이어야 한다. 따라서 장래의 사실이더라도 그 발생의 시기는 불분명하지만 발생할 것이 분명한 것은 조건

---
150) 대법원 2015. 10. 29. 선고 2015다219504 판결.
151) 대법원 2018. 6. 28. 선고 2016다221368 판결.

이 아니고 기한이다.[152] 그리고 과거의 사실은 비록 당사자가 알지 못한 경우라도 기성사실이므로 조건이 아니다. 둘째, 조건은 당사자가 임의로 정한 것이어야 한다. 따라서 법정조건은 여기서의 조건에 해당하지 않는다. 셋째, 조건은 법률행위의 효력여부에 관한 것이고, 성립에 관한 것이 아니다. 넷째, 어느 법률행위에 어떤 조건이 붙어 있었는지 아닌지는 사실인정의 문제로서 그 조건의 존재를 주장하는 자가 이를 증명하여야 한다.[153]

3. 조건의 종류

1) 정지조건 · 해제조건

정지조건은 법률행위의 효력 발생을 장래의 불확실한 사실에 의존하게 하는 조건이고, 해제조건은 법률행위의 효력 소멸을 장래의 불확실한 사실에 의존하게 하는 조건이다. 예를 들면, 취직을 하면 자동차를 사주겠다는 약정은 정지조건이고, 성적이 C등급 이하이면 장학금 지급을 중단하기로 하는 약정은 해제조건이다.

2) 수의조건 · 비수의조건

조건이 되는 사실(조건사실)의 실현이 표의자의 일방에만 의존하는가에 따른 구별이다.

(1) 수의조건

수의(隨意)조건은 조건사실의 실현여부가 표의자에게만 의존하는 조건이다. 수의조건에는 순수수의조건과 단순수의조건이 있다. 순수수의조건은 조건사실(예: 주고 싶은 마음이 생기면 자동차 1대를 주겠다)의 실현여부가 표의자 일방의 의사에만 의존하는 조건이다. 단순수의조건은 표의자의 의사뿐만 아니라 그 의사에 기한 조건사실(예: 내가 스위스에 여행을 가면, 시계를 사다 주겠다)의 성립도 있어야 하는 조건이다.

(2) 비수의조건

비수의조건은 조건사실의 실현여부가 표의자에게만 의존하지 않는 조건이다. 비수의조건에는 혼성조건과 우성조건이 있다. 혼성조건은 조건사실의 실현여부가 표의자뿐만 아니라 제3자에게도 의존하는 경우(예: 앞으로 내가 을과 결혼하면)의 조건이다. 우성조건은 조건사실의 실현여부

---

152) 대법원 2018. 6. 28. 선고 2018다201702 판결.
153) 대법원 2011. 8. 25. 선고 2008다47367 판결.

가 표의자와 관계없는 경우(예: 올해 크리스마스에 눈이 오면)의 조건이다.

3) 가장조건

가장조건假裝條件은 외형상으로는 조건 같지만 실질적으로는 조건으로서의 효력이 인정되지 아니하는 조건이다.

(1) 불법조건

선량한 풍속 기타 사회질서에 위반하는 조건은 불법조건이며, 불법조건부 법률행위는 무효이다(제151조 제1항). 예를 들면, 부첩관계인 부부생활의 종료를 해제조건으로 하는 증여계약은 그 조건만이 무효인 것이 아니라 증여계약 자체가 무효이다.[154]

(2) 기성조건

조건사실이 법률행위의 성립 당시에 이미 확정되어 있는 경우에 이를 기성조건이라 한다. 기성조건이 정지조건이면 조건 없는 법률행위가 되고, 해제조건이면 그 법률행위는 무효이다(제151조 제2항).

(3) 불능조건

불능조건은 조건사실의 실현이 객관적으로 불가능한 조건이다. 불능조건이 정지조건이면 그 법률행위는 무효이고, 해제조건이면 조건 없는 법률행위로 된다(제151조 제3항).

(4) 법정조건

법률에 법률행위의 효력발생을 위한 일반적 요건 외에 추가적인 요건을 규정하는 경우가 있다. 이러한 요건을 법정조건이라 한다. 예를 들면, 비영리법인 설립시 주무관청의 허가(제32조), 유증에 있어서 수증자의 생존(제1089조) 등은 법정조건이다. 이러한 법정조건은 민법 제147조 이하에 규정된 조건에 해당하지는 않는다. 그러나 법정조건이 효력요건인 경우에는 그 법률행위의 효력이 확정되지 않는 동안의 법률관계에는 그 성질에 반하지 않는 범위에서 조건에 관한 민법규정(제147조 이하)이 유추적용된다.[155]

---

154) 대법원 1966. 6. 21. 선고 66다530 판결.
155) 대법원 1962. 4. 18. 선고 4294민상1603 판결.

4. 조건을 붙일 수 없는 법률행위

사적자치의 원칙에 따라 법률행위에 조건을 붙이는 것은 당연히 허용된다. 그러나 조건의 부가로 인하여 거래의 안전 또는 법적 안정을 해(害)하는 경우에는 사적자치의 원칙을 제한할 수 있다. 따라서 거래의 안전 또는 법률관계의 안정을 요하는 법률관계에는 조건을 붙을 수 없다. 이러한 법률행위를 '조건에 친하지 않는 법률행위'라고도 한다.

1) 공익상의 불허용

조건을 붙이는 것이 강행규정 또는 사회질서에 위반하는 경우(예: 혼인, 이혼, 인지, 입양, 파양, 상속의 포기·승인, 어음행위, 수표행위)에는 조건을 붙일 수 없다. 조건의 부가를 허용하면 신분질서나 거래질서를 해하기 때문이다.

2) 사익상의 불허용

상대방 있는 단독행위에 조건을 붙임으로써 상대방의 지위를 현저하게 불이익하게 할 염려가 있는 경우(예: 상계, 취소, 해제)에는 조건을 부가하는 것이 허용되지 않는다. 그러나 상대방의 동의가 있거나 상대방을 특별히 불리하게 하지 않는 단독행위(예: 수권행위, 채무면제, 유증)에는 조건을 붙일 수 있다. 예를 들면, 계약당사자 일방이 이행지체에 빠진 상대방에 대하여 일정한 기간 내에 이행이 없으면 계약은 당연히 해제된 것으로 한다는 뜻을 포함하고 있는 이행청구는 이행청구와 동시에 그 기간 내에 이행이 없는 것을 정지조건으로 하여 미리 해제의 의사를 표시한 것으로 볼 수 있다.[156] 또한, 민법 제675조에 정하는 현상광고에 정한 행위의 완료에 조건이나 기한을 붙일 수 있다.[157]

3) 효과

조건을 붙일 수 없는 법률행위에 조건을 붙인 경우에 그 행위의 효력에 대한 법률의 규정이 있는 때에는 그 규정에 의한다. 그렇지 않은 경우에는 일부무효의 법리에 따라 해결할 수 있다.[158] 따라서 법률행위에 조건을 붙이는 것이 허용되지 아니하는 법률행위에 조건을 붙인 경우에 그 조건만을 분리하여 무효로 할 수는 없고 그 법률행위 전부가 무효로 된다.[159] 다만 조건이 없더라도 법률행위를 했으리라고 인정될 때에는 조건을 제외하고 나머

---

156) 대법원 1992. 12. 22. 선고 92다28549 판결.
157) 대법원 2000. 8. 22. 선고 2000다3675 판결.
158) 강태성, 989면; 송덕수, 473면.
159) 대법원 2005. 11. 8.자 2005마541 결정.

지 법률행위는 유효하다.

5. 조건부 법률행위의 효력

1) 조건의 성부 확정 전의 효력

(1) 기대권으로서의 조건부 권리
조건의 성부成否가 확정되기 전에는 당사자가 목적으로 한 법률효과가 발생하지는 않으나 당사자의 일방은 조건의 성취로 일정한 이익을 얻게 되리라는 기대를 하게 된다. 즉 조건이 성취되기 전에 당사자는 권리의 취득을 기대할 수 있는 지위에 있다. 민법은 이러한 지위를 조건부 권리라고 하면서 보호하고 있다(제148조, 제149조). 이는 기대권의 일종이다.

(2) 조건부 권리의 보호
조건 있는 법률행위의 당사자는 조건의 성부가 미정한 동안에 조건의 성취로 인하여 생길 상대방의 이익을 해하지 못한다(제148조). 조건의 성취가 미정한 권리의무는 일반규정에 의하여 처분, 상속, 보존 또는 담보로 할 수 있다(제149조). 즉 그 조건의 성취로 인하여 취득하는 권리와 같은 방법으로 처분, 상속, 보존 또는 담보로 할 수 있다.

2) 조건의 성부 확정 후의 효력

(1) 법률행위 효력 확정
조건부 법률행위의 효력은 조건이 성취되어야만 비로소 확정된다. 정지조건부 법률행위에서는 조건이 성취되면 법률행위는 그 효력을 발생하고, 불성취로 확정되면 무효로 된다(제147조 제1항). 해제조건부 법률행위에 있어서는 조건이 성취되면 법률행위의 효력은 소멸하고 불성취로 확정되면 효력은 소멸하지 않는 것으로 확정된다(제147조 제2항).

(2) 소급효 유무
조건부 법률행위에 있어서 조건이 성취되더라도 그 행위의 효력은 소급하지 않는다. 즉 정지조건부 법률행위의 효력은 조건이 성취된 때부터 발생하고(제147조 제1항), 해제조건부 법률행위의 효력은 조건이 성취된 때부터 소멸한다(제147조 제2항). 그러나 당사자가 조건성취의 효력을 그 성취 전에 소급하게 할 의사를 표시한 때에는 그 의사에 의한다(제147조 제3항). 따라서 조건이 성취한 때부터 법률행위가 성립한 때 사이의 어느 시점까지 소급시킬 수 있다.[160] 이 경우에 제3자의 권리를 해하지 못한다.

(3) 입증책임

조건성취에 대한 입증책임은 조건성취로 법률행위의 효력이 발생하였다고 주장하는 자에게 있다.[161]

6. 조건의 성부와 신의칙

조건의 성취 여부는 객관적으로 불확실한 사실이므로 조건의 성부에 따라 당사자 사이의 이해관계가 대립한다. 민법은 조건의 성부와 이해 관계있는 당사자가 신의성실에 반하여 자기의 이익을 위하여 조건의 성취나 불성취를 방해한 경우에 관하여 규정하고 있다. 즉 조건의 성취로 인하여 불이익을 받을 당사자가 신의성실에 반하여 조건의 성취를 방해한 때에는 상대방은 그 조건이 성취한 것으로 주장할 수 있다(제150조 제1항). 다른 한편으로 조건의 성취로 인하여 이익을 받을 당사자가 신의성실에 반하여 조건을 성취시킨 때에는 상대방은 그 조건이 성취하지 아니한 것으로 주장할 수 있다(제150조 제2항).

Ⅲ. 기한

1. 의의

기한期限이란 법률행위의 당사자가 그 효력의 발생·소멸 또는 채무이행 시기를 장래에 발생하는 것이 확실한 사실에 의존케 하는 부관을 말한다. 기한이 되는 사실이 장래의 사실이라는 점에서 조건과 같으나, 그 발생이 확정되어 있다는 점에서 그 성부 자체가 불확정한 조건과는 다르다.

---

160) 강태성, 998면; 곽윤직·김재형, 407면.
161) 대법원 1983. 4. 12. 선고 81다카692 판결; 대법원 2023. 6. 29. 선고 2023다221830 판결.

2. 종류

1) 시기 · 종기

시기始期는 법률행위의 효력 발생 또는 채무이행의 시기를 장래에 발생할 것이 확실한 사실의 도래(예: 1996년 3월 1일부터 주택을 임대한다)에 의존하게 하는 기한이다. 종기終期란 법률행위 효력의 소멸을 장래에 발생할 것이 확실한 사실(예: 내년 7월 25일까지 임대한다)의 도래에 의존토록 하는 기한이다.

2) 확정기한 · 불확정기한

기한의 내용이 되는 사실은 장래 발생할 것이 확실한 것이어야 하지만, 그 발생하는 시기는 반드시 확정되어야 하는 것은 아니다. 확정기한은 그 도래 시기(예: 내년 1월 1일부터)가 확정되어 있는 기한이다. 불확정기한은 그 도래 시기(예: 건물이 완공된 때)가 확정되어 있지 않은 기한이다.

3. 기한을 붙일 수 없는 법률행위

1) 시기의 불허

법률행위에 시기가 있으면 기한이 도래할 때까지 법률행위의 효과는 발생하지 않는다. 따라서 법률행위와 동시에 효과를 발생하게 할 필요가 있는 때에는 법률행위에 시기를 붙이는 것이 허용되지 않는다. 즉 신분행위(예: 혼인, 이혼, 입양, 파양, 상속의 승인과 포기)에는 시기를 붙이지 못한다. 또한, 소급효 있는 법률행위에 시기를 붙이는 것은 의미가 없으므로, 허용되지 않는다. 따라서 상계에는 시기를 붙일 수 없다(제493조 제1항).

2) 종기의 불허

종기를 붙이는 것이 선량한 풍속 그 밖의 사회질서에 반하는 경우에는 허용되지 않는다. 예를 들면, 신분행위(예: 혼인, 입양)에는 종기를 붙일 수 없다. 그리고 종기를 붙이면 상대방의 지위가 불안정해지는 경우에도 허용되지 않는다. 따라서 상계에는 종기를 붙일 수 없다(제493조 제1항).

4. 기한부 법률행위의 효력

1) 기한 도래 전의 효력

불확정적인 조건부 권리를 기대권으로서 보호하고 있는 점과 비교하면 확정적 기한부 권리는 더욱 보호되어야 한다. 그리하여 민법은 조건부 권리 침해금지에 관한 규정(제148조)과 조건부 권리의 처분에 관한 규정(제149조)을 기한 있는 법률행위에 준용하고 있다(제154조). 즉 기한 있는 법률행위의 당사자가 기한 도래 전에 기한의 도래로 인하여 생길 상대방의 이익을 해하지 못하며($_{제148조}^{제154조,}$), 기한 도래 전의 권리의무는 일반규정에 의하여 처분, 상속, 보존 또는 담보로 할 수 있다($_{제149조}^{제154조,}$). 그리고 불확정기한부 법률행위에서 그 기한의 도래를 방해받을 수 있다. 이 경우에는 조건성취·불성취에 대한 반신의행위에 관한 규정(제150조)을 유추적용한다.[162] 따라서 기한의 도래($_{완공된\ 때}^{예:\ 건물이}$)로 인하여 불이익을 받을 당사자가 신의성실에 반하여 기한의 도래를 방해한 때에는 상대방은 그 기한이 도래한 것으로 주장할 수 있다($_{제1항\ 참고}^{제150조}$). 다른 한편으로 기한의 도래로 인하여 이익을 받을 당사자가 신의성실에 반하여 기한을 도래시킨 때에는 상대방은 그 기한이 도래하지 아니한 것으로 주장할 수 있다($_{제2항}^{제150조}$).

2) 기한 도래 후의 효력

법률행위에 시기를 붙인 경우에는 그 법률행위는 기한이 도래한 때로부터 그 효력이 생기고($_{제1항}^{제152조}$), 종기 있는 법률행위는 기한이 도래한 때로부터 그 효력을 잃는다($_{제2항}^{제152조}$). 그러므로 기한의 효력에는 소급효가 없으며, 이는 절대적이며 당사자의 특약에 의해서도 인정되지 않는다.

5. 기한의 이익

1) 의의

기한의 이익이란 기한이 도래하지 않음으로써 당사자가 받는 이익을 말한다. 기한의 이익은 채무자만이 가지는 경우($_{소비대차}^{예:\ 무이자부}$), 채권자만이 가지는 경우($_{임치}^{예:\ 무상}$), 또는 채무자와 채권자 모두가 가지는 경우($_{소비대차}^{예:\ 이자부}$)가 있다. 그러나 기한의 이익은 채무자만이 갖는 경우

---

162) 강태성, 1004면.

가 가장 많다. 그리하여 민법에서는 당사자의 특약이나 법률행위의 성질상 반대의 취지가 존재하지 않는 한 "기한은 채무자의 이익을 위한 것으로 추정한다."라고 규정하고 있다 (제153조 제1항). 따라서 기한의 이익은 채권자를 위하여 존재한다는 사실에 대한 입증책임은 채권자가 진다.

2) 기한의 이익 포기

상대방의 이익을 해하지 않으면, 기한의 이익을 포기할 수 있다(제153조 제2항). 기한의 이익을 포기하면 기한의 존재를 전제로 한 모든 법률효과는 당연히 소멸한다.

당사자 일방만이 기한의 이익을 가지는 경우에 그 일방은 상대방에 대한 단독의 의사표시에 의하여 기한의 이익을 포기할 수 있다. 예를 들면, 무이자부 소비대차의 경우에 차주는 언제든지 반환할 수 있다. 기한의 이익이 상대방에게도 있는 경우에도 기한의 이익을 포기할 수 있으나, 이 경우에는 상대방의 손해를 배상하여야 한다. 예를 들면, 이자부 소비대차의 채무자는 이행기까지의 이자를 지급하고 기한 전에 변제할 수 있다.

3) 기한이익의 상실

채무자에게 기한의 이익을 주는 것은 채무자를 신뢰하기 때문이다. 따라서 채무자의 경제적 신용을 위태롭게 하는 사유가 생기면 그 기한의 이익을 인정하기 어렵다. 민법은 채무자가 담보를 손상·감소 또는 멸실하게 한 경우 또는 채무자가 담보제공의 의무를 이행하지 아니한 경우에 채무자는 기한의 이익을 주장하지 못하는 것으로 규정하고 있다(제388조).

한편 채무자회생법에서 "기한부 채권은 파산선고시에 변제기에 이른 것으로 본다."라고 규정하고 있다(제425조). 이 경우에는 채무자가 기한의 이익을 주장하지 못하는 것이 아니라 기한이 도래한 것으로 본다. 따라서 채무자는 기한의 이익을 상실한다. 또한 당사자는 기한이익의 상실에 관한 특약, 즉 '일정한 사실이 발생하면, 기한이 도래하는 것으로 본다.'라는 약정을 할 수 있다.

제6장 기간

Ⅰ. 개념

기간期間은 어느 시점부터 다른 어느 시점까지 계속된 시간(예: 지금부터 1개월 동안)을 뜻한다. 기간은 시간의 경과에서 특정 시점을 가리키는 기일과는 구별된다. 기간의 경과는 법률사실 중에서 사건에 해당하고, 그 자체만으로 법률요건이 되지 않는다. 따라서 기간은 다른 법률사실과 결합하여 법률요건의 중요한 법률사실을 이루는 경우(예: 성년, 최고기간, 실종기간, 시효, 제척기간)가 많다.

기간의 계산에 관한 민법규정은 보충적으로 적용된다. 즉 기간의 계산은 법령, 재판상의 처분 또는 법률행위에 다른 정한 바가 없으면 민법 제6장 이하의 규정에 의한다(제155조). 그리고 기간에 관한 민법규정은 사법관계뿐만 아니라 공법관계에도 적용되는 일반규정이다.

Ⅱ. 기간의 계산

기간의 계산에는 자연적 계산과 역법曆法적 계산이 있다. 전자는 정확하지만 불편하고, 후자는 역에 따라 계산하는 방법으로서 편리하나 부정확하다. 민법은 짧은 기간의 계산에는 자연적 계산에 의하고, 긴 기간의 계산에는 역법적 계산에 의하는 것으로 규정하고 있다.

1. 기간을 시·분·초로 정하는 경우

기간을 시·분·초로 정한 경우에는 즉시로부터 기산하고(제156조), 정해진 시·분·초가 종료한 때에 기간은 만료한다. 예를 들면, 2025년 3월 28일 7시부터 10시간이 되는 시점은 같은 날 17시이다.

2. 기간을 일·주·월·년으로 정하는 경우

1) 기산점

기간을 일·주·월·년으로 정한 때에는 기간의 초일은 산입하지 않는다(초일불산입의 원칙, 제157조 제1문).

그러나 그 기간이 오전 0시부터 시작하는 때에는 초일을 산입하고(제157조 제2문), 연령계산에는 출생일을 산입한다(제158조).

2) 만료점

기간을 일·주·월·년으로 정한 때에는 기간 말일의 종료로 기간이 만료한다(제159조). 기간을 주·월·년으로 정한 때에는 역曆에 의하여 계산한다(제160조 제1항). 따라서 월·년의 일수의 장단長短은 문제가 되지 않는다. 기간이 월 또는 년의 첫날부터 기산하는 때에는 특별히 문제 될 것이 없다. 그런데 주중·월중·연중의 어느 날로부터 시작하는 때에는 그 기간의 최후의 주·월·년에서 그 기산일에 해당하는 날의 전일로 기간이 만료한다(제160조 제2항). 예를 들면, 3월 28일 10시에 지금부터 2개월(또는 2년)이라고 한 경우에, 2개월(또는 2년)의 기산일은 3월 29일이고, 기간의 만료는 2개월(또는 2년) 후 기산일에 해당하는 날의 전일, 즉 5월 28일(또는 2년 후 3월 28일)이 말일이 된다.

역에 의하여 계산하는 경우에 그 기간의 최종의 월에 해당하는 날이 없는 경우가 있다. 그 이유는 매월 말이 28일(평년 2월), 29일(윤년 2월), 30일 또는 31일인 경우가 있기 때문이다. 따라서 기간을 월 또는 연으로 정한 경우에 최종의 월에 해당일이 없는 때에는 그 월의 말일로 기간이 만료한다. 예를 들면, 1월 30일 10시에 지금부터 1개월이라고 한 경우에 그 기산일은 1월 31일이고 그 기간의 만료일은 1개월 후 기산일에 해당하는 날의 전일, 즉 2월 30일은 없으므로 평년에는 2월 28일, 윤년에는 2월 29일이 된다.

기간의 말일이 토요일 또는 공휴일에 해당한 때에는 기간은 그 다음 날로 만료한다(제161조). 예를 들면, 3월 15일 9시에 지금부터 5개월이라고 한 경우에는, 3월 16일부터 기산하여 8월 16일에 만료한다. 왜냐하면 8월 15일은 공휴일이기 때문이다.

판례에 의하면, 정년이 만60세라 함은 만60세에 도달한 날을 말하는 것이지 만60세가 만료되는 날을 의미하는 것이 아니다.[1] 즉 어느 회사의 정년이 만60세인 경우에, 1976년 3월 28일 12시에 출생한 직원은 2036년 3월 27일 24시에 만60세가 된다. 따라서 그 후에는 해당 직장에 다닐 수 없다.

---

1) 대법원 1973. 6. 12. 선고 71다2669 판결.

Ⅲ. 기간의 역산

민법은 기산일로부터 장래를 향한 기간의 계산만을 규정하고 있다. 그러나 기간에 관한 민법 규정은 기산일로부터 과거를 향한 기간의 계산, 즉 역산逆算에도 유추적용된다. 예를 들면, 사단법인의 사원총회의 소집을 1주일 전에 통지해야 하는 경우에, 총회 소집일이 4월 9일이라고 하면 그 전일인 4월 8일 24시를 기산점으로 하여 역산하면 4월 2일 0시가 만료점이 된다. 따라서 사원총회의 소집 통지는 4월 1일 24시까지는 발송하여야 한다. 선거일과 관련된 판례에 따르면, 선거일인 1978년 5월 18일 전 3년간은 1975. 5. 18. 00:00부터 1978. 5. 17. 24:00 사이라고 한다.[2]

---

[2] 대법원 1979. 3. 27. 선고 79슈1 판결.

제7장 소멸시효

Ⅰ. 서설

1. 시효의 의의

시효時效라 함은 권리의 행사 또는 불행사라는 사실상태가 일정기간 동안 계속되었을 때 그 상태가 진실한 권리관계와 일치하는가 여부를 묻지 않고 그 사실 상태를 그대로 존중하여 권리관계로 인정하려는 제도이다. 시효에는 취득시효와 소멸시효가 있다. 취득시효는 어떤 자가 권리자인 것처럼 권리를 행사하고 있는 사실 상태가 일정기간 동안 계속된 경우에 그에게 권리를 취득시키는 제도이고, 소멸시효는 권리자의 권리 불행사 상태가 일정기간 계속된 경우에 그의 권리를 소멸시키는 제도이다. 현행민법은 취득시효는 물권취득의 원인으로 물권편에 규정하고 있고(제245조 이하), 소멸시효에 관하여는 총칙편에 규정하고 있다.

2. 시효제도의 존재이유

시효제도로 인하여 권리자가 권리를 상실하거나(소멸시효) 무권리자가 권리를 취득할 수도 있으므로(취득시효), 시효제도는 정당한 권리관계를 보호·유지하려는 법제도 본래의 목적에 부합하지 않는 제도이다. 그런데도 시효제도를 인정하는 이유에 대하여 판례는, "시효제도는 일정기간 계속된 사회질서를 유지하고, 시간의 경과로 인해 곤란해지는 증거보전으로부터의 구제를 꾀하며, 자기 권리를 행사하지 않고 소위 권리 위에 잠자는 자를 법적 보호에서 제외하기 위하여 규정된 제도"라고 설명하고 있다.[1]

1) 법률관계의 안정과 사회질서 유지

일정한 사실 상태가 오래 계속되면 이것을 진실한 권리관계에 부합하는 것이라 믿고, 이에 기초하여 새로운 법률관계가 생기게 된다. 이러한 경우에 사실상태가 번복飜覆된다면 그에 기초하여 맺어진 법률관계도 번복되게 되어 거래관계를 해치고 법질서에 혼란이 초래된다. 그러므로 사실 상태를 그대로 유지해서 법률관계의 안정과 사회질서를 유지하려는 것

---

[1] 대법원 1999. 3. 18. 선고 98다32175 전원합의체 판결.

이 시효제도의 근본적인 존재이유이다.[2]

2) 증거보전의 곤란에서 구제
오랜 시간이 경과하면 정당한 권리관계에 대한 증거자료가 없어지기 쉬우므로, 과거 사실에 대한 정당한 권리관계를 입증하기 어렵게 된다. 이러한 증거보전의 어려움에 따른 입증의 곤란을 구제하고자 사실 상태를 그대로 정당한 권리관계로 보려는 것이 시효제도의 목적이다. 이는 주로 취득시효의 존재이유로서 타당하다.[3]

3) 권리 위에 잠자는 자에 대한 보호가치 결여
오랫동안 자기의 권리를 주장하지 않는 자, 소위 권리 위에 잠자는 자는 법률에 의한 보호를 받을 가치가 없다. 이 이유는 소멸시효제도의 존재이유로서 특히 의미가 있다.[4]

3. 소멸시효와 유사한 제도
일정한 기간의 경과로 권리가 소멸하는 점에서는 소멸시효와 유사하나, 그 취지나 성질에 있어서 소멸시효와 다른 제도가 있다.

1) 제척기간

(1) 의의
제척기간은 일정한 권리에 관하여 법률로써 미리 정하여 놓은 권리의 존속기간이다. 따라서 제척기간 동안에 권리를 행사하지 않으면 그 권리가 소멸하는 것을 말한다. 제척기간제도의 취지는 권리자에게 해당 권리를 신속하게 행사하도록 하여 법률관계를 조속히 확정시키려는 데에 있다.[5] 제척기간은 형성권에 특히 필요한 제도이다.

(2) 제척기간이 있는 권리의 행사
제척기간이 있는 권리는 그 기간 내에 권리를 행사해야 한다. 권리의 행사는 법률에 규정

---

2) 김용덕(3), 757면.
3) 김용덕(3), 757면.
4) 김용덕(3), 757면~758면.
5) 대법원 2015. 1. 29. 선고 2013다215256 판결.

에 따라 판단한다. 민법은 채권자취소권(제406조), 재판상 이혼청구권($^{제840조,}_{제842조}$), 친생부인권($^{제847조~}_{제851조}$), 입양취소청구권($^{제884조, 제891조}_{~제897조}$), 재판상 파양청구권($^{제905조~}_{제907조}$) 등에서 제척기간 내에 재판상 행사하도록 규정하고 있다. 따라서 법률에서 제척기간 내에 재판상 행사하도록 규정하고 있으면 그 기간내에 소를 제기해야 하고, 법률에서 단순히 '…… 기간 내에 행사해야 한다.'라고 규정하고 있는 경우와 같이 재판상 행사를 요구하지 않고 있으면 재판외 행사도 가능하다.[6] 판례도 제척기간을 재판상 또는 재판외에서 행사해야 하는 기간으로 보고 있다. 재판상 행사는 제척기간 내에 소를 제기해야 하므로 제척기간은 제소提訴기간 또는 출소出訴기간이라고도 한다.

(3) 제척기간의 소송상 취급

제척기간이 제소提訴기간인 경우에 그 기간의 경과 여부는 법원의 직권조사사항이다. 따라서 법원은 제척기간의 기산점이나 경과 여부에 관하여 직권으로 조사하여야 하고, 그 결과 제척기간이 경과하였으면 소송요건의 흠결을 이유로 소를 각하하여야 한다.[7] 제척기간이 제소기간이 아닌 경우에 제척기간의 기산점이나 경과 여부는 법원의 직권조사 사항이 아니므로, 법원은 당사자의 주장을 기다려 판단해야 한다.[8]

(4) 소멸시효와의 비교

① 권리의 소멸

제척기간에서는 그 기간 내에 권리를 행사하지 않으면 권리는 당연히 소멸한다.[9] 소멸시효에서도 기간이 경과하면 시효로 권리는 소멸한다.[10] 그러나 제척기간에 의한 권리는 장래에 향하여 소멸할 뿐이고, 소멸시효에 의한 권리는 소급적으로 소멸한다.

② 변론에서의 주장여부

소멸시효는 변론주의에 따라 소멸시효의 이익을 받을 자가 소멸시효의 완성으로 권리가

---

6) 강태성, 1021면; 곽윤직·김재형, 420면; 송덕수, 496면.
7) 대법원 2012. 4. 12. 선고 2011다110579 판결.
8) 강태성, 1022면.
9) 대법원 2018. 6. 15. 선고 2018다215947 판결.
10) 대법원 2009. 7. 9. 선고 2009다23313 판결.

소멸했음을 변론에서 주장·증명해야 한다. 제척기간 중 제소기간이 아닌 제척기간에서는 당사자가 기간이 경과하였음을 주장해야 하나 제소기간인 경우에는 기간의 경과는 법원의 직권조사사항이므로 변론에서 당사자의 주장이 필요하지 않다.

③ 기산점 및 기간 단축

소멸시효의 기산점은 권리를 행사할 수 있는 때이고(제166조), 제척기간의 기산점은 특별한 사정이 없는 한 원칙적으로 권리가 발생한 때이다.[11] 예를 들면, 매매예약의 완결권(제564조)은 일종의 형성권으로서 당사자 사이의 약정이 없으면 그 예약이 성립한 때로부터 10년 내에 이를 행사해야 한다.[12]

소멸시효에서는 당사자의 약정으로 그 기간을 단축할 수 있으나 연장은 허용되지 않는다(제184조 제2항). 제척기간에서도 당사자의 약정으로 기간을 단축할 수 있으나 연장은 허용되지 않는다. 예를 들면, 당사자 사이에 매매예약 완결권을 행사할 수 있는 시기를 특별히 약정한 경우에도 그 제척기간은 당초 권리의 발생일로부터 10년간의 기간이 경과되면 만료되는 것이지 그 기간을 넘어서 그 약정에 따라 권리를 행사할 수 있는 때로부터 10년이 되는 날까지로 연장되지 않는다.[13]

④ 기간의 중단·정지

소멸시효에는 일정한 사유가 생기면 소멸시효가 중단되거나 정지된다(제169조~제178조, 제179조~제182조). 그러나 제척기간에는 중단과 정지제도가 규정되어 있지 않다. 제척기간의 중단에 대하여, 판례는 제척기간의 중단을 부인하고 있다.[14] 제척기간의 중지와 관련하여, 제척기간의 만료 전에 소멸시효의 정지사유가 생긴 경우에 소멸시효의 정지에 관한 규정을 유추적용하자는 견해[15]가 있다. 그러나 판례에 의하면, 제척기간의 성질상 기간의 중단과 마찬가지로 기간의 정지도 인정되지 않는다.[16]

---

11) 대법원 2016. 10. 19. 선고 2014다46648 전원합의체 판결.
12) 대법원 1995. 11. 10. 선고 94다22682, 22699(반소) 판결.
13) 대법원 1995. 11. 10. 선고 94다22682, 22699(반소) 판결.
14) 대법원 2003. 1. 10. 선고 2000다26425 판결.
15) 강태성, 1025면; 곽윤직·김재형, 421면.
16) 대법원 2004. 7. 22. 선고 2004두2509 판결.

(5) 소멸시효와 제척기간의 판별

원칙적으로 법률의 문언을 기초로 하여 판단한다. 법률에 '시효로 인하여' 또는 '소멸시효가 완성한다.'라는 문언이 있으면 소멸시효기간, 이러한 문언이 없으면 제척기간으로 해석하여야 한다. 그러나 이러한 문언이 규정되어 있는 경우에도 그 법률규정의 취지와 그 권리의 성질에 비추어 보면 예외적으로 제척기간인 경우도 있다. 예를 들면, 재산상속의 승인·포기의 취소기간(제1024조 제2항)과 유증의 승인·포기의 취소기간(제1075조 제2항)은 그 법률의 규정에 '시효로 인하여'라는 문언이 있으나 제척기간이다. 왜냐하면 이 규정들은 취소권의 제척기간을 규정한 민법 제146조의 특별규정이기 때문이다.

2) 실효의 원칙

실효失效의 원칙은 기간의 경과를 요건으로 한다는 점에서는 소멸시효와 비슷하다. 그러나 실효의 원칙은 상대방의 신뢰보호를 위하여 신의칙을 근거로 권리행사를 제한하는 원칙으로 소멸시효와는 그 제도의 취지가 다르다. 또한, 실효의 원칙은 형성권과 같이 원칙적으로 소멸시효에 걸리지 않는 권리에 대하여 인정될 실익이 크고, 소멸시효에서는 법정된 기간이 있으나 실효의 원칙은 구체적인 사안에 따라 법원이 일정기간의 경과 여부를 결정한다. 효과와 관련하여, 소멸시효는 기산일에 소급하여 소멸하나 실효의 원칙에서는 소급효가 없다는 점에서도 양자는 차이가 있다.

Ⅱ. 소멸시효의 요건

소멸시효는 권리를 행사할 수 있음에도 불구하고 권리 불행사의 상태가 일정기간 계속됨으로써 권리소멸의 효과가 생기는 제도이다. 그러므로 시효로 권리가 소멸하기 위해서는 다음의 요건이 필요하다.

1. 소멸시효의 대상

민법은 채권뿐만 아니라 소유권을 제외한 그 밖의 재산권에 관하여도 소멸시효를 인정하고 있다(제162조).

1) 채권

채권은 소멸시효의 대상이 되며, 민법은 각종 채권의 소멸시효에 관하여 규정하고 있다 (제162조 제1항, 제163조~제165조).

2) 소유권 이외의 재산권

소유권은 시효로 소멸하지 않는다(제162조 제2항).

(1) 소유권 이외의 물권

점유권은 물건을 사실상 지배하고 있으면 성립하고, 그 사실상의 지배 상태가 없어지면 소멸하는 권리이므로 소멸시효가 문제되지 않는다(제192조). 담보물권(유치권·질권·저당권)은 그 피담보채권이 소멸시효 등으로 소멸하면, 담보물권도 소멸한다(담보물권의 소멸에서의 부종성). 그러나 그 피담보채권이 존속하는 한 담보물권은 시효로 소멸하지 않는다. 용익물권(지상권·지역권·전세권) 중 20년 이상 존속이 가능한 지상권과 지역권은 소멸시효의 대상이 된다. 전세권은 그 기간이 10년을 넘지 못하므로 소멸시효의 대상이 될 수 없다. 그러나 전세권이 법정갱신(제312조 제4항)된 경우에는 그 존속기간은 20년 이상이 가능하므로 이 경우에는 소멸시효의 대상이 될 수 있다.

(2) 물권적 청구권

물권적 청구권은 물권 내용의 완전한 실현이 현재 방해되고 있거나 방해될 염려가 있는 경우에 그 방해의 제거 또는 예방을 청구할 수 있는 권리이다. 물권적 청구권 중 소유권에 기한 물권적 청구권의 경우, 소유권이 시효로 소멸하지 않으므로 소유권을 기초로 하는 물권적 청구권도 시효로 소멸하지 않는다.[17]

물권적 청구권이 그 기초인 물권과 별도로 시효로 소멸하면, 물권이 있어도 물건의 반환을 청구할 수 없다. 따라서 물권의 실효성 확보를 위하여 물권적 청구권은 그 기초인 물권과는 별도로 시효로 인하여 소멸하지 않는다고 해석해야 한다.

(3) 등기청구권

등기청구권은 그 성질에 따라 소멸시효 여부가 달라진다. 등기청구권은 그 성질이 채권적 청구권의 성질을 가지면 소멸시효의 대상이 되지만 물권적 청구권의 성질을 가지면 시

---

17) 대법원 2010. 2. 11. 선고 2008다16899 판결.

효로 소멸하지 않는다. 그러나 판례에 의하면, 부동산 매매의 경우에 있어서 매수인의 등기청구권은 채권적 청구권이지만 매수인이 부동산을 인도받아 용익하고 있거나 그 후에 제3자에게 다시 그 부동산을 처분하여 점유를 승계해 준 경우에는 예외적으로 소멸시효하지 않는다.[18]

2. 권리의 불행사

일정기간 권리를 행사하지 아니하면 소멸시효는 완성된다. 권리의 불행사란 권리를 행사할 수 있음에도 불구하고 행사하지 않는 것이다.

1) 소멸시효의 기산점

소멸시효는 권리를 행사할 수 있는 때로부터 진행한다(제166조 제1항). 권리를 행사할 수 있을 때란 권리행사에 법률상의 장애가 없는 때이다. 법률상 장애란 기간의 미도래나 조건 불성취 등이 있는 경우를 말하는 것이고, 사실상 권리의 존재나 권리행사 가능성을 알지 못하였거나 알지 못함에 과실이 없다고 하여도 이러한 사유는 법률상 장애 사유에 해당되지 않는다.[19] 그러나 법률이 권리자가 권리의 존재를 안 때로부터 소멸시효가 진행한다고 특별히 규정하고 있는 경우에는 그 규정에 의한다(제766조).

2) 개별 권리의 소멸시효 기산점

(1) 기한부 채권 · 기한 없는 채권

확정기한부 채권에는 그 기한이 도래한 때가 기산점이고(제387조 제1항), 불확정기한부 채권은 그 기간이 객관적으로 도래한 때가 기산점이다(제387조 제1항 제2문). 기한 없는 채권의 경우에 채무자는 이행청구를 받은 때로부터 지체책임이 있으나(제387조 제2항), 소멸시효의 기산점은 그 채권이 발생한 때이다.[20] 왜냐하면 기한 없는 채권의 소멸시효가 이행청구를 받은 때로부터 진행한다고 해석하면, 채권자가 이행청구를 하지 않는 한 소멸시효는 진행하지 않는 것이 되어 소멸시효제도의 취지에 반하기 때문이다. 기한 없는 채권은 언제든지 이행청구가 가능하므로 소멸시효는 채권이 발생한 때로부터 진행한다고 해석해야 한다.

---

18) 대법원 2010. 1. 28. 선고 2009다73011 판결; 대법원 2023. 9. 21. 선고 2023다249876 판결.
19) 대법원 2010. 9. 9. 선고 2008다15865 판결.
20) 곽윤직 · 김재형, 430면.

(2) 손해배상청구권

불법행위로 인한 손해배상청구권은 피해자나 그 법정대리인이 그 손해 및 가해자를 안 날로부터 3년간 이를 행사하지 아니하면 시효로 소멸한다(제766조 제1항). 3년의 기산점은 손해 및 가해자를 안 날이다. 또한, 불법행위로 인한 손해배상청구권은 불법행위를 한 날로부터 10년을 경과한 때에도 시효로 인하여 소멸한다(제766조 제2항). 이 경우에 10년의 기산점을 불법행위를 한 날이다.

채무불이행으로 인한 손해배상청구권의 기산점과 관련하여, 판례는 채무불이행으로 인한 손해배상청구권의 소멸시효는 채무불이행 시부터 진행하는 것이 원칙이나, 손해배상청구권은 현실적으로 손해가 발생한 때에 성립하는 것이므로 손해가 현실적으로 발생하였다고 볼 수 있는 때부터 소멸시효가 진행하는 것으로 판단하고 있다.[21]

(3) 기타의 권리

정지조건부 채권은 조건이 성취한 때로부터 소멸시효가 시작된다(제147조). 청구 또는 해지통고를 한 때로부터 일정기간 또는 상당한 기간 경과 후에 청구할 수 있는 권리(제603조 제2항, 제635조 제2항, 제659조, 제660조 등)는 청구 또는 해지 통고를 할 수 있는 때로부터 일정기간이나 상당한 기간이 경과한 때로부터 소멸시효가 진행한다. 부작위채권의 소멸시효는 위반행위를 한 때로부터 진행한다(제166조 제2항).

형성권(예: 취소권, 해제권) 행사로 발생하는 채권(예: 부당이득반환청구권, 원상회복청구권)의 소멸시효는 형성권을 행사한 때로부터 진행한다. 계속적 거래에서 발생한 외상대금채권은 특별한 사정이 없는 한 개별 거래로 인한 각 외상대금채권이 발생한 때로부터 개별적으로 소멸시효가 진행된다.[22] 예를 들면, 기한이익 상실의 특약이 있는 할부채권에서 1회의 불이행이 있더라도 각 할부금에 대해 그 각 변제기의 도래시마다 그때부터 순차로 소멸시효가 진행하고 채권자가 잔존 채무 전액의 변제를 구하는 취지의 의사를 표시한 경우에 한하여 전액에 대하여 그때부터 소멸시효가 진행한다.[23]

3) 변론주의와의 관계

소멸시효의 기산점에는 변론주의가 적용된다. 따라서 위에서 언급한 이론상의 기산점과 당

---

21) 대법원 2018. 11. 9. 선고 2018다240462 판결.
22) 대법원 2007. 1. 25. 선고 2006다68940 판결.
23) 대법원 1997. 8. 29. 선고 97다12990 판결.

사자가 주장하는 기산점이 다른 경우에는 변론주의의 원칙상 법원은 당사자가 주장하는 기산일을 기준으로 소멸시효를 판단하여야 한다. 즉 소멸시효의 기산일은 소멸시효 주장 또는 항변의 법률요건을 구성하는 구체적인 사실에 해당하여 변론주의가 적용되므로 법원은 당사자가 주장하는 기산일과 다른 날짜를 소멸시효의 기산일로 삼을 수 없다.[24]

3. 소멸시효기간

1) 채권의 소멸시효기간

민법은 채권의 소멸시효기간을 다른 재산권의 소멸시효기간보다 단기로 규정하고 있다. 특히 3년 또는 1년의 단기소멸시효에 걸리는 채권도 있다. 채권의 소멸시효기간을 상대적으로 단기로 규정하는 이유는, 채권은 아주 빈번히 발생하고 그 금액도 적은 것이 보통이고 또한 증서가 교부되지 않으므로(설사 교부되어도 오랫동안 보존되지 않으므로) 그 법률관계를 신속히 확정하려는 것이다.

(1) 보통의 채권

보통 채권의 소멸시효기간은 10년이다(제162조 제1항). 상행위로 인한 채권은 상법에 다른 규정이 없으면 소멸시효기간은 5년이다(상법 제64조).

(2) 3년의 소멸시효에 걸리는 채권(제163조)

① 이자 · 부양료 · 급료 · 사용료 기타 1년 이내의 기간으로 정한 금전 또는 물건의 지급을 목적으로 한 채권(제1호)

1년 이내의 기간으로 정한 채권이란 1년 이내에 정기로 지급되는 채권(정기급부 채권)을 의미한다.[25] 예를 들면, 매월 지급되는 이자채권, 부양료채권, 급료채권, 사용료 채권, 아파트 관리비 채권[26] 등이 이에 속한다. 이자채권을 채무자가 이행지체한 경우에 그 이자에 대한 지연배상채권은 손해배상채권으로 원본채권의 소멸시효기간과 같다.[27] 이자채권이라고 하더라

---

24) 대법원 2017. 10. 26. 선고 2017다20111 판결.
25) 대법원 2018. 2. 28. 선고 2016다45779 판결.
26) 대법원 2007. 2. 22. 선고 2005다65821 판결.
27) 대법원 2010. 9. 9. 선고 2010다28031 판결.

도 1년 이내의 정기에 지급하기로 한 것이 아니면 3년의 단기소멸시효에 걸리는 것이 아니다.[28] 예를 들면, 15개월마다 지급하기로 약정한 이자채권에는 단기소멸시효기간(3년)이 아니라 보통 채권의 소멸시효기간(10년)이 적용된다. 임금채권은 소멸시효기간은 언제나 3년이다(근로기준법 제49조).

② 의사 · 조산사 · 간호사 · 약사의 치료 · 근로 및 조제에 관한 채권(제2호)

의사는 의료법에 의하여 자격이 부여된 의사 · 치과의사 · 한의사이다. 수의사법에 따라 자격이 부여된 수의사도 포함된다. 치료는 수술을 포함하며, 조제는 일정한 분량의 의약품을 섞어서 약제하는 것이다. 무자격자의 치료 등에 관한 채권도 3년의 단기소멸시효가 유추적용된다. 그렇지 않으면, 무자격자의 치료 등에 관한 채권은 10년의 소멸시효에 걸리게 되어 부당하기 때문이다.

의사의 치료에 관한 채권과 관련하여, 판례는 특약이 없는 하나의 진료가 종료될 때마다 당해 진료비채권의 이행기가 도래하여 그에 대한 소멸시효가 진행된다고 해석한다. 따라서 장기간 입원치료한 환자에 대한 치료비채권은 다른 특약이 없는 한 입원치료 중에 청구할 수 있으므로 퇴원시부터 소멸시효가 진행되는 것은 아니다.[29]

③ 도급받은 자 · 기사 기타 공사의 설계 또는 감독에 종사하는 자의 공사에 관한 채권(제3호)

공사에 관한 채권은 공사 · 그 설계 또는 감독을 맡긴 자에 대하여 도급받은 자 · 기사 기타 공사의 설계 또는 감독에 종사하는 자가 가지는 채권이다. 이 채권은 공사대금채권뿐만 아니라 그 공사에 부수되는 채권도 포함한다.[30] 이 채권은 특약이 없는 한 공사가 완료한 때부터 소멸시효가 진행한다.[31]

④ 변호사 · 변리사 · 공증인 · 공인회계사 및 법무사에 대한 채권(제4호, 제5호)

이 채권은 변호사 · 변리사 · 공증인 · 공인회계사 및 법무사(이하 변호사 등)에 대하여 직무상 보관한 서류의 반환을 청구하는 채권과 직무에 관한 채권이다. 변호사 등은 직무를 수행하면서 많은 서류를 취급하고, 보관한 서류는 당해 사건 종료 후 즉시 반환하는 것이 일반적이

---

28) 대법원 1996. 9. 20. 선고 96다25302 판결.
29) 대법원 2001. 11. 9. 선고 2001다52568 판결.
30) 대법원 2009. 11. 12. 선고 2008다41451 판결.
31) 대법원 2009. 11. 12. 선고 2008다41451 판결.

다. 이에 따라 변호사 등에 대한 직무상 보관서류 반환채권은 3년의 단기소멸시효가 적용되고, 소멸시효의 기산점은 사건이 종료한 때이다. 변호사 등의 직무에 관한 채권에는 변호사 등의 수임료 채권이 있다. 이 채권의 3년의 소멸시효의 기산점은 위임받은 사건이 종료한 때이다.

⑤ 생산자 및 상인이 판매한 생산물 및 상품의 대가(제6호)

도시가스요금이나 전기요금이 이에 속한다. 그리고 생산자와 상인은 상법상의 상인이다. 따라서 이 대가는 상사채권으로 상법 제64조에 따라 5년의 단기소멸시효에 해당하다. 그러나 다른 법령에 상사채권의 소멸시효기간 보다 단기의 소멸시효기간이 있는 때에는 단기의 소멸시효기간이 적용된다(상법 제64조 제2문). 민법에서 이 대가채권의 소멸시효기간을 3년으로 규정하고 있으므로 이 경우에는 3년의 소멸시효가 적용된다.

⑥ 수공업자 및 제조자의 업무에 관한 채권(제7호)

수공업자는 자기의 일터에서 주문을 받아 일하는 자이다(예: 이발사, 재봉사, 세탁업자). 제조자는 주문을 받아 물건에 노력을 가하여 다른 물건을 만드는 자이다(예: 구두제작자, 가구제작자).

(3) 1년의 소멸시효에 걸리는 채권(제164조)

① 여관·음식점·대석·오락장의 숙박료·음식료·대석료·입장료·소비물의 대가 및 체당금의 채권(제1호)

여기에 해당하는 채권은 여관(호텔, 콘도 포함)의 숙박료, 음식점의 음식료, 대석(예: 커피전문점, 다방)의 대석료, 오락장의 입장료를 뜻한다. 소비물의 대가는 여관업자 등이 공급한 소비물의 대가(예: 식사대금, 음료수대금)이고, 체당금替當金 채권은 위에 열거한 영업자가 그 고객에 대한 대금채권(예: 음식물 배달료)을 대신 지급함으로써 그 고객에 대하여 가지는 채권이다. 여기에 속하는 채권은 극히 단기의 계약(예: 숙박계약, 음식점 이용계약)에서 발생하는 채권을 말한다. 판례는 약 3개월 동안의 리조트 객실·식당 사용료와 같이 월 단위로 지급하는 채권을 제163조 제1호에 정한 3년의 단기소멸시효기간에 걸리는 사용료 기타 1년 이내의 기간으로 정한 금전의 지급을 목적으로 하는 채권으로 해석하고 있다.[32]

---

32) 수원지방법원 2019. 9. 4. 선고 2018나79209 판결.

② 의복 · 침구 · 장구 기타 동산의 사용료의 채권(제2호)

의복衣服 · 침구寢具 · 장구葬具 기타 동산의 사용료 채권의 소멸시효기간은 1년이다. 여기서 기타 동산의 사용료의 채권이라 함은 의복, 침구, 장구의 사용료 채권과 같이 일상생활에서 빈번하게 생기는 극히 단기의 동산 임대차로 인한 임료채권과 같은 것을 의미한다.[33]

③ 노역인 · 연예인의 임금 및 그에 공급한 물건의 대금채권

노역인은 고용관계에 있지 않으면서 주로 육체적 노동을 제공하는 자이다(예: 미장인, 목수, 정원사). 그에 공급한 물건의 대금채권은 노역인의 노역 · 연예인의 연예와 관련하여 공급한 물건의 대금채권이다(예: 목수가 자신의 못을 사용하여 집을 지어준 경우에 그 못의 대가).

④ 학생 및 수업자의 교육 · 의식 · 유숙에 관한 교주 · 숙주 · 교사의 채권

학생 및 수업자의 교육 · 의식衣食 · 유숙留宿에 관한 교주(校主, 학교 운영자) · 숙주(塾主, 의숙(義塾)과 같은 교육기관 경영자) · 교사의 채권에는 자연인의 채권뿐만 아니라 학교법인 등이 가지는 채권도 포함된다. 의식 · 유숙에 관한 채권에는 기숙사 이용에 따른 채권이 포함된다.

(4) 판결 등에 의하여 확정된 채권의 소멸시효

판결에 의하여 확정된 채권은 단기의 소멸시효에 해당하는 것이라도 그 소멸시효는 10년으로 한다(제165조 제1항). 파산절차에 의하여 확정된 채권 및 재판상의 화해, 조정 그 밖의 판결과 같은 효력이 있는 것, 예를 들면, 인낙조서(민사소송법 제220조), 확정된 지급명령(민사소송법 제474조), 이행권고결정(소액사건심판법 제5조의3)에 의하여 확정된 채권의 소멸시효도 10년이다(제165조 제2항). 그러나 기한부 채권에 관하여 기한이 도래하기 전에 확정판결을 받은 경우와 같이, 확정될 당시에 아직 변제기가 도래하지 않은 채권은 그 소멸시효기간에 변동이 없다(제165조 제3항).

(5) 손해배상청구권

채무불이행으로 인한 손해배상청구권은 본래의 채권이 확장되거나 본래의 채권의 내용이 변경된 것이므로 본래의 채권과 동일성을 가진다. 따라서 채무불이행으로 인한 손해배상청구권의 소멸시효기간은 본래의 채권의 소멸시효기간에 따르며, 본래의 채권이 시효로

---

33) 대법원 1976. 9. 28. 선고 76다1839 판결; 수원지방법원 2019. 9. 4. 선고 2018나79209 판결.

소멸한 때에는 손해배상청구권도 함께 소멸한다.[34] 그러나 불법행위로 인한 손해배상청구권은 피해자나 그 법정대리인이 그 손해 및 가해자를 안 날로부터 3년간 이를 행사하지 아니하면 시효로 소멸한다(제766조 제1항). 불법행위로 인한 손해배상청구권은 불법행위를 한 날로부터 10년을 경과한 때에도 시효로 인하여 소멸한다(제766조 제2항).

2) 기타의 재산권의 소멸시효기간

채권 및 소유권 이외의 재산권은 20년간 행사하지 아니하면 소멸시효가 완성한다(제162조 제2항).

Ⅲ. 소멸시효의 중단

1. 의의

소멸시효의 중단中斷이란 일정한 사유의 발생으로 소멸시효의 진행이 중도에 끊어져 이미 경과한 시효기간의 효력을 상실케 하는 것을 말한다.

2. 소멸시효의 중단 사유

소멸시효는 청구, 압류·가압류·가처분 또는 승인에 의하여 중단된다(제168조).

1) 청구

(1) 재판상의 청구

① 의의

재판상의 청구는 재판상 자기의 권리를 주장하는 것, 즉 소를 제기하는 것을 말한다. 소는 본소本訴 및 반소反訴를 불문하고, 이행의 소·형성의 소·확인의 소를 포함한다. 또한, 재판상의 청구란 통상적으로는 권리자가 원고로서 시효를 주장하는 자를 피고로 하여 소의 형식으로 주장하는 경우를 가리키지만, 이와 반대로 시효를 주장하는 자가 원고가 되어 소

---

34) 대법원 2018. 2. 28. 선고 2016다45779 판결.

를 제기한 데 대하여 피고로서 응소應訴하여 그 소송에서 적극적으로 권리를 주장하고 그것이 받아들여진 경우에도 재판상 청구에 해당하고, 응소행위로 인한 시효중단의 효력은 피고가 현실적으로 권리를 행사하여 응소한 때에 발생한다.[35]

형사소송과 행정소송은 사권의 행사가 아니므로 원칙적으로 소멸시효 중단사유가 아니다. 다만 소송촉진 등에 관한 특례법(소송촉진법)에 따른 배상신청은 민사소송의 제기와 같은 효력이 있고($^{제26조}_{제8항}$), 행정소송이 사권과 표리관계에 있어 사권을 행사하기 위한 수단이나 전제가 되는 경우(예: 오납한 조세에 대한 부당이득반환청구권의 실현 수단인 과세처분 취소 또는 무효확인의 소)에는 시효중단사유인 재판상 청구에 해당한다.

② 중단의 범위

권리 중 일부에 대해서만 소를 제기한 경우에는, 소멸시효중단의 효력은 그 일부에 대해서만 발생하고, 나머지 부분에는 발생하지 않는다.[36] 나머지 부분에 관한 시효는 그 부분에 관한 소를 제기하거나 그 청구를 확장하는 서면을 법원에 제출하는 때에 중단된다.[37] 그러나 권리 중 일부에만 소를 제기하면서 소송의 진행경과에 따라 장차 청구금액을 확장할 뜻을 표시하고 해당 소송이 종료될 때까지 실제로 청구금액을 확장한 경우에는 소 제기 당시부터 채권 전부에 관하여 재판상 청구로 인한 시효중단의 효력이 발생한다.[38] 그러나 소송의 진행경과에 따라 장차 청구금액을 확장할 뜻을 표시하였더라도 그 후 채권의 특정 부분을 청구범위에서 명시적으로 제외하였다면, 그 부분에 대하여는 애초부터 소의 제기가 없었던 것과 마찬가지이므로 재판상 청구로 인한 시효중단의 효력이 발생하지 않는다.[39]

한편 시효중단에 필요한 재판상 청구는 소를 제기한 때에 그 효력이 생기고($^{민사소송법}_{제265조}$), 응소에서는 응소한 때에 효력이 발생한다.

③ 중단 효력의 소멸·부활

재판상의 청구가 있더라도, 소의 각하·기각 또는 취하가 있으면 시효중단의 효력은 없다($^{제170조}_{제1항}$). 다만 소의 각하·기각 또는 취하되더라도 6월 내에 재판상의 청구, 파산절차참

---

35) 대법원 2005. 12. 23. 선고 2005다59383, 59390 판결.
36) 대법원 2021. 6. 10. 선고 2018다44114 판결.
37) 대법원 1975. 2. 25. 선고 74다1557 판결.
38) 대법원 1992. 4. 10. 선고 91다43695 판결.
39) 대법원 2021. 6. 10. 선고 2018다44114 판결.

가, 압류·가압류·가처분을 하지 않는 한 최초의 재판상 청구는 최고의 효력만 있을 뿐이고 시효중단의 효력은 없다.[40] 그러나 6월 내에 재판상 청구 등을 하면 시효는 최초의 재판상 청구로 인하여 중단된 것으로 본다(제170조 제2항).

(2) 파산절차참가

파산절차참가 신고가 있으면 그 채권의 소멸시효는 중단된다. 그러나 채권자가 참가신고를 취소하거나 청구가 각하되면 시효중단의 효력이 없다(제171조). 강제집행절차에서의 배당요구는 민법 제168조 제2호의 압류에 준하는 것으로서 배당요구에 관련된 채권에 관하여 소멸시효를 중단하는 효력이 생긴다.[41] 채무자회생법에 따른 회생절차에 참가하면 시효중단의 효력이 있다(제32조 제1호).

(3) 지급명령

지급명령은 금전 그 밖의 대체물 또는 유가증권의 지급을 청구할 수 있는 채권에 관하여 일반소송절차에 의하지 않고 채권자의 일방적 신청에 의하여 채무자에 대한 심문 없이 채무자에게 그 지급을 명하는 간이절차이다(민사소송법 제462조). 지급명령에 의한 시효중단의 효과는 지급명령을 신청한 때, 즉 지급명령서를 법원에 제출한 때에 발생한다.[42] 그러나 지급명령이 취하되거나 각하되는 때에는 시효중단의 효력이 없다.

> **참조** 민법 제172조는 "지급명령은 채권자가 법정기간 내에 가집행신청을 하지 아니함으로 인하여 그 효력을 잃은 때에는 시효중단의 효력이 없다."라고 규정하고 있다. 그러나 민사집행법을 비롯한 현행법은 지급명령에 가집행신청제도를 인정하지 않고 있으므로 민법 제172조는 무의미한 규정이다.

(4) 화해를 위한 소환

재판상의 화해를 신청하면 소멸시효는 중단된다(제173조). 시효중단은 화해신청서를 법원에 제출하는 때에 그 효력이 생긴다(민사소송법 제385조 제4항, 제265조). 그러나 화해를 위한 소환에 상대방이 출석하지 아니하거나 화해가 성립되지 아니한 때에는 1월 내에 소를 제기하지 아니하면 시

---

[40] 대법원 2022. 4. 28. 선고 2020다251403 판결.
[41] 대법원 2022. 5. 12. 선고 2021다280026 판결.
[42] 대법원 2015. 2. 12. 선고 2014다228440 판결.

효중단의 효력이 없다(제173조 제1문).

조정은 재판상의 화해와 같은 효력이 있고(민사조정법 제29조), 조정신청은 시효중단의 효력이 있다(동법 제35조 제1항). 그러나 조정신청이 취하된 때에 1개월 이내에 소를 제기하지 아니하면 시효중단의 효력이 없다(동법 제35조 제2항).

(5) 임의출석

임의출석은 당사자 쌍방이 임의로 법원에 출석하여 소송에 관하여 구두 변론함으로써 제소提訴 및 화해신청을 하도록 허용하는 제도이다(소액사건심판법 제5조). 이러한 임의출석이 있으면 소멸시효는 중단된다. 그러나 화해가 성립되지 아니한 때에는 1월 내에 소를 제기하지 않으면 시효중단의 효력이 없다(제173조 제2문).

(6) 최고

최고催告는 채권자가 재판 외에서 채무자에게 이행을 청구하는 것이다. 최고는 의사의 통지에 해당한다. 최고는 특별한 방식을 요하지 아니하므로 소멸시효중단의 효력이 약화되어 있다. 따라서 최고는 시효기간의 만료가 가까워져 강력한 다른 중단방법을 취하려고 할 때에 그 예비적 행동으로서의 실익이 있을 뿐이다. 최고에 의한 중단은 최고 후 6개월 내에 재판상의 청구, 파산절차참가, 화해를 위한 소환, 임의출석, 압류·가압류·가처분을 하지 아니하면 중단의 효력이 없다(제174조). 지급명령도 해석상 당연히 포함된다.

판례는 소송고지의 요건을 갖춘 소송고지서에 고지자가 피고지자에게 채무이행을 청구하는 의사가 표명되어 있으면, 시효중단사유로서의 최고의 효력이 인정되고, 시효중단효력의 발생시점은 소송고지서를 법원에 제출한 때로 본다.[43] 그리고 최고를 여러 번 거듭하다가 재판상 청구 등을 하는 경우에 시효중단의 효력은 항상 최초의 최고 시에 발생하는 것이 아니라 재판상 청구 등을 한 시점을 기준으로 하여 이로부터 소급하여 6월 이내에 한 최고 시時에 발생한다.[44] 또한, 시효중단 사유로서의 최고는 채무이행을 최고받은 채무자가 그 이행의무의 존부 등에 대하여 조사를 해 볼 필요가 있다는 이유로 채권자에게 그 이행의 유예를 구한 경우에는 채권자가 그 회답을 받을 때까지는 최고의 효력이 계속된다고 보아야 하므로, 민법 제174조에 규정된 6월의 기간은 채권자가 채무자로부터 회답을 받은 때로부터

---

[43] 대법원 2015. 5. 14. 선고 2014다16494 판결.
[44] 대법원 2019. 3. 14. 선고 2018두56435 판결.

기산된다.⁴⁵⁾

2) 압류 · 가압류 · 가처분

(1) 개념

압류는 금전채권의 실행을 위하여 집행기관이 확정판결 그 밖의 집행근원(예: 화해조서, 조정조서, 확정된 지급명령)에 기하여 채무자의 재산처분을 금지하는 강제집행의 첫 단계이다(민사집행법 제83조, 제188조). 가압류는 장래에 있을 강제집행을 보전하기 위하여 하는 압류이다(동법 제276조 제1항). 가처분은 권리에 대한 현재의 위험을 방지하여 그 현상을 유지하기 위한 처분이다(동법 제300조).

(2) 압류 · 가압류 · 가처분과 시효중단

압류 · 가압류 · 가처분이 있으면 소멸시효는 중단된다(제168조 제2호). 다만, 압류 · 가압류 · 가처분을 시효의 이익을 받을 자(채무자)에게 대하여 하지 아니한 때에는 이 사실을 채무자에게 통지해야만 시효중단의 효력이 있다(제176조).

신청에 의하여 압류 · 가압류 · 가처분이 된 경우에 시효중단의 효력은 신청한 때, 즉 서류를 법원에 제출한 때에 소급하여 발생한다.⁴⁶⁾ 따라서 채무자의 주소불명 등으로 압류 · 가압류 · 가처분을 하지 못한 경우에는 시효중단의 효력이 없고, 그 절차가 개시되었으나 압류할 물건 등이 없어서 집행 불능이 된 경우에는 시효중단의 효력이 생긴다.⁴⁷⁾ 즉 이 경우에는 집행불능으로 집행절차가 종료된 때로부터 시효가 새로 진행한다.

압류 · 가압류 · 가처분 등기가 말소된 때 또는 압류 · 가압류 · 가처분이 해제되거나 집행절차가 종료된 때에는 그때부터 소멸시효가 새로 진행한다.⁴⁸⁾ 압류 · 가압류 · 가처분은 권리자의 청구에 의하여 또는 법률의 규정에 따르지 않았다는 이유로 취소된 때에는 시효중단의 효력이 없다(제175조).

3) 승인

승인은 시효이익을 받을 자(또는 대리인)가 시효완성 전에 시효완성으로 권리를 상실하게 될 자

---

45) 대법원 2022. 1. 27. 선고 2021다271947 판결.
46) 대법원 2017. 4. 7. 선고 2016다35451 판결.
47) 대법원 2011. 5. 13. 선고 2011다10044 판결.
48) 대법원 2013. 11. 14. 선고 2013다18622, 18639 판결; 대법원 2024. 5. 30. 선고 2021다278702 판결.

(또는 대리인)에 대하여 그 권리의 존재를 인정하는 것이다. 승인을 받는 것도 권리행사의 하나이고, 승인으로 인하여 권리의 존재도 분명해지므로 민법은 승인을 시효중단사유로 규정하고 있다(제168조 제3호).

승인은 권한이 있는 자가 하여야 한다. 따라서 채무의 승인은 시효이익을 받을 당사자나 그 대리인만이 할 수 있다.[49] 예를 들면, 회사의 경리과장, 총무과장, 출장소장은 다른 특별한 사정이 없는 한 회사가 부담하고 있는 채무에 대해 소멸시효의 중단 사유가 되는 승인을 할 수 없다.[50] 시효중단의 효력이 있는 승인에는 상대방의 권리에 관한 처분의 능력이나 권한을 필요로 하지 않는다(제177조). 즉 상대방의 권리를 승인자가 가지고 있다고 가정할 때에, 이 권리를 처분할 행위능력이나 권한이 없더라도 승인할 수 있다.

승인은 시효가 진행된 후 시효완성 전에 하여야 한다. 시효완성 후에 하는 승인은 시효이익의 포기가 된다. 승인은 불요식행위이다. 따라서 묵시적으로도 할 수 있다. 예를 들면, 증서의 재작성, 이자의 지급, 담보의 제공, 지급유예의 요청, 일부 변제 등은 묵시적 승인이 된다. 승인에 대한 시효중단의 효력이 발생하는 시기는 승인이 상대방에 도달한 때이다.

3. 소멸시효 중단의 효력

1) 효력의 내용

시효가 중단되면 중단까지 경과한 시효기간은 이를 산입하지 아니하고(시효중단 후에 시효의 기초가 된 사실상태가 계속될 경우에 한하여) 중단사유가 종료한 때로부터 새로이(시효기간이) 진행된다(제178조 제1항). 재판상 청구로 중단된 시효는 재판이 확정된 때로부터 시효기간이 새로 진행되고(제178조 제2항), 압류·가압류·가처분인 경우에는 그 절차가 끝났을 때, 승인의 경우에는 승인의 상대방에게 도달한 때에 중단된 시효가 새로이 진행된다.

2) 시효중단 효력의 인적 범위

시효의 중단은 당사자와 그 승계인 사이에만 효력이 있다(제169조; 상대적 효력). 예를 들면, 공유자 중의 1인이 공유물의 보존행위로서 그 공유물의 일부 지분에 관하여서만 재판상 청구를 하였다면, 그로 인한 시효중단의 효력은 그 공유자에 한하여 발생한다.[51]

---

49) 대법원 2016. 10. 27. 선고 2015다239744 판결.
50) 대법원 1965. 12. 28. 선고 65다2133 판결.
51) 대법원 1999. 8. 20. 선고 99다15146 판결.

Ⅳ. 소멸시효의 정지

1. 개념

소멸시효의 정지란 시효가 거의 완성될 무렵에 권리자가 소멸시효를 중단시킬 수 없거나 극히 곤란한 사정이 있는 경우에 시효의 완성을 일정한 기간 유예하는 것을 말한다. 즉 소멸시효의 정지는 소멸시효의 진행을 일시적으로 멈추게 하는 것이므로, 그러한 사정이 없어진 후 나머지 기간이 계속 진행된다. 소멸시효의 정지는 민법 규정(제179조~제182조)에 의한 소멸시효기간의 연장이다.

2. 정지사유

1) 제한능력자를 위한 정지

소멸시효기간 만료 전 6개월 내에 제한능력자의 법정대리인이 없는 경우에는 그가 능력자가 되거나 법정대리인이 취임한 때부터 6개월 내에는 시효가 완성되지 않는다(제179조). 또한, 재산을 관리하는 아버지, 어머니 또는 후견인에 대한 제한능력자의 권리는 그가 능력자가 되거나 후임 법정대리인이 취임한 때부터 6개월 내에는 소멸시효가 완성되지 않는다(제180조 제1항).

2) 혼인관계의 종료

부부 중 한쪽이 다른 쪽에 대하여 가지는 권리는 혼인관계가 종료된 때부터 6개월 내에는 소멸시효가 완성되지 않는다(제180조 제2항). 왜냐하면 혼인관계가 지속되는 동안에는 소멸시효를 중단시키기가 사실상 어렵기 때문이다.

3) 상속

상속재산에 속한 권리나 상속재산에 대한 권리는 상속인의 확정, 관리인의 선임 또는 파산선고가 있는 때로부터 6월 내에는 소멸시효가 완성하지 아니한다(제181조). 왜냐하면 상속으로 권리주체가 변경되는 경우에 상속인의 확정 등이 있을 때까지 소멸시효를 중단시키는 절차가 복잡하기 때문이다.

4) 천재 기타의 사변

천재天災 기타 사변事變으로 인하여 소멸시효를 중단할 수 없을 때에는 그 사유가 종료한 때로부터 1월 내에는 시효가 완성되지 않는다(제182조). 천재란 자연재해(예: 지진, 홍수, 태풍,)를 의미한다. 사변은 천재에 견줄 수 있는 객관적·외부적인 장애(예: 전쟁, 폭동, 교통두절)을 뜻하는 것이므로 권리자의 주관적 장애(예: 질병, 여행,)를 포함하지 않는다.

V. 소멸시효의 효력

1. 소멸시효 완성의 효과

소멸시효와 관련하여 민법에는 "소멸시효가 완성한다."라고 규정되어 있을 뿐이고 그 구체적 내용은 규정되어 있지 않다. 그리하여 소멸시효의 효과에 대하여 소멸시효의 완성으로 당연히 권리는 소멸한다는 견해(절대적 소멸설)[52]와 소멸시효의 완성으로 시효이익을 받은 자에게 소멸시효의 완성을 주장할 수 있는 권리, 즉 원용권援用權이 생길 뿐이고 이 원용권을 행사해야 권리가 소멸한다는 견해(상대적 소멸설)[53]가 있다. 판례는 권리는 소멸시효 기간이 경과함으로써 시효로 소멸한다고 함으로써 절대적 소멸을 따르고 있다.[54]

2. 소멸시효의 소급효

소멸시효는 그 기산일에 소급하여 효력이 생긴다(제167조). 즉 소멸시효는 그 소멸시효기간 동안에 계속된 사실 상태를 존중하는 제도이므로, 소급효가 인정되는 것이다. 따라서 채권의 소멸시효가 완성되면, 원본채권뿐만 아니라 기산일 이후의 이자채권도 소멸한다. 그러나 소멸시효로 소멸하는 채권이 소멸시효 완성 전에 상계할 수 있었던 것이면, 채권자는 상계相計할 수 있다(제495조).

3. 소멸시효이익의 포기

소멸시효이익의 포기란 소멸시효의 완성으로 소멸하는 권리의 의무자가 그로 인하여 생기는 이익을 받지 않겠다는 일방적인 의사표시를 말한다.

---

52) 곽윤직·김재형, 448면; 송덕수, 561면; 오시영, 683면; 이영준, 834면.
53) 강태성, 1113면; 김증한·김학동, 688면; 김상용·전경운, 772면; 김준호, 382면; 백태승, 563면; 지원림, 239면.
54) 대법원 2009. 7. 9. 선고 2009다23313 판결; 대법원 2016. 9. 28. 선고 2015다65035 판결.

1) 소멸시효 완성 전의 포기

소멸시효의 이익은 미리 포기하지 못한다(제184조 제1항). 그 이유는, 시효제도는 오랫동안 계속된 사실 상태를 보호하여 법적 안정과 질서를 유지하고자 하는 공익적 이유에서 인정되는 제도인데, 개인이 미리 소멸시효이익을 포기하는 것은 부당하기 때문이다. 특히 채권자가 채무자에게 미리 소멸시효이익을 포기하도록 강요할 경우에 경제적 약자인 채무자를 보호해야 하기 때문이다. 따라서 소멸시효는 법률행위에 의하여 이를 배제, 연장, 또는 가중할 수 없으나, 이를 단축 또는 경감할 수는 있다(제184조 제2항).

2) 소멸시효 완성 후의 포기

소멸시효가 완성된 후에는 소멸시효의 이익을 포기할 수 있다(제184조 제1항 반대해석). 소멸시효 이익의 포기는 시효완성의 이익을 받을 당사자(채무자) 또는 대리인이 그 권리자에 대하여 한다.[55] 포기는 상대방 있는 단독행위이며, 그 방법은 명시적이든 묵시적이든 상관없다. 또한, 시효이익의 포기는 시효가 완성되었음을 알고서 포기하여야 하고, 소멸시효 완성 후 채무를 승인하였다면 시효완성의 사실을 알고 그 이익을 포기한 것이라고 추정된다.[56]

3) 효과

소멸시효이익 포기의 효력은 그 의사표시가 상대방에 도달한 때에 효력이 발생하고, 포기한 때로부터 소멸시효가 다시 진행된다. 시효이익 포기의 효과는 상대적이다. 따라서 주채무자가 소멸시효의 이익을 포기하더라도 보증인이나 물상보증인에게는 영향이 없으므로 보증인이나 물상보증인은 소멸시효를 원용하여 책임을 면할 수 있다.[57]

4. 종속된 권리에 대한 소멸시효

주된 권리의 소멸시효가 완성한 때에는 종속된 권리에 그 효력이 미친다(제183조). 예를 들면, 주채무와 보증채무 사이에서 주채무의 소멸시효가 완성되면 보증채무의 소멸시효도 완성된다.

---

55) 대법원 2014. 1. 23. 선고 2013다64793 판결.
56) 대법원 2010. 3. 11. 선고 2009다100098 판결.
57) 대법원 2018. 11. 9. 선고 2018다38782 판결.

색인

ㄱ

가능 108
가분물 91
가압류 213
가장 매매 125
가장조건 187
가장행위 125, 127
가족관계등록부 43
가족권 18
가족법상의 행위 106
가주소 54
가처분 213
가해행위 70
가해행위의 위법성 70
간접대리 143
간접의무 17
간접적 위반 111
간주 13
감독기관 71, 74
감사 74
감사의 직무 74
감정의 표시 100
강박에 의한 의사표시 136
강박행위 137
강박행위의 위법성 137
강제주의 63
강제집행 29
강행규정 24, 110
강행법규 109
개량행위 147
개별적 보호주의 33
객체에 관한 착오 131
거소 54
거절권 51
건물 93
건설기계 94
격지자 138
결의권 76
결의권 평등의 원칙 76

결의사항 76
결의의 성립 77
경솔 117
경작자 94
경찰규정 111
계약 105
계약자유의 원칙 8, 103
계약체결상의 과실책임 109
고의 8
공고 81
공공용물 91
공동대리 148
공법규정 110
공법상의 취소 175
공법인 62
공시송달 141
공시최고 59
공용물 91
공익법인 63
공휴일 195
과실 8, 95
과실수취권 95
과실책임의 원칙 8, 10
과태료 83
관념의 통지 100
관념적 용태 101
관리가능성 89
관습법 4, 11
광업권 92
교주 208
교회 85
구분건물 93
구분소유 93
구분의사 93
구분행위 93
국가구제 29
국제사법 15
궁박 117
권능 16
권리 16
권리 경합 23
권리남용금지의 원칙 27
권리능력 31, 32, 66
권리능력 없는 사단 84
권리능력의 시기 32

권리능력의 종기 34
권리의 객체 89
권리의 경합 22
권리의 발생 97
권리의 변경 98
권리의 변동 97
권리의 보호 29
권리의 불행사 203
권리의 소멸 98
권리의 주체 31
권리의 충돌 23
권리의 행사 24
권한 16
권한을 넘은 표현대리 160
귀속상의 일신전속권 20
규범적 해석 119, 120
규칙 4
근대민법의 3대 원칙 8
근대민법의 기본원리 8
금반언의 법리 25
금전 94
금전상의 이득 179
금제품 91
금치산자 37
기각 210
기간 194
기간의 계산 194
기간의 역산 196
기간의 정지 200
기간의 중단 200
기대권 21, 189
기망행위 135
기망행위의 위법성 136
기본대리권 161
기본재산의 처분 79
기산일 195
기산점 194
기성조건 187
기한 190
기한 없는 채권 203
기한을 붙일 수 없는 법률행위 191
기한의 이익 192
기한의 이익 포기 193
기한이익의 상실 193
긴급명령 3

ㄱ

긴급피난 30

ㄴ

내부관계설정계약 145
내부적 용태 99, 101
내심의 의사 120
내심적 효과의사 120, 122
내용의 착오 129
내용증명우편 140
논리해석 12
농담 123
농작물 93
뇌사자 35
능동대리 144

ㄷ

단독대리 148
단독행위 105
단독행위의 무권대리 168
단속규정 110, 111
단일물 90
담보물권 202
담보책임 134
당사자 능력 88
당연무효 171
대리 142
대리권 145
대리권 남용 151
대리권남용이론 151
대리권 소멸 후의 표현대리 163
대리권 수여의 표시 158
대리권 수여의 표시에 의한 표현대리 158
대리의 본질 142
대리의 삼면관계 144
대리인의 능력 153
대리인의 사망 149
대리행위의 하자 153
대법원 규칙 4
대세권 20
대습상속 35

대인권 20
대체물 91
대표 143
대표권 남용 69, 73
대표권의 제한 72
대표기관 68
대항하지 못한다 14, 127
대화자 138
도달 139
도달주의 139
도박 115
독일식 편별법 7
동기의 착오 128, 129
동산 94
동시사망의 추정 35
등기 72
등기능력 86, 88
등기우편 140
등기청구권 202
등록기준지 53

ㄹ

로마식 편별법 7

ㅁ

만료일 195
만료점 195
말일 195
명령 3
명인방법 93, 95
모순행위 금지의 원칙 25
목적론적 해석 12
목적의 사회적 타당성 112
목적의 실현 가능 108
목적의 적법성 109
목적의 확정 108
무경험 117
무과실책임의 원칙 9
무국적자 34
무권대리 144, 157
무권대리인의 책임 167

무상행위 107
무이자부 소비대차 193
무인행위 107
무체물 89
무허가 음식점 111
무효 169
무효행위의 전환 173
무효행위의 추인 171
묵시적 추인 181
문리해석 12
물건 89
물권 18, 23, 89
물권적 반환청구권 94
물권적 청구권 202
물권행위 106
미분리 과실 93
미분리의 천연과실 95
미성년자 39
미성년자의 법정대리인 41
미성년자의 행위능력 39
미성년후견인 41
미채굴의 법정광물 92
민법 6
민법상 이사회 73
민법의 해석 11

ㅂ

반대해석 12
반사적 이익 16
반사회질서의 법률행위 115
반소 209
반증 59
발신주의 139
배당요구 211
벌칙 83
범죄성립요건 99
법 1
법규의 경합 22
법률 3
법률관계 16, 97
법률불소급의 원칙 15
법률사실 99
법률사실의 분류 99

법률상태에 관한 착오 131
법률요건 97, 99
법률행위 102
법률행위의 목적 108
법률행위의 무효 169
법률행위의 부관 185
법률행위의 성립요건 103
법률행위의 요건 103
법률행위의 취소 175
법률행위의 해석 119
법률행위자유의 원칙 8, 102
법률효과 97, 99
법원 3
법의 적용 11
법의 해석 11
법인 31, 62
법인 아닌 사단 84
법인 아닌 재단 84, 87
법인의 감독 83
법인의 기관 71
법인의 기능 62
법인의 능력 66
법인의 대표 68, 72
법인의 대표기관 68
법인의 대표자 68
법인의 등기 82
법인의 불법행위능력 68
법인의 설립 63
법인의 소멸 79
법인의 업무집행 73
법인의 주소 77
법인의 직무 69
법인의 책임 69
법인의 청산 80
법인의 해산 79
법인의 행위능력 67
법정과실 96
법정광물 92
법정대리 144
법정대리권 145
법정조건 187
법정추인 181
법정추인사유 182
법조경합 22
변론주의 204

보존행위 146
보증채무 217
보충적 해석 120
보통실종 58
복대리 154
복대리권의 소멸 157
복대리인 155
복임권 154, 155
복임행위 154
본다 13
본소 209
본인의 사망 149
본인의 추인거절권 165
본인의 추인권 164
부관 185
부당이득 115
부당이득반환의무 179
부당이득의 법리 170
부대체물 91
부동산 92
부동산 이중매매 114
부작위에 의한 기망행위 135
부작위 의무 17
부작위채권 204
부재자 55
불가분물 91
불공정한 법률행위 116
불능 108
불능조건 187
불법원인급여 16, 170
불법의 원인 115
불법조건 187
불법행위 101, 204
불법행위능력 37
불법행위의 성립요건 68
불요식행위 106
불융통물 91
불특정물 91
불확정기한 191
불확정기한부 채권 203
비법인사단 85
비소급적 추인 171
비소비물 91
비수의조건 186
비영리법인 63

비영리사단법인의 설립 63
비진의표시 123
비출연행위 106

|ㅅ|

사건 101
사기에 의한 의사표시 135
사단법인 62
사단법인의 정관변경 78
사람에 관한 착오 131
사람의 신체 90
사력구제 29
사망 34
사망의 시기 35
사망의 신고 35
사법규정 110
사법인 62
사변 216
사실행위 101
사원권 19, 77
사원의 결의권 76
사원총회 75
사원총회의 소집 196
사유재산권 존중의 원칙 8
사인증여 33
사자 144
사적자치 102
사적자치의 원칙 8, 10
사정변경의 원칙 25
사행행위 114
사회적 타당성 112
사회질서 112
사회질서 위반행위 112, 113
사회질서 위반행위의 유형 113
사후행위 107
상대권 20
상대방대리 148
상대방의 착오 129
상대방의 철회권 166
상대방의 최고권 166
상대방 있는 단독행위 105
상대적 무효 170
상대적 발생 97, 98

상대적 소멸 98
상사채권 207
상속 67, 215
생전처분 65
생전행위 107
생활관계 16
선량한 관리자의 주의의무 56
선량한 풍속 112
선박 94
선의 13, 126
선의의 제3자 126
선행주의 23
설립등기 64
설립자 조합 64
설립자조합 64
설립 중인 사단법인 64
설립행위 63, 65
설정적 승계 98
성년기 39
성년후견개시 42
성년후견개시의 요건 42
성년후견의 종료 45
성년후견인 44
성질에 관한 착오 130
소급효 178
소멸시효 197
소멸시효기간 205
소멸시효의 기산점 203
소멸시효의 소급효 216
소멸시효의 정지 215
소멸시효의 중단 209
소멸시효이익의 포기 216
소멸시효 중단의 효력 214
소비물 91
소송상 당사자 능력 86
소송상의 당사자능력 86
소수사원권 75
소유권 23
소유권 절대의 원칙 8
소의 각하 210
속인주의 15
속임수 52
속지주의 15
손해 발생 70
손해배상청구권 204, 208

수공업자 207
수권행위 145
수동대리 144
수령능력 141
수목 93
수의조건 186
수취권자 95
숙주 208
순수비표현행위 101
승계취득 97, 98
승인 213
시기 191
시체 90
시효 197
시효제도 197
신분권 18
신앙단체 85
신의성실의 원칙 24
신의칙 24
실정법 110
실종기간 58
실종선고 36, 57
실종선고의 요건 58
실종선고의 취소 60
실종선고의 효과 59
실질적 민법 1, 2
실체법 2
실효의 원칙 26, 201
쌍방대리 148

|ㅇ|

악의 13, 126
압류 213
어음행위 107
역 195
역법적 계산 194
역사적 해석 12
역산 196
연기적 항변권 20
영구적 항변권 20
영리법인 63
예금채권 87
오표시 무해의 원칙 119

외국법인 83
외국인 34
외부적 용태 99, 100
외형이론 69, 70
요식행위 106
용서 100
용익물권 202
용태 99
우성조건 186
우편 140
원물 95
원시적 불능 109
원시취득 97
원용권 216
위법성 136
위법행위 101
위임 149
위임장 158
위험부담 109
유골 90
유권대리 144
유권해석 11
유동적 무효 170
유동적 유효 175
유상행위 107
유숙 208
유언 65
유인행위 107
유체 90
유체물 89
유추 13
유추해석 12
유치권 202
윤년 195
융통물 91
은닉행위 127
응소 210
의결기관 73
의무 16, 17
의무능력 31
의무의 주체 31
의미의 착오 129
의사결정기관 71, 75
의사능력 36
의사록 77

의사의 통지 100
의사적 용태 101
의사정족수 76
의사집행기관 71
의사표시 100, 102, 122
의사표시의 철회 140
의사표시의 해석 119
의사표시의 효력발생시기 138
의제 13
이사 71
이사의 선임 71
이사의 임면 71
이사의 해임 72
이사회 73
이용행위 147
이자채권 205
이전적 승계 98
이행권고결정 208
이행의 소 209
인가주의 63
인격 31
인격권 18
인낙조서 208
인정사망 36, 58
일물일권주의 90
일반명령 3
일반불법행위의 성립요건 70
일반적 보호주의 33
일반적 성립요건 103
일반적 효력요건 104
일반조항 24, 26
일부무효 109, 171
일부불능 109
일상가사대리권 145, 162
일신전속권 20
임시이사 73
임시총회 75
임의규정 109, 110
임의대리 144
임의대리권 145
임의출석 212
입목 93

|ㅈ|

자기계약 148
자기대리 147, 148
자기책임의 원칙 8
자동차 94
자력구제 30
자연력 89
자연인 31
자연적 계산 194
자연적 해석 119
자조 30
작위 의무 17
잔여재산의 인도 82
장기이식법 35
장학재단 87
재건축조합 131
재단 87
재단법인 62
재단법인의 설립 65
재단법인의 정관변경 78
재물손괴죄 94
재산관리 55
재산관리인 56, 57
재산권 18
재산권존중의 원칙 9
재산귀속관계 86
재산 출연 65
재산행위 106
재판상 무효 171
재판상의 청구 209
재판제도 29
저당권 202
적법 109
적법행위 100
전기 89
전달의 착오 129
전부 무효 171
전부불능 109
전세권 202
전자적 의사표시 140
전형계약 105
절대권 20
절대적 무효 170
절대적 발생 97

절대적 소멸 98
절차법 2
정관 64, 65
정관의 변경 78
정년 195
정당방위 29
정당한 이유 162
정지조건 186
정지조건부 채권 204
정지조건설 34
정착물 92
정형적 집단행위 133
제3자 13, 126
제125조의 표현대리 158
제126조의 표현대리 160
제129조의 표현대리 163
제사주재자 90
제소기간 199
제조자 207
제척기간 183, 198
제한능력자 37, 176
제한능력자의 상대방 보호 49
제한물권 23
조건 185
조건에 친하지 않는 법률행위 188
조건을 붙일 수 없는 법률행위 188
조례 4
조리 5
조선민사령 6
조약 4
조정 29, 212
조정조서 213
조합원총회 69
종교재단 87
종기 191
종된 권리 20
종족단체 85
종중 85
주된 권리 20
주된 사무소 77
주무관청 64
주물 94
주민등록지 53
주소 53
주소의 효과 54

주식회사 이사회 73
주채무 217
준물권행위 106
준법률행위 100
준용 13
준총유 86
준칙주의 63
중대한 과실 132
중요부분 130
중요부분의 착오 129
중요부분 착오의 모습 130
중재 29
지급명령 211
지배권 19
지번 92
지상권 202
지식재산권 19
지역권 202
지적공부 92
직무 69
직무대행자 74
진의 119
진의 아닌 의사표시 123
질권 202
집행근원 213

| ㅊ |

착오 127, 129
착오에 의한 의사표시 127
채굴허가권 92
채권 18, 19, 23, 89, 202, 205
채권계약 105
채권신고기간 81
채권의 소멸시효기간 205
채권자 평등의 원칙 23
채권적 반환청구권 94
채권추심 81
채권행위 106
채무변제 81
채무불이행 101, 204
채무불이행책임 109
채무의 승인 214
책임능력 37, 70

천연과실 95
천재 216
철회 176
철회권 51
청구 209
청구권 19
청산법인 80
청산법인의 기관 80
청산법인의 능력 80
청산사무 81
청산인 74, 80
청산종결의 등기 82
체당금 207
초일불산입의 원칙 194
총유 86
총유물분할청구권 87
총회 소집의 절차 76
총회의 결의 76
총회의 권한 76
총회의 성립 76
총회의 종류 75
최고 81, 212
최고권 50
추인 164, 171, 180
추인의 방법 181
추인의 효과 181
추정 13
축소해석 13
출생신고 32
출생의 시기 32
출연행위 106
취득시효 197
취소 169, 175
취소권의 단기 소멸 183
취소권의 배제 52
취소권의 존속기간 183
취소권자 176
취소의 방법 178
취소의 상대방 178
취소의 효과 178
취하 210
치료비채권 206
친권자 41
친족권 18
침묵 135

| ㅌ |

탈법행위 111
태아 32
토요일 195
토지 92
토지매매계약 170
통상총회 75
통정 125
통정한 허위의 의사표시 124
통정허위표시 125
퇴임 72
특별대리인 73, 74
특별법 우선의 원칙 2, 15, 22
특별성립요건 103
특별실종 58
특별효력요건 104
특정물 91
특정승계 98, 177
특정후견심판의 요건 48
특정후견의 종료 49
특정후견인 49
특허주의 63

| ㅍ |

파산 80
파산신청 82
파산절차참가 211
판례 5, 11
평년 195
포괄승계 98
포괄승계인 177
포괄유증 67
폭리자 117
폭리행위 115, 116
표시기관의 착오 129
표시상의 효과의사 122
표시행위 120, 122
표시행위의 착오 129
표의자 120, 122
표의자의 배상책임 133
표현대리 157
표현대리제도 157

피성년후견인 41
피성년후견인의 행위능력 43
피특정후견인 48
피특정후견인의 행위능력 49
피한정후견인 45
피한정후견인의 행위능력 46

| ㅎ |

학리해석 11, 12
한정치산자 37
한정후견개시 46
한정후견개시의 요건 46
한정후견의 종료 47
한정후견인 47
합동행위 105
합성물 90
항공기 94
항변권 20
해산등기 81
해석의 방법 12, 119
해제 176
해제조건 186
해제조건설 33
해지 176
행사상의 일신전속권 20
행위능 31
행위능력 37, 67
행위무능력자 37
행정규정 111
허가주의 63
허위표시 125
헌법재판소 결정 5
현명주의 151
현재지 54
현저한 불균형 116
현존사무종결 81
현존이익 179
협의의 무권대리 164
협의의 무권대리제도 157
형성권 19, 178, 198, 204
형성의 소 209
형식적 민법 1, 2
호의관계 16

혼성조건 186
혼합비표현행위 101
화해 211
화해계약 133
화해조서 213
확답촉구권 50
확인의 소 209
확장해석 13
확정 108
확정기한 191
확정기한부 채권 203
확정된 지급명령 208, 213
확정적 무효 170
회피수단 111
효과의사 122
효력규정 110
효력요건 104
후견감독인 45
후견감독인의 동의 51
후견등기부 43, 46
후견등기사항 증명서 43
후발적 불능 109
후임 이사 72

저자약력

약력
- 경북대학교 법과대학 졸업
- 독일 키일(Kiel)대학교 법학박사
- 대구대학교 법학부 · 공공안전학부 공직법무전공 교수
- 변호사시험, 경찰공무원 경력채용시험 출제위원
- 감정평가사, 공인노무사, 주택관리사, 공인중개사 등 각종 국가자격시험위원

주요 저서 및 논문
- Rechtliche Aspekte der elektronischen Willenserklärung im deutschen und koreanischen Recht - eine Untersuchung vor dem Hintergrund des Eropäischen Rechts und des E-Commerce-Rechts von UNCITRAL
- 부동산 사법
- 상가건물 임차인의 계약갱신요구권과 권리금회수 기회보호 -계약갱신요구권 행사기간 연장에 따른 법적 이해관계 -
- 명의신탁과 불법원인급여 성립 여부
- 연명의료결정법과 연명의료중단 -연명의료 결정에 관한 독일법과의 비교를 중심으로-
- 전자적 법률행위 방식의 민법전 편입 검토 - 독일의 법률행위 방식과의 비교를 중심으로 -
- 부동산점유취득시효의 기산점에 관한 판례의 통일적 해석
- 사전의료지시의 구속력에 관한 독일법과의 비교법적 고찰
- 동산담보권이 설정된 동산의 선의취득과 동산담보권 보호

민법총칙

발　행　/ 2025년 4월 30일

글쓴이 / 장병주
펴낸이 / 박준성
펴낸곳 / 준커뮤니케이션즈
등록일 / 2004년 1월 9일 제25100-2004-1호
주　소 / 대구광역시 중구 봉산동 217-16 삼협빌딩 3층
홈페이지 / www.jbooks.co.kr
전　화 / (053)425-1325
팩　스 / (053)425-1326

ISBN 979-11-6296-059-2　93360

값 16,000원

※파본은 바꿔 드립니다. 본서의 무단복제행위를 금합니다.